国家出版基金项目
NATIONAL PUBLICATION FOUNDATION

国家出版基金资助项目

国家“十三五”重点出版物出版规划项目

农地制度改革与流转研究丛书

丛书主编 洪名勇

农地流转与农民收益权益保护研究

洪名勇◎等著

中国财经出版传媒集团

中国财政经济出版社

图书在版编目（CIP）数据

农地流转与农民收益权益保护研究／洪名勇等著
. --北京：中国财政经济出版社，2020.12
（农地制度改革与流转研究／洪名勇主编）
国家出版基金资助项目 “十三五”国家重点出版物出版规划项目
ISBN 978－7－5223－0194－5

Ⅰ.①农… Ⅱ.①洪… Ⅲ.①农业用地－土地流转－关系－农民收入－研究－中国 Ⅳ.①F321.1 ②F323.8

中国版本图书馆 CIP 数据核字（2020）第 241184 号

责任编辑：段 钢　　责任印制：史大鹏
封面设计：孙俪铭　　责任校对：胡永立

中国财政经济出版社 出版
URL：http：//www.cfeph.cn
E－mail：cfeph@cfeph.cn

社址：北京市海淀区阜成路甲 28 号 邮政编码：100142
营销中心电话：010－88191522
天猫网店：中国财政经济出版社旗舰店
网址：https：//zgczjjcbs.tmall.com
北京财经印刷厂印刷 各地新华书店经销
成品尺寸：170mm×240mm 16 开 14.5 印张 250 000 字
2020 年 12 月第 1 版 2020 年 12 月北京第 1 次印刷
定价：68.00 元
ISBN 978－7－5223－0194－5
（图书出现印装问题，本社负责调换，电话：010－88190548）
本社质量投诉电话：010－88190744
打击盗版举报热线：010－88191661 QQ：2242791300

国家出版基金资助项目
“十三五”国家重点出版物出版规划项目
农地改革与流转研究丛书
全国文化名家暨“四个一批人才资助项目”

序

土地是财富之母、发展之基、民生之本，关系国计民生。土地问题不仅是关系我国现代化进程中的重大经济问题，而且也是一个社会问题、政治问题，关系到国家的兴衰成败。对于农业发展、农村发展和农民增收而言，土地不仅是财富的重要源泉，而且还为人们提供了生活、生产及行为活动的空间。从财富生产的视角来看，土地要素发挥作用的大小，不仅取决于土地禀赋的具体情况，而且还取决于土地要素与其他生产要素的配置效果与配置效率。而这种配置效果、配置效率的高低与土地制度安排密切相关，因为土地制度安排激励有关行为主体土地配置要素的投入，不同要素的投入将影响土地资源的产出结果与效率。正因为如此，对于农业发展、农村发展和农民增收来讲，土地制度是最为根本的制度安排。就中国土地制度对发展的影响而言，不同土地制度安排的绩效是不一样的。

新中国成立之初，由于封建土地制度的废除和农民土地产权制度的建立，农民将自己的资源及劳动力时间配置到生产活动之中，短期内使单位土地资源的产出大幅度增加，实现了中国农业快速增长。农民土地入股自愿、退社自由的制度安排，不仅给农民充分的资源配置权，而且农民还拥有用手投票权和用脚投票权，这给合作社经营主体足够的经营压力，使其在竞争中将更多的时间、精力投入到经营之中。结果，土地合作社超越了土地农民产权制度安排，推进了中国农业持续发展。在人民公社土地产权制度安排下，人民公社负责人的前途与经营无关，公社负责人完全没有经营、管理好公社的动力和压力。在人民公社土地产权制度安排下，中国农业生产停滞不前，不少地区农村面临生存危机。为了使生活于村庄之内的村民能够生存，安徽凤阳县小岗村的18位农民才会在知道自己面临非常严重的政治惩罚时，仍然以“托孤”的方式，冒险在土地承包责任书上按下鲜红手印，实行包产到户。正是这一“包”推进了农地产权制度创新，不仅赋予农民耕地要素、劳动时间、品种选择等进行灵活配置的权利以及对生产过程的控制权，而且还赋予农民生产剩余的财产索取权。这一制度安排激发了农民生产积极性，提高了土地资源配置的效率，解决了中国农民的吃饭问题，促进了农业生产发展和农村经济繁荣。

对于学习和研究经济学的人来讲，我们都知道，在一定条件下，土地、资本和劳动力投入都会呈现出边际报酬递增递减规律。与土地要素投入一样，如果其他条件不变，某一制度安排也有边际报酬递增递减规律。不可否认，以土地产权制度为核心的承包制在解决农民吃饭问题、减少贫困及促进农业农村发展中起了巨大作用。随着市场环境的变化和人们认知心理及观念等的变化，农地家庭承包制的边际报酬也由递增走向递减。因此，从20世纪80年代中期开始，国家选择贵州湄潭、江苏苏南、广东南海、北京顺义等地进行农地制度改革试点。在这些地区进行的农地制度改革试验取得了丰硕成果，不少成功经验得到国家认可并在全国推广。我们知道，中国制度改革走了一条渐进之路，农地制度改革也一样。针对农地制度运行中存在的具体问题，我国走了一条渐进改革之路。近年来，在农地“三权分置”政策之下，各地区结合本区域的实际情况，在推进农地流转方面做了许多工作。农地流转一方面促进农地由“资源”向“资产”、农村闲置“资金”向“资本”、农户身份由“农民”向“股民”的变化，推进农地制度安排的创新；另一方面，在农地制度改革与创新过程中出现一些新情况、新问题，需要学术界进行总结和研究。例如，农地流转空间规律性、农地“三权分置”的路径、农地流转与非就业的内在逻辑、农地流转与农民增收、农地抵押贷款、城乡土地制度分割带来的危害、农地流转过程对农民权益损害，等等。这些问题迫切需要我们进行理性反思与探讨。更何况从2013年以来中央一号文件均用相当的篇幅对农地制度改革与流转进行了阐述，习近平总书记在党的十九大报告中明确指出：“深化农村土地制度改革，完善承包地‘三权’分置制度。保持土地承包关系稳定并长久不变，第二轮土地承包到期后再延长30年”。可见，党和国家高度重视农地制度改革与创新。因此，对农地制度与流转问题进行深入、全面、系统研究是我们义不容辞的责任，正是基于这一认知，瞄准农地制度改革与流转中存在的重大现实与理论问题，我们组织有关学者、专家对此进行深入研究，形成了系列成果。这些成果以“农地制度改革与流转研究”丛书形式，由中国财政经济出版社出版发行，意义重大。本套丛书的出版不仅得到各位专家、学者的支持，而且还得到中国财政经济出版社的支持，没有他们的努力，丛书是不可能入选国家“十三五”重点出版物出版规划项目和国家出版基金资助项目的。在此，对他们的支持和努力表达最诚挚的感谢！

洪名勇

2019年12月

目　录

第一章　导　论

本书从农地流转中农户权益损害的现象出发，探讨导致农民权益损害的深层次原因，提出相应的保护农民权益的整体制度框架，矫正制度实施偏差，以实现从非合作博弈到合作博弈的环境转变。这不仅具有一定的学术创新价值，还在完善我国土地制度、保障社会稳定、加强农民权益保护方面具有重大的现实意义，也从根本上解决“三农”问题、对加快现代农业发展进程和和谐社会建设具有深远的现实指导意义。

第一节　研究背景与意义

近年来，党中央、国务院高度重视农地流转，强调通过农地流转促进适度规模经济、促进农业结构调整与优化，发展高效农业，促进农业现代化，而且还特别重视农地流转过程中的农民权益保护工作。

一、研究背景

从总体上看，在推进农地流转的过程中，农民权益得到了有效保护，农地流转所发挥的作用越来越明显。但我们也注意到，在农地流转过程中，农民权益损害时有发生。保护农民权益受到习近平总书记的高度重视。

习近平总书记反复强调，在农地流转过程中保护农民权益。在 2013 年 12 月 12 日中央城镇化工作会议上，习近平总书记就针对各地开展的农村土地承包经营权流转试点指出，在农地承包经营权流转过程中，“要尊重农民意愿和维护农民权益”[①]。在 2013 年 12 月 23 日发表的《坚持和完善农村基本经营制

① 中共中央党史和文献研究院．习近平关于“三农”工作论述摘编．中央文献出版社，2019.

度》中，习近平总书记指出，放活土地经营权，推动土地经营权有序流转，是一项政策非常强的工作，一定要“尊重农民意愿和维护农民权益，把选择权交给农民，由农民选择而不是代替农民选择，不搞强迫命令、不刮风、不一刀切”，在农地制度改革和流转过程中，“不能把农民利益损害了”①。在2014年9月29日中央全面深化改革领导小组第五次会议上，习近平总书记指出，深化农地制度改革，推进农地“三权分置”和农地经营权流转，“在加强引导，不损害农民权益”②。2016年4月25日，习近平总书记主持召开农村改革座谈会并发表重要讲话指出：“要尊重农民意愿和维护农民权益，把选择权交给农民，由农民选择而不是代替农民选择，可以示范和引导，但不搞强迫命令、不刮风、不一刀切”③。不管怎么改，都不能把农村土地集体所有制改垮了，不能把耕地改少了，不能把粮食生产能力改弱了，不能把农民利益损害了。2017年12月28日，习近平总书记在中央农村工作会议上指出：“我多次强调，农村改革不论怎么改，不能把指导农村土地集体所有制改垮了，不能把耕地改少了，不能把粮食生产能力改弱了，不能把农民利益损害了，这些底线必须坚持”④。2020年6月，习近平总书记在银川市贺兰县调研时再次明确提出，发展现代特色农业和文化旅游业，必须贯彻以人民为中心的发展思想，突出农民主体地位，把保障农民利益放在第一位。现今，不管是继党中央、国务院先后两次延长土地承包期限后，党的十九大提出在第二轮土地承包到期后将承包期限再延长30年，还是积极落实农村土地的确权颁证工作，其目的都在于给予农民的土地权益更全面的保障。不仅如此，《中华人民共和国农村土地承包法》和《中华人民共和国物权法》，在法律层面上给予农民土地收益的保障。

农地流转既是实现农民土地收益权益的重要途径，也是中国实现农业现代化的路径选择。理论上，农民可以通过不同的土地资源配置路径实现土地收益权益，获取更高的收入，农地流转是其中的路径之一。然而，虽然中央一再强调农地流转必须尊重农民意愿，不得损害农民权益，但农民之间的不规范流转、

---

① 中共中央党史和文献研究院．习近平关于“三农”工作论述摘编．中央文献出版社，2019：54－55.

② 中共中央党史和文献研究院．习近平关于“三农”工作论述摘编．中央文献出版社，2019：56.

③ 中共中央党史和文献研究院．习近平关于“三农”工作论述摘编．中央文献出版社，2019：59.

④ 中共中央党史和文献研究院．习近平关于“三农”工作论述摘编．中央文献出版社，2019：63.

政府的强制流转、企业的单方面毁约等事件仍频频发生，流转纠纷大幅上升，严重损害了农户权益。《中国农村经营管理统计年报》统计了我国农地流转纠纷发生情况。从总体上看，随着土地流转的逐年增加，我国农地流转纠纷事件也逐步增多，2009 年，发生农地流转纠纷事件 66 162 件，至 2018 年达到 96 556件，增长了 45.94%；从纠纷发生率[①]上看，2009～2018 年，纠纷发生率由 0.23 下降到 0.13，整体上呈现出下降趋势；从纠纷结构上看，农户之间的纠纷是中国农地流转纠纷的主要组成部分，即便近年来流转入农户的耕地面积占比在逐年下降，但是，产生于农户之间的纠纷在总纠纷中的占比一直稳定在 76.19% 左右。

农民之间的流转经常因交易不规范而发生纠纷，导致其中一方农户权益受损。例如，北京市昌平区人民法院（2016）京 0114 民初 15805 号民事判决书涉及的案例，北京市花果山村的村民张某（出让方）和王某（受让方）以转包的方式流转农用土地，王某在流转期间不仅擅自更改农用土地用途并造成土地永久性破坏，还在张某阻止其行为后拒不支付土地流转租金，损害了张某的收益权；黑龙江省富裕县人民法院（2016）黑 0227 民初 1147 号民事判决书涉及案例中，流转双方签订了流转合同，但在合同实施过程中，因齐某（出让方）将流转合同中的部分土地免费赠予吴某使用数年，王某（受让方）拒绝支付剩下的租金，以合同为证，齐某要求王某偿还拖欠的土地转包费用的诉讼请求得到支持，收益权得到保障，但王某因未能提供相应证据，法院未能够支持王某的诉求，假设王某所说之事属实，那王某的收益权也受到了损害[②]。

农户权益也可能受到政府和企业的共同损害。事实上，中国政府鼓励农地流转的政策信号和方向都十分明确。为实现中国农业从传统农业向现代农业的转变，实现农业的适度规模化和集约化经营，实现农产品的商品化和社会化生产，中国农业需要在坚持家庭承包经营的基础上，加快培育新型农业经营主体，鼓励工商资本下乡，引导农地流向高效率的农业，形成现代农业经营体系。2013 年中央一号文件指出，鼓励和引导城市工商资本到农村发展适合企业化经营的种养业，并且要求对工商企业租赁农户承包耕地（包括林地、草地）建立严格的准入和监管制度。2015 年中央一号文件提出：“引导农民以土地经营权入股合作社和龙头企业。鼓励工商资本发展适合企业化经营的现代种养业、农产品加工流通

① 流转出农地的农户数量越多，可能发生纠纷的概率就越大，故使用纠纷发生数量/流转出农地的农户数量表示平均每个转出户发生纠纷的概率，即纠纷发生率。

② 《中国法院 2018 年度案例》。

和农业社会化服务”。2018年发布的《中共中央 国务院关于实施乡村振兴战略的意见》中提出：培育发展家庭农场、合作社、龙头企业、社会化服务组织和农业产业化联合体，发展多种形式适度规模经营。在政策和地方政府的支持鼓励下，大量的城市资本进入农村，通过土地流转建立农场和基地，开展农业生产经营活动，村庄中的“能人”也在积极争取政策支持，转入土地形成家庭农场等新型经营主体。在这个过程中，虽然国家法律和政策都要求地方政府要严格控制工商资本下乡所带来的风险，但居于弱势地位的农户在农地流转中权益受损的问题依然严重。例如，2014年，河南省南阳市社旗县苗店镇庙店村的农地在既无承包合同也没有承包书面协议的情况下“被”镇里流转给了一家企业，村民收入降低了，并且从第二年开始就没有再拿到一分钱的土地租金，村民申诉无果①；2015年，河北省邢台市柏乡、戚县和邯郸市成安、邱县、磁县等农村多地出现农地流转“毁约弃耕”现象，企业在签订5~10年的流转合同一年后，就单方面解除合同，强行退回耕地②。

在此背景下，我们不禁要问，在中央高度重视和法律严格保护的双重保障下，农户权益为何还会在农地流转过程中受到损害？其中的逻辑是什么？如何切实保障农民权益？本书围绕农地流转过程中农民收益权这一核心命题，对农地流转过程中农民收益权益损害问题进行深入研究，并从农地产权制度安排这一视角，对农民收益权益损害进行系统解释和深度实证研究，同时，设计保护农民收益权益的具体路径。

二、研究意义

本书拟从农地流转中农户权益损害的现象出发，探讨导致农民损害的深层次原因，提出相应的保护农民权益的整体制度框架和矫正认知偏差以及实施从非合作博弈到合作博弈的环境转变。该项目的研究不仅具有一定的学术创新价值，而且对于完善我国土地制度，保障社会稳定，增加农民权益保护，具有重大的现实意义，也对从根本上解决“三农”问题，加快现代农业发展进程和和谐社会建设具有深远的现实指导意义。

---

① 《农民土地被强制流转 承包费竟然死不兑现》，http：//www.kuaiji.com/weixin/2083045.

② 《下乡资本“土豪”包地，“毁约弃耕”两败俱伤》，http：//www.nongjx.com/news/detail/48960.html.

（一）现实意义

1. 有利于国家农地流转的顺利落实。

农地流转是中共中央和国务院高度关注的重大课题，党的十八大、十八届三中全会、2013～2015年三个中央一号文件都涉及农地流转问题，并进行大量论述。2015年5月25日，习近平总书记和李克强总理对如何推进农地流转做了重要批示，习近平强调："土地流转和多种形式规模经营，是发展现代农业的必由之路，也是农村改革的基本方向"，李克强指出："规范有序探索和推进土地流转，发展多种形式适度规模经营"。截至2014年，全国土地流转面积已占全国家庭承包总面积的28%，但随之而来的土地流转纠纷数量也在日益增加，出现了大量农民土地流转权益受损的现象，引起农民群众不满，导致的纠纷和群体性事件逐渐增多。党和政府高度重视土地流转过程中农民权益受损问题，并于2014年11月20日印发《关于引导农村土地经营权有序流转 发展农业适度规模经营的意见》，旗帜鲜明地提出"土地经营权流转不得违背承包农户意愿、不得损害农民权益、不得改变土地用途、不得破坏农业综合生产能力和农业生态环境"。因而，保护农民权益是一个事关经济繁荣、农村社会稳定和政府公信力的重大现实问题。但如何保障"农民权益不被损害"这一底线，缺乏可操作性的理论指导和政策建议，而这正是本书的研究意义所在。从产权理论视角出发，本书对农地流转过程中的农民权益受损进行理论解释和实证分析，并针对性地提出解决路径和具体的政策建议，从而为政府应对土地流转纠纷、保障农民权益提供思路借鉴和方针指导。

2. 有利于农地流转过程中和谐社会的构建。

长期以来，农地流转过程中都存在对农民权益或多或少的损害，达到一定程度的损害后农民会抗争，抗争主要以纠纷的形式体现。随着农地流转纠纷频发以及农民对权益的"觉醒"，农民为了争取自己的合法权利，付出了血与生命的代价。农地流转过程中损害农民权益导致的纠纷引起了社会的广泛关注，尤其是媒体的报道。以互联网新闻为例，农地流转纠纷占农地流转报道的61%左右，对农地流转纠纷的关注呈现三个阶段的特征：1996～2006年报道的纠纷少、关注度低；2006～2010年出现线性上升趋势，2010年～至今呈指数增长。足见，农地流转纠纷集聚了农村社会风险，是一个不容回避的重大社会经济问题。对该问题进行深入系统的研究，探讨其原因，寻求解决办法，对于推动农地有序流转、稳定流转、构建和谐社会具有重大的现实意义。

3. 有利于新型农业经营体系的构建和农业现代化的实现。

2013 年的中央一号文件提出，坚持以农户家庭经营为基础，支持新型农业经营主体和新型农业服务主体成为建设现代农业的骨干力量。同年，《中共中央关于全面深化改革若干重大问题的决定》进一步提出，加快构建新型农业经营体系。坚持家庭经营在农业中的基础性地位，推进家庭经营、集体经营、合作经营、企业经营等共同发展的农业经营方式创新……鼓励承包经营权在公开市场上向专业大户、家庭农场、农民合作社、农业企业流转，发展多种形式规模经营。随后，历年中央一号文件和涉农的相关政策相继对构建新型农业体系提出了明确要求。新型农业经营体系的顺利构建需要建立在农地流转的基础上，受到政策鼓励，全国各地兴起了培育新型农业经营主体的浪潮，农地流转的转入主体也由农户逐渐拓展为龙头企业、农村合作社。但是，在这个过程中，由于地方政府农地流转的"规模偏好"和农民群体农地流转的"安全偏好"目标并不一致，在一些地方发生了牺牲农民权益、成全规模经营的问题，产生公平让步效率的局面，甚至引发农民上访、"破坏"流转地中作物等问题。显然，这不仅不符合鼓励农户自愿流转的政策初衷，也极大地伤害了农户的流转积极性，加大了农地流向新型农业经营主体的难度，进而阻碍了现代农业的实现。因此，探讨如何保护农地流转中农民权益的问题，通过在规模化流转过程中有效保障农户权益，提高农民的流转积极性，对在平衡效率和公平的基础上构建新型农业经营体系、助推农业现代化的实现有着重要的现实意义。

（二）理论意义

完善农地流转理论，从产权视角解释农地流转过程中农民为什么受损的原因，可以架起一座损害与产权之间的桥梁。第一，从学术上寻找现象背后的规律。农地流转中农户受损害的现象比较多，现象背后的规律是需要运用科学方法总结提炼的。本书从现象着手，借鉴经典文献，寻找现象背后的规律，从理论上来解释重大的现实问题是本书的学术价值之一。第二，架起理论之间、理论与运用的桥梁。学术理论上损害、阈值、非合作博弈到合作博弈都有定义与描述，但是实际的运用没有涉及，本书尝试从数据调研、案例分析对其运用探讨，拓展理论的运用空间。此外，产权理论和认知理论往往是单一分析，本书试图将认知与产权理论结合，整合理论的一致性。德姆塞茨说的产权就是受损或者收益的权力，但是并没解决损害和产权之间的鸿沟。因此，本书建立损害的解释框架具有重大的学术价值。

第二节 国内外文献综述

土地是农民最重要、最基本的生产要素和生活资料，是农民参与经济活动和社会收益分配的重要手段和基础。在市场经济条件下，土地不仅仅是生存的基本保障，具有重要的经济价值，更是积累财富和代际传递的主要方式。因此，土地的产权配置效率、土地流转的利益分配机制决定了农民的生活品质及社会经济地位。产权不仅是一组权利的界定，还是一束权利的实践过程。从社会学和政治学的视角，即使产权清晰，也未必能够有效保护产权主体的利益。

农地流转一直是我国农业经济领域的热点研究话题，与对农地流转给予较多关注相比，对流转过程对农民权益损害、保护研究的关注相对较少。近年来，学术界关于农民土地权益问题的探讨日渐增多，研究成果大多以农民土地权益的保障为主题，分别从产权结构、法律制度、政府治理、农户认知等角度探讨问题产生的原因及其治理对策。国外学者对农村土地流转的研究是针对某一国家或地区的土地私有产权结构展开的，虽与我国的现实情况相去甚远，但是其研究的理论视角，研究的方法依然可供我们借鉴。发展中国家对农民权益保障的研究主要集中在农村贫困者、妇女等弱势群体上。国内学者主要从以下几个方面进行研究：一是从不同的土地流转制度或视角探究农民权益保护的现状、受损的原因，并提出对策建议；二是从国家宏观政策背景或土地流转中的微观方面出发来研究农民权益保障问题；三是以实证研究或理论演绎的方式研究农民权益保障问题。以上研究在一定程度上丰富和促进了农民权益保护问题的研究，但是对现阶段农村土地流转所出现的新情况及其对农民权益所产生的影响缺乏较为全面、系统的把握。

一、土地流转与农民权益

（一）关于农民土地权益内涵的研究

问题研究的起点在于对研究对象概念的清晰界定。现有成果对于农民土地权益的解释和界定可谓众说纷纭，各有侧重。广义上来看，农民土地权益是一个“权利束”，包含农民基于土地获得的全部经济权益、政治权益和其他社会权益，其中，政治权益是农民土地流转权益的基础，主要包括自由权、平等权、集体经济组织参政权、流转自主决策权、生存权以及自治权等；经济权益主要是农民依法享有的承包土地上的私有财产所有权、收益自主分配权、土地承包经营权等权利及相应权利所带来的经济利益；社会权益主要是受教育权、救济权、就业权、社会保险及医疗卫生保障权、受尊重权等（王卫国，1997）。狭义上，可以认为农民土地权益仅指农民基于土地获得的全部经济权益，主要包括土地生存权和土地发展权。土地生存权和土地发展权构成了农民土地权益的基本内容（冯宇等，2010）。

（二）关于农村土地流转现状及纠纷的研究

现有研究成果认为，中国农村土地流转的方式主要分为三种：农户之间自由流转、村集体统一组织调整和流转、建立土地银行或转包公司实行抵押流转。农户之间自由流转还分为农地使用权转包、农地使用权转让和农地使用权互换三种形式（陈青，2011）。近年来，农村土地承包纠纷呈现出新的特点，不仅数量上有扩张趋势，而且日益复杂化、多样化和群体化（史卫民，2010a），土地流转双方在流转过程及履行流转合同时出现纠纷（陈丹等，2011），导致土地流转经济权益受到侵害、农民的政治权益受到侵害、农民的社会保障权益受到侵害（阎占定等，2016）。

在总体上，农村土地流转表现出流转速度加快、流转主体多元化、主要以短期为主、流转价格由市场决定、流转类型多样等特点，并表现出流转组织化水平提高、仍以种粮为主、农民权益得到有效保护、政府鼓励等新趋势（黄延信等，2011）。在空间分布上，受制于各地自然条件和经济发展水平的差异，我国农地流转呈现出明显的区域差异：东部沿海一些经济发达地区农村土地流转规模较高，流转形式多样，中西部经济欠发达地区的农村土地流转刚刚起步，农民参与土地流转的积极性较差，流转比例较低（冯振东等，2010）。土地流转的途径也由早期的亲戚邻居间代耕代种向转让、转包、出租、互换等方式，扩展到股份合作、托管、抵押等方式。也有研究根据农地流转的流转方式、农地流转发生纠纷内容、流转经营权性质的不同、参与土地流转的当事人不同等标准对流转类型进行分类（史卫民，2010b）。

对农地流转纠纷的研究，最开始是在经济学界进行探讨，大多数关注纠纷的现状及产生原因和化解对策等方面。农地流转纠纷呈现出法律关系复杂化、多样性、地区差异引起纠纷异质化、纠纷案件涉及范围广等特点（张俊文，2004）。随着城市化进程的不断加快，农地流转越来越普遍，流转纠纷集中表现为四种情形：(1) 当事人双方自愿流转不规范引争议；(2) 非法流转不受法律保护；(3) 村集体行政干预强行流转；(4) 机动地和“四荒”地经营管理混乱（陈丹等，2011）。农地纠纷的产生机制主要包括政策变化、历史与现状的冲突、权属不清、基层组织管理混乱、流转行为欠规范以及经济利益驱动几个方面（闫飞霞，2008；余青华，2016）。导致农地流转纠纷的原因包括农地流转价格、家庭矛盾纠纷、法律法规冲突、缺乏生产技能、基层政府工作失误等方面（王佩恩等，2015）。也有观点认为原因在于农地流转契约是一种不完全契约，投资者存在专用性投资与“敲竹杠”的风险，同时，承包户面临着投资组合难题与套牢的风险（汪吉庶等，2014）。

近几年，法学界对于农地流转纠纷问题研究逐渐增多，话题集中在农地流转纠纷解决制度及相关法律完善方面。通过对司法裁判文书的研究发现，农地承包经营权流转纠纷案件不断增加，但并没有成为一种大规模的趋势；相比之下，其他诸如土地承包经营权继承、确权等纠纷的发生量较多。纠纷的主体主要发生在村民与村民之间，尤其是父子、离婚夫妻之间；原告诉讼请求以返还承包地、追索转让费、租金为主；农地流转的方式不明确，合同不规范，半数案件与流转合同有关；法院对农地流转的合法要件审查不严格，裁判文书援引的法律规范过多；从地域分布上看，江苏、河北、河南和山东发生的农地流转纠纷案件数量较多（刘俊清，2016；李广德，2017）。

（三）关于农民土地权益受损状况的研究

对农地流转中的农民土地权益损害状况，现有研究主要从政府治理行为、流转过程规范的角度展开讨论。

从政府治理行为角度，部分基层政府出于政绩考量，片面强调农地的集体属性，以代表集体土地所有者的身份，利用行政权力干预并强迫农民进行非自愿土地流转，使农民对土地流转的自主决策权、参与知情权和对集体经济组织的监督权受到侵害。话语权对农民来说只是摆设，一副空壳（许恒周等，2007；刘远熙，2011；刘娟，2017）。此外，政府权力缺少有效监督，导致基础政府工作者的行为失范、政府部门问责制度构建滞后的约束，以及农民的土地承包经营权调整过于频繁，影响农民承包地经营的预期，都使农民土地权益受损（许恒周等，2007；胡建锋，2015）。

从流转过程规范角度，大多数土地流转发生在私人之间，以口头协议为主，基层组织操作随意、混乱。签订书面合同的流转中，农民对土地流转合同的内容了解程度低，合同内容缺乏统一格式，合同主体错位，且没有备案登记，导致流转双方相关权、责、利界定不明确，因而改变租地期限、改变农地用途等侵犯农民土地权益的行为层出不穷（王利，2016）。部分农民依靠中介组织提供土地流转服务，信息渠道不通畅，土地流转价格低、土地补偿方式单一也是农民权益受损的重要因素（戴玉婷等，2011）。

（四）关于农民土地权益受损程度的实证研究

现有研究对于农民土地权益的受损程度大多为定性研究，运用实证方法进行研究的较少。其中一部分采用经验性实证分析，即对调研数据进行描述性统计后分析农民土地权益受损的程度及成因。例如，对农民承包地退出补偿标准进行对比（张学敏，2014）；测算得出政府和农民的土地收益分配比例严重失调，农地非农化中存在制度缺陷和法权不对等、政府“失灵”等因素（任辉等，2011）。基于流转主体的视角，测算农民在土地流转中补偿、知情情况、纠纷解决方式及对基层政府工作的满意程度等（戴玉婷等，2011）。

采用计量模型进行实证分析的研究关注点较为分散，运用的计量模型和方法主要为 Logistic 回归模型、多元线性回归模型，测算征地过程中农民的知情权、参与权、处置权、收益权和社会保障权受损情况，分析征地纠纷的影响因素（侯江华，2015），考察城镇化进程中失地农户的收入流动性，从家庭禀赋和风险冲击视角，分析失地农户收入流动性影响因素等（丁士军等，2017）。也有研究运用微观经济学中的边际分析方法，将机会成本和交易费用等内容纳入考虑范围来考察土地流转对农民权益的影响（冯秀萍等，2010）。

（五）关于农民土地权益受损原因的研究

现有研究中包含大量对于农民土地权益受损原因的探讨，主要体现在以下方面。

制度安排及产权缺陷。首先，我国长期形成的城乡二元结构、社会保障体系失范、法律制度不健全及政府职能错位等制度瑕疵（柴振国等，2009），导致农民权利萎缩、农民产权模糊及对农民保护力度不足。其次，我国农村土地制度在产权方面存在缺陷，土地产权权能不明晰、产权主体不明确、集体所有权虚化、农民的土地产权强度被弱化，出现了租值耗散，农地产权制度正义缺陷、农地产权行为正义欠缺及农地产权程序正义模糊（杜明义，2011），导致了在土地流转过程中，乡（镇）政府、村级基层组织对农民土地权益的侵害（许恒周等，

2007；罗必良，2013；洪名勇等，2015）。

土地流转主体间的利益博弈。伴随资本下乡，乡村社会形成资本和基层权力的利益链，企业家和政府组织人为制造了利益空间，严重侵害了农民的财富保障安全和财富增值权益（过文俊，2006；陈荣卓等，2013）。同时，政策执行主体导致的农地流转的政策执行偏差也是造成农民土地权益受损的原因。其中，强制性政策执行剥夺农民土地流转自由选择权，附加式政策执行侵犯农民土地流转收益权，选择性政策执行排除农民知情权和参与权（张建等，2017）。

（六）关于农民土地权益保障的研究

学者进行了大量的研究，从制度设计、流转过程及主体行为的规范等多方面提出了保障农民土地权益的政策建议。从制度设计角度出发，有学者认为，可以借鉴马克思土地产权理论，创新农民土地持有产权制度，用“农民土地持有产权”替代“土地承包经营权”（杜明义等，2009；徐汉明，2010；洪名勇，2011），农地使用权资本化、农地征用、征收中所有权与使用权资本化能够增加和拓展农民土地收益（杜明义，2012），从完善分配机制、完善土地征收制度、建立规范有序的土地流转机制等方面保障农民权益（财政部财政科学研究所 北京财政学会联合课题组等，2015c），也有学者提出“土地换社保”“宅基地换房产”“自留地开发”等保护农民土地权益的实践形式（张云华，2010）。

从对流转过程及主体行为的规范角度出发，有学者认为，地方各级农业行政部门要减少对农地流转农户的非法行政干预，做好农地确权登记工作（刘本荣等，2012；徐元明，2008），通过利益相关者的结盟，可以改善失地农民与地方政府权力之间的不对称程度（范辉等，2016），从市场主体、权益分配修正假设模型及游戏规则制订三个角度出发设计符合中国农村现实的权益分配机制（陈彤，2013）。

（七）总结讨论

已有文献主要从农村土地产权制度缺陷、政府干预农村土地流转的越位、缺位、错位等政府“失灵”现象对农民土地权益损害的现象及原因进行了分析解释，多数为定性分析或者案例研究。整体来看，学术界对于土地流转中的农民权益损害问题的研究需要进一步加强，关于农民土地权益的内涵尚未形成系统且一致的观点，缺乏对于农民土地权益概念的科学界定，对于农民权益受损的原因探讨尚不够深入，对于农民土地权益的分配机制和联结机制研究欠缺，同时，关于该问题的实证研究也较为薄弱。

二、产权逻辑与农民权益

2000年以来，我国学界有越来越多的研究开始从产权角度解释农民权益受损问题。梁伟、袁堂明（2003）针对失地农民的权益流失作过讨论，认为农民在失去土地后，存在经济权利的渐进性缺失、政治权利的剥夺性丧失、社会权利的弱化性消失三个方面的权益流失。何建华、于建嵘（2005）同样分析了失地农民的权益问题，在当时的城市化进程中，一方面，由于城乡二元社会结构的存在，国民收入分配和再分配政策对农业和农村经济过度攫取，户籍等制度对农民的人身自由有着超经济限制；另一方面，由于农村土地所有权不明确，农村在向城市转变过程中，国家及强势阶层利用强制性的土地征用政策对农民的土地权益进行剥夺。王德应、董玉芳（2005）提出严重侵害农民土地产权的事件，其原因主要在于现行农村土地制度设计上的矛盾、利益驱使下的有法不依、农民自我保护能力弱而社会有效保护途径少三个方面。许恒周、曲福田（2007）讨论农村土地流转过程中的农民权益受损问题，受损的现象表现为土地流转操作不规范、土地被改变农业用途、过多的行政干预三个方面，其原因在于农村土地产权不明晰、相关现行土地法律规范的缺失、土地流转中政府职能的定位不当，导致农民没有明确的土地权利保障。李新功（2008）的研究指出，农民作为一个社会弱势群体，失去土地的过程即是相关权益流失的过程，根本原因在于农村土地所有权的界限不清，农地流失将造成部分农民失去可持续发展的重要财产，部分农民将失去生活来源等严重后果。臧俊梅等（2008）关注农民权益中的农地发展权，认为农地非农化过程中缺乏农地发展权的产权制度安排，使农地用途转变后巨大的土地增值分配混乱，引起土地权利相关主体的无序争夺，失地农民权益损失巨大。许经勇（2008）在回顾了我国农村土地产权制度改革历程后，认为当时我国农村土地产权制度还很不完善，切实维护农民的土地集体所有权、保障农民土地的合法权益是深化我国农村土地产权制度改革必须解决的根本性问题。

可以看出，进入21世纪以来，农民的权益问题开始受到学界关注，而以上研究主要还是针对当时的农村社会现象与规律进行总结的定性研究，随着西方经济理论尤其是产权经济学在我国逐渐推广，农民权益问题的研究开始呈现理论化、模型化、细分化的趋势，定量研究开始出现。肖屹、钱忠好（2005）就通过分析交易费用、产权公共域以及产权侵害之间关系，探讨了土地征用中农民土地权益受损问题，认为交易费用产生土地产权公共域Ⅰ和公共域Ⅱ，农民组织谈判能力的缺乏导致农民无法有效获取公共域中的土地产权。肖屹等（2008）利用江苏省的调研数据，测算了土地征用中农民权益受损程度，研究结果表明，由于政府垄断、工农产品价格“剪刀差”以及市场“失灵”的存在，扭曲了土地收益分配格局，使土地征用中农民土地权益受损严重。杜明义、赵曦（2009）则讨论了农村土地产权中的租值耗散与公共领域问题，指出我国农地产权不完善，尤其是土地所有权虚化，导致农民土地权利大量被置于“公共领域”，广泛出现了土地租值耗散，不仅损害了农民的土地权益，还会导致社会财富浪费。钱忠好等（2007）通过江西省鹰潭市的实证研究，重点考察了农民土地产权认知对土地征用意愿的影响，研究结果表明，农民不愿土地被征用的土地产权方面的原因在于现行的征地制度安排与农民的土地产权认知不相一致，土地所有权、土地增值收益权、土地征用谈判权是影响农民土地征用意愿的关键因素。刘一明等（2013）则考察了农户的农地产权认知、行为能力、禀赋特征及农地流转特征对签约行为的影响，运用 Logistic 模型对全国 890 个样本农户的调查结果进行实证分析，结果表明农户对农地排他权的认知、农户的交易能力、非农就业及农地流转的对象与方式会对农户的签约行为产生影响。罗必良（2013）则在产权经济理论的基础上，提出了产权强度的概念，认为产权的不同形成方式隐含着不同的强度，产权强度决定着产权实施，是政府代理下的国家法律赋权、社会规范与产权主体行为能力的函数。保障农民的土地权益，重点在于改善法律赋权的非歧视性、农民行为能力的提升以及社会对农民权益的认同与尊重。洪名勇、郑丽楠（2019）从巴泽尔产权保护理论的视角对农地流转中农民权益损害问题进行深入分析，认为产权不完全是农民权益受损的根源所在，进入公共领域内的价值较高以及他人攫取公共领域的价值是农民权益受损问题的主要来源，追求经济权利价值最大化是他人攫取行为和农民保护行为的根本原因。

此外，韩洁、薛桂霞（2007）以浙江省临海市翼龙农产品合作社为例，运用夏普利值法（Shapley value）对利润分配机制加以研究，发现农民专业合作社不同的利润分配机制对农民的权益将产生不同的影响，股份合作制在一定意义上有失公平，合理的利益分配按照社员惠顾额进行。林卿、刘小锋（2011）应用生产者剩余理论与福建省某县的实地调查资料，发现在经济社会发展中，农地征收与农地使用权非自愿、低价格、长时期转让是农民权益流失的主要方式与过程。霍有光、沈红梅（2015）通过博弈论分析了农村征地冲突中的土地利益分配，指出农村征地冲突利益博弈中存在补偿安置的公平困局、农民知识能力贫困与基层政府强势自利的平等缺陷、政府公权异化与乡村精英操控的规制瓶颈等问题。冲突根源在于征地制度摩擦、利益分配机制科学性缺乏、利益诉求机制梗阻、纠纷解决机制低效、农地产权模糊、征地法规偏差与农村社保碎片化诸多方面。

三、产权认知与农地流转权益保护

（一）产权认知的描述

近年来，一些学者已经开始尝试将农民认知纳入农地制度的分析框架。刘鹏凌等（2005）认为农民对农地制度改革的认知程度直接决定了农民对农地制度改革的理性态度，在基于安徽省农户调查资料中分析了农民对农地制度改革的认知问题。钱忠好等（2007）对江西省鹰潭市进行了实地调研，发现农民对土地被征用的抵触，来源于现行的征地制度安排与农民的土地产权认知不相一致，要提高农民对现行征地制度的满意程度，就必须根据农民的产权认知进行改革。梁亚荣等（2007）通过对江苏省 126 户农户实地问卷调查发现，土地承包中农民的土地权利归属、行使和保护等方面的认知具有偏差，对权利的保护意识较弱。洪名勇等（2007）利用贵州省 9 个地市州的调查数据，分析了欠发达地区农民对农地所有权、承包权及土地制度的认知状况，发现在农民认知中，农地具有更多的私有产权意义，与国家确定的产权制度安排有一定差异。梅东海（2007）通过实地调研分析了转型期中国农民的土地意识，研究表明农民对土地所有权归属存在概念上的模糊，意识上没有私有化的倾向，但对土地权利的要求正在萌发和强化。肖屹等（2008，2009）利用对南京市的实地调研数据，分析了农民认知对征地制度改革的影响，农民土地产权认知是影响农民对土地征用制度评价的重要因素。土地所有权、土地增值收益权、土地征用谈判权认知的不同直接导致了农民征地意愿的分化，且当土地产权更多地指向农民时，农民反对土地被征用的意愿更强烈。杨学成等（2008）对山东省农户进行了三次实地调研，发现多数农民对农村土地所有权归属的认识比较模糊，而对土地承包经营权的认识则比较清楚。史清华等（2009）利用实地调研资料，实证分析了农民对农村土地产权归属的认同，指出农民的认同以“国家所有”为主，与法律规定“集体所有”相矛盾，农村土地权属法律界定模糊化与实践操作国家意志化是产生矛盾的根本原因。王凯等（2010）基于不同研究区域的农民样本特征分析了农地产权制度改革中农户的产权认知状况，发现农户对农地产权的各项权能具有不同的认知，存在农地集体所有观念淡薄、承包经营权认知不清、产权知识获取渠道单一以及欲实现农地抵押权等问题。晋洪涛、史清华（2011）基于河南24县494个样本农户的研究证实，农民确实存在在农地权属认知的“非集体化”倾向。进一步的分析表明，农户对“集体”概念的理解偏差、农村地区法律普及工作的滞后、农地产权法律规定的模糊以及土地管理工作的强烈国家意志是“非集体化”认知的根源。农民这种看似错误、实则理性的认知将会影响到农村土地管理和利用的各个方面，需要给予高度重视。尹朝华（2011）通过对东、中、西部地区农户抽样问卷调查的实证分析得出东、中、西部地区农民对农地产权的认知及意愿具有较大的异质性。汤谨铭等（2013）从理论的角度研究了农户认知对农地制度变迁的影响及作用机制。黄鹏进（2014）通过调查和分析L镇的土地确权冲突案例，发现农村土地相关主体对农地产权认知有政治、经济、社会（文化）三重维度，人们对农地产权的认知情况也从过去政治维度为主演变为三重维度并存的局面，而当前三重维度之间的冲突是导致农村地权冲突的主要原因。高佳等（2015）利用农户对土地占有权、使用权、收益权和流转权的认知，衡量了产权认知对农户土地承包权退出的意愿，发现农民对土地占有权的认知鼓励了他们的土地承包权退出意愿，而收益权和流转权的认知呈现出负向影响，使用权认知影响不显著。洪名勇（2016）从产权属性的无限性与人们认知的有限性角度出发对产权的不完整性进行了解释。安海燕、洪名勇（2016）基于问卷调查，发现主体对土地产权的认知偏差与农户的土地承包经营权抵押贷款政策态度高度相关。

（二）产权认知的度量及影响因素

徐美银、钱忠好（2008）构建了农地制度拓扑图，以拓扑图中栅格数量表示农民认知行为空间大小，农民认知水平越高，农地制度边界就越小，制度效率就越高，结论表明：农户认知和行为在农地制度变迁过程中作用明显，但我国农民对农地制度的认知水平仍然较低，有必要采取明晰农地产权内涵、改革现行征地制度、提高农民的可行能力等措施提高农民对农地制度的认知水平。马婷婷（2015）从情感认知、强度认知、行为认知和价值认知四个维度出发，开发农地产权认知度量表，并运用结构方程模型进行模型检验，表明指标变量可以高度反映农民的产权认知，其中，情感认知如“土地归国家或集体所有，我对其不具有所有权”“土地是祖上留下来的，是我们家的祖业”等；强度认知如“对于自家土地，土地权属概念清晰”“发生土地纠纷，我能够通过法律手段有效维护自身合法权益”等；行为认知如“在承包土地时签订了土地承包合同”“自家的土地可以继承给子女或者赠予他人”等；价值认知如“因流转等原因产生的土地增值收益应该归用地单位所有”“农地生产的经营性收益全部归自家所有”等。陈永桃等（2017）通过问卷调查和实地走访的方法对河西地区进行调查，发现农民农地产权认知主要受农民个体因素、家庭基本特征、外部环境三大因素的影响。

（三）产权认知、农地流转及农民权益

陈锡文（2001）研究发现，农户对于农地所有权主体的模糊认知，使其自愿流转权被侵害，很多地方并不是农民要求流转土地，而是村干部或者外来的公司、企业要求它流转，不光是农民，甚至连很多著名的经济学家对农地承包制度与土地流转之间的关系认知都不准确。徐旭等（2002）对浙江省农户进行了实地调查，进一步分析了农民对农地产权的认知，发现农户对农地制度的认知状况往往不同于理论假设，农户对于产权的关注主要集中在集体土地的成员权上，而较少关注农地产权的其他方面，而对土地流转的认同程度较高（75.3%），这与当地较高的农地流转率相吻合，但仍有小部分农户具有认知偏差。梁亚荣等（2007）在调研中发现，甚至有农户并不知道自己有对土地承包经营权流转的权利，对流转范围的也不明确。谢琳、罗必良（2013）基于村干部的问卷，通过实证检验得出：村干部的农地国家所有权认知会增加农地流转纠纷发生概率，而农地私有所有权认知却对纠纷的产生没有影响。彭素、罗必良（2013）使用全国26个省区市980个样本农户抽样数据，并从农户土地权利认知情况与土地权利的行使情况进行对比分析，结果表明：土地转让权的执行力度仍然不够、农业经营收益权和农地流转收益权基本得到保障、征地收益权受损比较严重。刘一明等（2013）提出农户对产权的认知是在对法律赋权和社会认同的了解和理解及自身行为能力的基础上形成的，所以会存在认知偏差。他们运用Logistic模型对全国890个样本农户的调查结果进行实证分析，研究结果表明：农户对农地排他权的认知与法律赋权的偏离度、农户的交易能力、非农就业及农地流转的对象与方式会对农户的签约行为产生影响。曾福生（2012）利用湖南省的样本数据，采用统计分析方法和Logit回归模型分析，用所有权、占有权、使用权、收益权和处分权等权利衡量农户的产权认知，发现产权认知度对农地流转有显著的积极影响，但目前农户产权认知过于薄弱，需要明晰地权、立法保障、加强宣传以及设立产权交易机构等措施推动农地流转。仇童伟等（2015）构建了“农地流转经历+产权认知→农地转入意愿”分析框架，从理论上分析了农户农地流转经历、产权认知对农地市场潜在需求的影响机制，并利用江西省东南部丘陵地区三县区2006

年和2011年农户调查数据和计量经济学方法进行实证检验，研究表明，安全的产权认知能够激励不同类型农户的农地转入需求，但对转入户的激励效应明显大于转出户和未流转农户。高佳、宋戈（2017）提出，农民的产权认知及外部环境直接影响农户的土地流转行为决策，基于陕西关中地区545户农户调研数据的实证研究发现，农户对土地抵押权的认知对土地流转意愿具有显著影响，赋予农民对土地的抵押权能够在一定程度上提高农民土地流转积极性。刘承芳等（2017）基于对江苏、四川、陕西、河北和吉林5省1 240户农户的调查数据研究发现，农地流转交易权需要被集体管制的认知显著抑制了农户转入农地的行为。

（四）小结

现有研究大多数集中在农户对土地制度认知的现状描述上，包括农户对土地产权归属的认知及态度，主要的研究结论有：农户的产权归属认知模糊、出现非集体化的认知偏差、群体差异性较大。但近期研究表明，农户的产权认知程度在提高，仍然具有一定偏差；从产权认知的度量上看，产权归属、农户知晓程度等已经成为惯用的度量指标，大多数研究的量表具有概括性、简单化的特点，忽视了产权可以进一步细分为不同的权利束，而真正融入参与人认知的是这些具体的权利束，而不是如“所有权”“流转权”等一些概括性的指标，而影响产权认知偏差的因素也待进一步细化和推进。从认知主体上看，研究大多聚焦于农户的产权认知，事实上，农地产权、农地流转交易的参与者不只是有农户，还有其他相关主体，如生产队、村集体、其他企业等，他们的认知也是产权制度认知中不可或缺的一部分；从认知的影响因素上看，现有文献并未对影响农户产权认知的影响因素做出系统的分析和解释。

四、其他农民权益损害的研究

随着经济社会的发展，家庭联产承包责任制下的均田分配制度极大地阻碍了农业劳动生产率的提高。另外，伴随着户籍制度的放松，非农劳动力的大量流出，土地抛荒现象越来越明显。如何解决农村“谁来种地?”“如何种地?”的问题成为社会普遍关注的热点问题。众多学者指出，建立行之有效的土地流转制度，发展不同类型的专业化生产区、区域性产业带，是实现联产、提高经济效率、应对市场的目的（马晓河，2002；张领，2013）。但是虚化的利益主体、分散的流转形式、无序的中介服务组织以及落后的社会保障体系成为影响土地流转顺利进行的关键因素（黄祖辉，2008）。另外，在土地流转过程中，政府利用自身的优势，滥用职权，侵害农民的权利，强迫农民接受一些不平等的规定，或不尊重农民的意愿，强迫农民放弃自身的权利的现象时有发生（许金，2018）。在法律和现行政策都在反复强调“土地流转过程中的自愿原则以及农民权益保护问题”的情况下，为何强制流转土地、侵害农民权益的事件频频发生，屡禁不止？在政府主导型土地流转的背后是严重的利益分配不公和农民权益受损。不过，农民权益受损的根源又在哪里呢？

从已有文献来看，中国知网和CSSCI数据库中有关“农民土地权益保护”的文献非常少，且涉及范围较小，其中大部分侧重于分析征地过程中农民权益保护以及妇女土地权益保护问题，而鲜有关于“土地流转过程中农民土地权益保护”的文献。在新型城镇化进程中，做好失地农民的权益保障是推进国家现代化建设的关键（王力军，2018）。张建飞（2006）指出现行的征地法律制度尚不完善，农民在征地过程中的相关权益得不到法律的有力支持和保护，应该严格界定公共利益的范围，完善征地程序，提高征地补偿标准，扩大征地补偿范围，合理分配土地补偿费用（魏欣，2008；许英，2012）。随着人们权利意识的增强以及对土地财产属性认知的加深，农村妇女土地权益纠纷数量呈不断上升之趋势（荣振华，2019）。对于出嫁、离婚、丧偶的妇女和招入赘女婿的妇女，其土地权益常易受到损害（周应江，2011），具体表现在：农村妇女的宅基地使用权、土地承包经营权以及土地相关的集体福利农村妇女无法保证（刘惠芹，2018）。易燕（2014）着重探讨了少数民族农村离婚妇女的土地权益保护，强调了保护少数民族离婚妇女的土地权应坚持严格保护少数民族离婚妇女的土地承包经营权原则及科学分割的原则，并提出了土地承包经营权的分割方式。随着农地冲突事件越来越多，部分学者关注到土地流转中农民收益权利的保护问题。李钢（2009）指出在土地流转过程中，由于现行法律制度中集体土地主体模糊、权利义务不清、农民土地财产权的缺失以及政府职能的错位、农户博弈能力的不足，导致了农民民主权益得不到尊重，收益权受损、社会权益缺失。黄伟（2010）提出构建明晰的土地产权制度、完善农民权益保护体系以及因地制宜地选择适合本地区发展的流转模式是保护农民权益的必由之路。张建（2017）以江苏省某传统农业大县为例，运用街头官僚理论分析了基层政府与村委会在农地流转过程的政策执行偏差与农民权益保护问题，其研究发现：由于上级政府政策模糊、激励与监督不足等原因导致基层政府与村委会在农地流转政策执行过程中出现强制性、附加式和选择性的政策执行偏差，从而侵犯了农民土地流转的自由选择权、收益权、知情权以及参与权。从已有的少数几篇文献来看，目前的相关研究主要采用案例研究法对土地流转过程中农民权益受损的现象进行描述，并简单分析原因，而并没有解释农户权益受损的根源。有部分学者从博弈论的角度研究征地过程中的农民权益保护问题，例如柯小兵（2006）基于某大学城征地案例，分析地方政府和被征地农民、地方政府之间以及地方政府与上级政府间在土地征收上的三层博弈关系。但是从博弈论角度探讨流转过程中农民权益保护问题的几乎没有。在政府主导型土地流转中，企业、政府以及农民的决策并不是一个同时发生的过程，而是一个动态博弈的过程。

五、进一步研究的空间

第一，对于农地流转过程农民权益受损问题，目前是新闻报道多，而学术界研究较少。就学术界对农民权益损害研究而言，虽然有不少论文进行研究，但多数文献仅为描述性分析，对于农民权益为什么受损，仅就某一原因进行解释，缺乏说服力。事实上，新制度经济学家诺斯等认为，制度不仅激励或者约束人们的行为，更重要还在于我们如何认知制度、如何实施制度，只有这样，制度才能够真正起到激励或者约束的功能。遗憾的是，我们较少有注意到农地产权制度是一个从产权制度设计到产权制度认知，从农地产权制度认知再到产权制度实施的过程，不少研究成果仅仅注重其中的一个环节，而对其他环节关注不够。这为本书的研究留下了非常大的空间，我们可以沿着诺斯等新制度经济学家的分析路径，按照“产权制度设计——产权制度认知——产权制度实施”这一逻辑，建立一个能够较好解释农地流转过程农民损害的解释性框架。

第二，对农地流转过程中农民权益损害程度的研究，目前多数文献为定性分析或者案例描述。基于定量分析的很少，从理论上来说，对农民的损害程度是可以计量的，如何以问卷调查为基础，通过计量经济学的研究方法，对损害程度、阈值进行量化具有较大的研究空间。

第三，文献中多从行为角度分析损害的原因，如认为损害是由于村集体的强势、土地产权制度的模糊，并没有形成系统的分析框架。在此，可以做进一步的探讨。

第四，从博弈视角来研究损害的文献很少，其研究空间有两个方面：一方面，非合作博弈中的能力、环境对此的分析就有很广阔的研究空间；另一方面，如何从非合作博弈走向合作博弈，从而形成农民与流转对象的“利益共同体”“命运共同体”，形成根本上的保护农民权益的长效机制，是一个亟待要研究的空白点。

第三节 国内外土地产权转移与农民权益研究的进展

土地是农民赖以生存的物资保障，是农民生存权益最集中、最根本的体现。我国农村土地实行的是集体所有制度，即农村土地的所有权归农村集体所有。现阶段深化农村土地制度改革，顺应农民保留土地承包权、流转土地经营权的意愿，将土地承包经营权分为承包权和经营权，实行所有权、承包权、经营权“三权”分置并行。其中土地所有权归属农村集体所有，承包权、经营权依法让渡给农村集体成员——农户。国外的土地制度与我国具有较大差异，多数国家实行土地私有制，即农村土地归属农民私人所有。在此背景下，国内外学者对于土地产权转移与农民权益问题进行了大量研究，特别是对于土地流转，征收中产生的纠纷、冲突及其对农民权益的影响展开了广泛的讨论，运用调研、实证计量等方法对土地纠纷对农民权益的影响进行了深入的探讨，形成了丰富的理论成果。土地产权制度与农民权益问题的研究具有明显的学科交叉性，涉及经济学、社会学、法学、系统论等多个学科，总结了大量的土地流转、征收过程中的经验教训，为今后我国开展土地流转、征收工作提供了可参考的实践经验。鉴于此，本书基于引文分析理论，使用 CiteSpace 科技文本挖掘及可视化软件，通过期刊共现、作者共现、关键词共现的方法对国内外土地产权转移与权益的研究文献进行计量分析，以了解期刊分布、核心作者、文献脉络发展并梳理土地产权转移与权益领域研究热点，以期为土地流转与农民权益的相关研究提供参考。

一、研究数据与研究方法

为保证文献分析质量，本书收集的文献均为核心及以上刊物文献。英文数据以 WOS（Web of Science）来源，通过核心数据库（Web of Science Core Collection）进行文献收集。构建检索式：TS =（land transfer AND rights and interests）OR TS =（land transfer AND dispute）OR TS =（land transfer AND conflict）OR

TS =（land expropriation* AND rights and interests）OR TS =（land expropriation* AND dispute）OR TS =（land expropriation* AND conflict）；语种：English；文献类型：Article；时间跨度：所有年份（1986～2020 年）；对检索出的文献进行筛选，删减不相关文献，得到 140 条检索信息并导出相关文献信息。

中文数据以 CNKI（中国知网）为来源，检索式为：主题 = “土地流转” AND “权益” 或者主题 = “土地流转” AND “纠纷” 或者主题 = “土地流转” AND “冲突” 或者主题 = “土地征收” AND “权益” 或者主题 = “土地征收” AND “纠纷” 或者主题 = “土地征收” AND “冲突”；时间限定：所有年份至 2020；文献类型：期刊；期刊限定为：核心期刊和 CSSCI；对检索出的文献进行筛选，删减不相关文献，得到文献数量为：746 篇。

本书主要采用 Chen Chaomei 教授开发的引文分析软件 CiteSpace V（5.6. R5）进行研究（CiteSpace）。该软件是一款多元、分时、动态的引文可视化分析软件，可对国家、作者、文献等合作共现、文献研究脉络、研究热点与研究前沿等信息提供直观的可视化分析图。

二、土地产权转移与权益领域研究的基本情况分析

（一）发文量分析

通过分析检索所得文献可知，中英文关于土地产权转移与权益的发文量存在一定差异（见图 1.1）。中文对土地产权转移与权益各年度的研究发文量均高于英文，中文学界研究热度始终高于英文学界。中英文发文量增长趋势不同，英文研究自 2008 年开始出现，呈波动型发展，年发文量均保持在 20 篇以内，2018 年达到最大值，可见国外对于土地产权转移与权益的研究尚处于起步阶段，并未引起学术界的广泛关注。相较而言，国内对于该领域的研究起步很早，但呈现倒“U”形发展趋势。自 1995 年第一份研究《关于建立土地流转机制问题的探讨》由杨国瑞发表在《农业经济》后，至 1999 年出现断层，没有相关领域研究成果发布。从 2000 年开始，中文土地产权转移与权益领域研究成果呈现缓慢增长趋势，2006～2013 年中国农地产权制度改革的重点是农业税取消与土地确权，在此时间段内，中国农地使用权进入“两权分离”时期，农地制度改革进入法制建设新时期，通过农村土地承包经营权确权登记颁证工作，使农民对承包土地的占有、使用和收益等权利得到法律保障，因而学术界对土地产权转移与权益的研究热情高涨，研究成果总体呈快速增长状态，2012 年稍有回落。2014 年中国发

布《关于引导农村土地经营权有序流转发展农业适度规模经营的意见》，第一次在政策层面提出“三权分置”，该领域中文研究迎来高峰，发文量达到最大值83篇。2016年10月30日，《关于完善农村土地所有权承包期经营权分置办法的意见》发布；2018年1月2日，《关于实施乡村振兴战略的意见》发布，两次重大政策的公布都使中文土地产权转移与权益领域的研究小幅增加，但总体上，自2014年至今，中文学术界对于土地产权转移与权益的研究呈现大幅减少趋势。

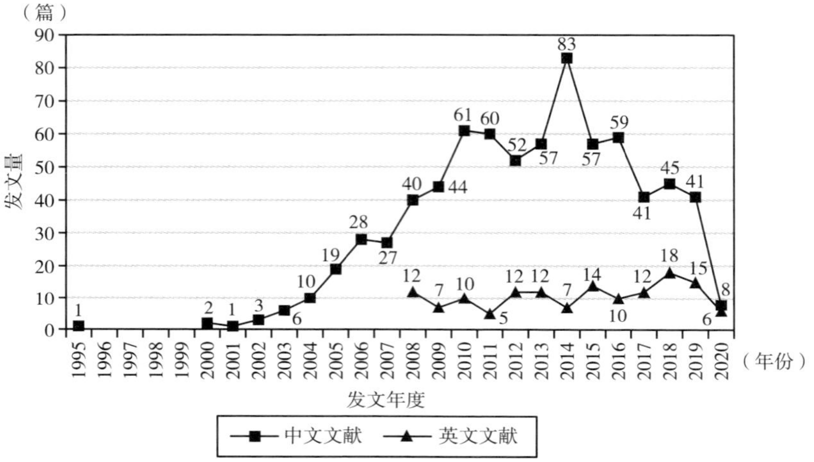

图1.1　中英文土地产权转移与权益领域研究文献分布

（二）国家分析

不同国家在土地产权转移与权益研究领域发文量排名如图1.2所示。发文量前十的除中国为发展中国家之外，其余均为发达国家。美国发文量42篇位居第一，占发文总量的30%；中国发文量为28篇，占发文量的20%，位居第二。2008年，Houborg和Boegh在*Remote Sensing of Environment*中发表题为*Mapping leaf chlorophyll and leaf area index using inverse and forward canopy reflectance modeling and SPOT reflectance data*的文章，开启了英文文献中土地产权转移与权益研究的先河。

将英文文献数据导入CiteSpace软件中，Node Types设置为Country，Selection Criteria Top N设置为50，其余设置选用默认值，得到土地产权转移与权益研究国家知识图谱（见图1.3）。

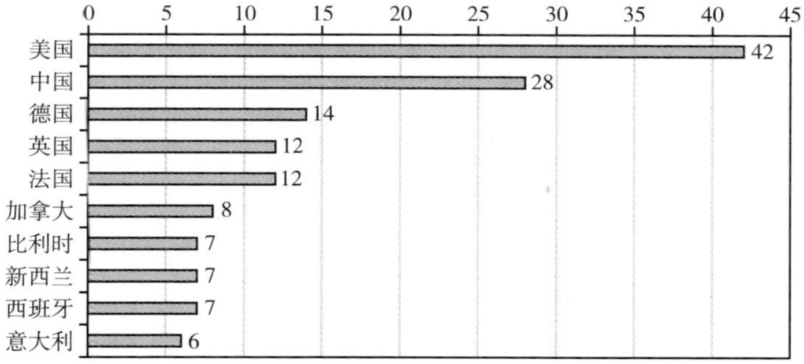

图 1.2　土地产权转移与权益领域研究国家分布

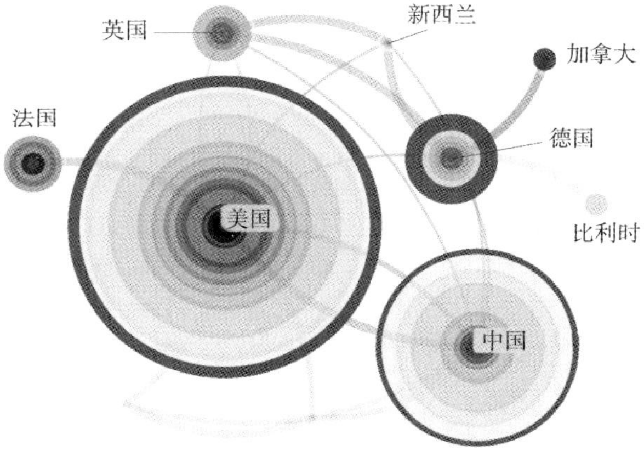

图 1.3　土地产权转移与权益领域研究国家共现图谱

由图 1.3 可知，土地产权转移与权益领域的研究国家中，美国居于核心地位，大部分国家间学术合作较紧密。我国合作较为紧密的国家为美国、加拿大、意大利。将图中信息导出可得土地产权转移与权益研究国家发文中心度排名（见表 1.1）。

表 1.1　发文中心度国家排名（前三）

国家	中心度	发文量	年份
德国	0.45	14	2008
美国	0.39	42	2008
中国	0.15	28	2010

通过对中心度分析可知，中心度排名前三的国家中，中国为发展中国家。德

国是中心度最高的国家，也是探测出中心度最早（2008 年）的国家。美国虽然发文量最多，探测出中心度时间也早，但中心度低于德国。中国的中心度低于德国、美国，探测出中心度时间（2010）也晚于上述两国。这说明德国、美国在国际土地产权转移与权益领域的研究起步早于中国，三个国家在土地产权转移与权益研究领域的国家影响力都较高。

（三）核心期刊分析

1. 英文土地产权转移与权益研究核心期刊分析。

将 WOS 国际数据导入 CiteSpace 软件中，Node Types 栏选择 Cited Journal，Selection Criteria Top N 设置为 30。为使图像更加简明易读，在 Pruning 栏中选择 Pathfinder 与 Pruning sliced networks，其余选择默认值，得到英文土地产权转移与权益研究期刊共被引可视图（见图 1.4）。

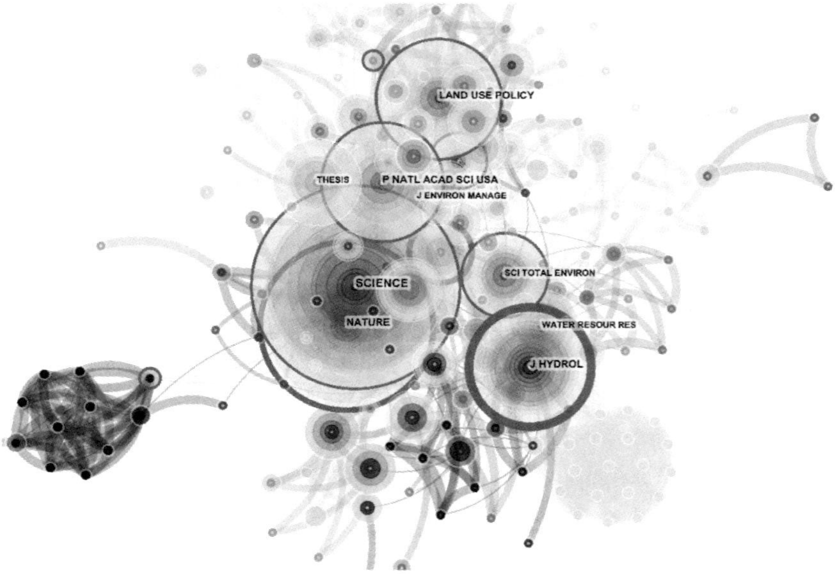

图 1.4 英文土地产权转移与权益领域核心期刊共被引可视图

由图 1.4 可知，英文土地产权转移与权益研究的共被引文献主要是 *SCIENCE*、*NATURE*、*JOURNAL OF HYDROLOGY*、*LAND USE POLICY*、*PROCEEDINGS OF THE NATIONAL ACADEMY OF SCIENCES OF THE UNITED STATES OF AMERICA*等，研究方向多分布在农业、商业经济学、地质学、生态环境科学。

通过期刊中心度分析（见表 1.2）可知，排名前十的期刊中心度均在 0.1 以上，其中，*JOURNAL OF HYDROLOGY*、*NATURE*、*AGRICULTURE ECOSYSTEMS & ENVIRONMENT*、*LAND USE POLICY*、*AMERICAN ECONOMIC REVIEW*、*SCIENCE* 的中心度较高，分别为0.47、0.28、0.26、0.19、0.18、0.16，较高的中心度表明这些期刊所载的土地产权转移与权益研究论文质量较高，对土地产权转移与权益领域的学术研究起到支撑作用。由中心度以及共被引期刊分析得出，*SCIENCE*、*NATURE*、*JOURNAL OF HYDROLOGY*、*LAND USE POLICY* 均具有较高的共被引频率和中心度，表明这几个期刊在英文土地产权转移与权益研究居于核心地位。

表1.2　　英文土地产权转移与权益研究期刊中心度排名（前十）

序号	期刊	中心度	被引数量	年份
1	JOURNAL OF HYDROLOGY	0.47	24	2008
2	NATURE	0.28	33	2008
3	AGRICULTURE ECOSYSTEMS & ENVIRONMENT	0.26	12	2009
4	LAND USE POLICY	0.19	24	2010
5	AMERICAN ECONOMIC REVIEW	0.18	4	2015
6	SCIENCE	0.16	40	2008
7	PROCEEDINGS OF THE NATIONAL ACADEMY OF SCIENCES OF THE UNITED STATES OF AMERICA	0.12	23	2012
8	SCIENCE OF THE TOTAL ENVIRONMENT	0.12	17	2010
9	BIOSCIENCE	0.12	11	2009
10	BEHAVIORAL ECOLOGY	0.11	4	2008

2. 中文土地产权转移与权益研究核心期刊分析。

由于CNKI导出论文文献数据的信息缺失，对于中文土地产权转移与权益研究领域的核心期刊分析，通过该领域期刊的载文量以及学科研究层次展开研究。通过对该领域的746篇文献进行学科分类，统计出各个学科研究层次的载文期刊（见表1.3）。通过对研究层次分析可知，土地产权转移与权益研究主要集中分布在社会科学领域的基础研究层次中。通过对载文期刊进行统计分析，发现国内土地产权转移与权益研究领域文献主要集中在农林经济管理、农村经济学、土地资源管理、法学等学科领域。其中农业经济领域文献产出量最多，这表明中文土地产权转移与权益研究主要集中在农业经济领域，这些期刊对国内土地产权转移与权益研究起着重要的支撑作用。

表 1.3 中文土地产权转移与权益研究核心期刊

研究层次	数量	期刊
基础研究（社科）	606	农业经济、中国土地科学、农村经济、安徽农业科学、经济研究参考、法律适用、河北法学、现代经济探讨、江苏社会科学、农业经济问题、人民论坛、调研世界、特区经济、中州学刊
政策研究（社科）	86	改革、中国行政管理、理论导刊、理论与改革、求实、中国土地、改革与战略、宏观经济管理、人民司法
行业指导（社科）	50	农村经营管理、中国农业资源与区划、农村合作经济经营管理、江苏农村经济、商业时代
基础与应用基础研究（自科）	2	城市发展研究、中国人口·资源与环境
职业指导（社科）	2	北方园艺、财会通讯

在期刊载文量分析（见表 1.4）中，值得注意的是《农业经济》在该领域刊登的文章最多，为 58 篇，其次为《中国土地科学》，载文 35 篇。在土地产权转移与权益研究领域发文数量前十的期刊中，除经济类、管理类期刊，还有《河北法学》《法律适用》两本法律类期刊。

表 1.4 中文土地产权转移与权益研究期刊载文量排名（前十）

序号	期刊	载文量
1	农业经济	58
2	中国土地科学	35
3	农村经营管理	29
4	农村经济	29
5	安徽农业科学	17
6	经济研究参考	13
7	河北法学	12
8	法律适用	12
9	现代经济探讨	11
10	调研世界	9

三、土地产权转移与权益领域作者和文献热点分析

（一）作者分析

1. 英文土地产权转移与权益领域作者分析。

使用 WOS 数据，Node Types 栏选择 Cited Author，Selection Criteria Top N 设置为50。为使图像更加简明易读，在 Pruning 栏中选择 Pathfinder 与 Pruning sliced networks，其余选择默认值，运行得出作者共被引可视图。

由图 1.5 可知，英文土地产权转移与权益领域作者共被引频次最高的是 Cao Guangzhong（6 次）。Cao Guangzhong 是北京大学城市与环境学院教授，被引频率最高的论文是 *Local "Land Finance" in China's Urban Expansion*：*Challenges and Solutions*。该文中，Cao Guangzhong 在中国快速城镇化的背景下，研究地方“土地财政”问题。在对我国土地征收和公共租赁制度的分析中，作者认为，低成本的土地征收是造成中国城镇化过程中土地制度扭曲的根本原因。赋予农民与土地使

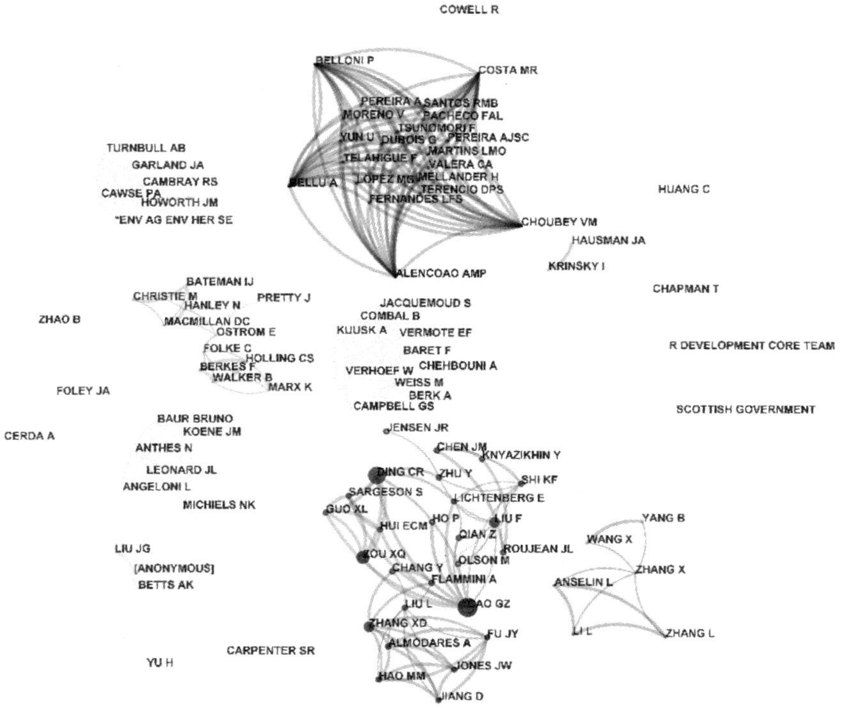

图 1.5　英文土地产权转移与权益领域作者共被引可视图

用者直接谈判的权力，结合土地税制改革，是中国在城镇化过程中同时实现公平和土地利用效率的关键。其次是 Ding Chengri（5 次），其被引频次最高的文章是 *Policy and Praxis of Land Acquisition in China*。Ding Chengri 提出，由于非国有土地禁止开发，在土地征收过程中发生了土地所有权由农村集体向国家的转变。Ding Chengri 回顾了改革前后的土地征收制度结构，探讨了与土地征收相关或由此产生的后果和影响。研究认为，土地征收被地方政府大量用于推动城市发展和为基础设施提供资金，导致社会紧张和不公平加剧，可能对稳定和可持续发展构成长期威胁。

英文土地产权转移与权益领域作者的中心度通过 CiteSpace 运行检测结果如表 1.5 所示。英文土地产权转移与权益领域作者中心度大于 0.01 的共有 15 位作者，表明在该领域中，学者具有一定的关联度。其中，中心度最高的为 Liu Fei，其被引频率为 3 次，出现在 2018 年；中心度第二的为 Cao Guangzhong，其被引频率为 6 次，出现在 2017 年。在英文土地产权转移与权益领域中心度排名前 15 的作者中，有 7 名为中国学者，占 47%，说明在该领域中，国内学者的学术影响力很强。

表 1.5　英文土地产权转移与权益领域作者中心度排名（前 15）

序号	被引数量	中心度	年份	被引作者
1	3	0.07	2018	LIU F
2	6	0.04	2017	CAO GZ
3	2	0.03	2018	SHI KF
4	3	0.02	2018	ZHANG XD
5	2	0.02	2018	FLAMMINI A
6	2	0.02	2018	LIU L
7	2	0.02	2018	CHANG Y
8	4	0.01	2015	FOLKE C
9	4	0.01	2010	OSTROM E
10	2	0.01	2019	BELLONI P
11	2	0.01	2019	BELLU A
12	2	0.01	2019	COSTA MR
13	2	0.01	2018	ZHU Y
14	2	0.01	2019	CHOUBEY VM
15	2	0.01	2019	ALENCOAO AMP

2. 中文土地产权转移与权益领域作者分析。

通过对国内土地产权转移与权益领域的746篇文献的作者进行统计，共有1 048位作者。根据普莱斯定律[①]可得出，排名前32位的作者为该领域的高产作者（见表1.6）。在32位作者中，来自高等学校的教师有28位，占高产作家的87.5%，且从事农业经济、公共管理领域研究的学者有18人，从事法学领域研究的学者有10人，来自科研院所的研究人员有3人，来自政府部门的工作人员1人。这说明在土地产权转移与权益领域的研究集中在高等学校展开，引起了农业经济、公共管理、法学等专业学者的广泛关注与深入探讨，学术包容性较强。

表1.6　中文土地产权转移与权益领域作者

序号	发文量	作者	机构
1	8	谭术魁	华中科技大学
2	7	祝天智	江苏师范大学
3	6	李长健	华中科技大学
4	6	史卫民	西安财经大学
5	6	郑雄飞	北京师范大学
6	5	杜明义	四川民族学院
7	5	贾康	中国财政科学研究院
8	5	齐睿	华中科技大学
9	5	王伟	河北工程大学
10	5	徐元明	江苏省社会科学院
11	5	陈小君	中南财经政法大学
12	4	陈会广	南京农业大学
13	4	丁文	云南师范大学
14	4	衡霞	四川大学
15	4	金丽馥	江苏大学
16	4	李珍贵	中国土地勘测规划院
17	4	刘灵辉	电子科技大学
18	4	曲福田	南京农业大学
19	4	韦彩玲	华中师范大学

① 在同一主题中，半数的论文为一群高生产能力作者所撰，这一作者集合的数量约等于全部作者总数的平方根。

续表

序号	发文量	作者	机构
20	3	鲍海君	浙江财经大学
21	3	郭亮	华中科技大学
22	3	衡爱民	四川外国语大学
23	3	李钢	大理大学
24	3	刘继红	农业部农村合作经济经营管理总站
25	3	刘双良	天津商业大学
26	3	罗必良	华南农业大学
27	3	孟宏斌	陕西师范大学
28	3	彭小霞	江苏师范大学
29	3	宋才发	中央民族大学
30	3	苏玉娥	河南农业大学
31	3	张梦琳	南京农业大学
32	3	张元庆	辽宁大学

将 Node Types 栏选择 Author，Selection Criteria Top N 设置为 50。运行得出中文作者共被引可视图（见图 1.6）。可视图中各个作者联系较弱，大多未形成科研合作团队。最大合作团队的是由财政部财政科学研究所贾康研究员组成的科研团队，该团队由贾康、赵福昌、唐在富、程瑜、陈龙、龙小燕 6 名成员组成。此

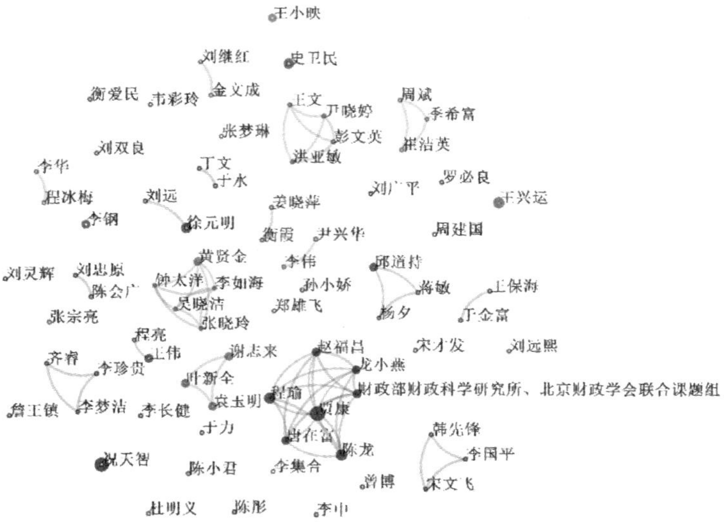

图 1.6　中文土地产权转移与权益领域作者共被引可视图

外，还有华中科技大学谭术魁、齐睿团队，江苏省社会科学院徐元明、刘远团队，南京农业大学陈会广、曲福田团队，南京大学吴晓洁团队，首都经贸大学彭文英团队等，从公共政策学、法学、农业经济学、管理学等领域形成了研究方向较为全面的土地产权转移与权益研究学者矩阵。

（二）重要文献分析

1. 英文土地产权转移与权益领域重要文献分析。

引文分析是利用数学与统计学的知识对研究文献及作者进行分析，揭示其数量特征和内在规律。作为 CiteSpace 最具亮点的功能，CiteSpace 可以提供科学直观的可视化引文文献信息，使研究者直观地辨认出学科前沿的奠基性文献与核心文献。在 CiteSpace 软件中，在 Node Types 中选择 Reference，Selection Criteriav-Top N 设置为 50，其余选择默认值，运行得到文献的共被引可视图。核心文献是该领域文献中高中心性文献。通过运行 CiteSpace 得共被引文献数据表。

由表 1.7 可知，中心度最高的是 Maria Do Rosario Costa 等于 2017 年发表的 *Potential human health impact of groundwater in non – exploited uranium ores：The case of Horta da Vilariça*（NE Portugal），该文指出岩石中化学元素的异常浓度会对人类健康产生影响。地下水中的铀污染越来越被认为是对农村居民的健康威胁。研究结果表明，在 60% 的样本中，有效剂量超过了现行指南建议的限值。中心度排名第二的是 Luis Filipe Sanches Fernandes 等于 2011 年发表的 *Model of management and decision support systems in the distribution of water for consumption*，该文认为随着人口的增长，水的可利用性将不能满足需要，而且多年来降雨量的减少反映出水的可利用性形势愈加严峻，水文流域的水平衡出现了灾难性的逆差。中心度排名第三的是 Annalisa Bellu 等于 2016 年发表的 *A framework model for the dimensioning and allocation of a detention basin system：The case of a flood – prone mountainous watershed*，该文提出了一个基于滞洪区的防洪减灾系统的弹性框架模型，并运用框架模型分析葡萄牙西北部利马河中主要支流易发洪水的 Vez 河。结果表明，这条河流中最大洪水的滞留只能通过一个非常大的水坝或一些分散的大水坝来完成。中心度排名第四的是 Luis Filipe Sanches Fernandes 于 2012 年发表的 *Climatechange impacts on nitrogen in a hydrographical Basin in the northeast of Portugal*，Fernandes 利用牛生产的肥料和该流域农业用途或作物的变化创建了模拟场景，运用 Mike Basin 水质模型系统模拟小流域中硝酸盐浓度引起的扩散污染。中心度排名第五的是 Luis Filipe Sanches Fernandes 于 2013 年发表的 *Decision support systems in water resources in the demarcated region of Douro – case study in Pinhão river basin, Portugal*，该文分析了决策支持系统（DSS）在水资源规划管理中的重要性，并运用决策支持系统（DSS）考察水资源是否足以满足葡萄牙 Douro 地区在当前和未来的用水需求。

表 1.7　　英文土地产权转移与权益领域核心文献表（中心度前五）

序号	中心度	被引文献	作者
1	0.08	Potential human health impact of groundwater in non – exploited uranium ores: The case of Horta da Vilariça (NE Portugal)	Maria Do Rosario Costa, A J S C Pereira, L J P F Neves, A Ferreira
2	0.08	Model of management and decision support systems in the distribution of water for consumption	Luis Filipe Sanches Fernandes, Carlos Manuel Moreira Dos Santos, Alda Paula Pereira, Joao Paulo Moura
3	0.08	A framework model for the dimensioning and allocation of a detention basin system: The case of a flood – prone mountainous watershed	Annalisa Bellu, Luis Filipe Sanches Fernandes, Rui Cortes, Fernando Antonio Leal Pacheco
4	0.08	Climate – change impacts on nitrogen in a hydrographical Basin in the northeast of Portugal	Luis Filipe Sanches Fernandes, Francisco Jose Seixas, Paula Cristina Oliveira, Sergio Leitao João Paulo Moura
5	0.01	Decision support systems in water resources in the demarcated region of Douro – case study in Pinhão river basin, Portugal	Luis Filipe Sanches Fernandes, Maria João Marques, Paula Cristina Oliveir, João Paulo Moura

2. 中文土地产权转移与权益领域重要文献分析。

由于 CNKI 导出文献信息的残缺性，无法用 CiteSpace 软件对中文文献做共被引分析，因此对中文的重要文献主要从文献的被引频次进行分析（见表 1.8）。

表 1.8　　中文土地产权转移与权益领域高频被引文献（前十）

序号	被引频次	被引文献	作者
1	348	土地征收征用中的程序失范与重构	程洁
2	254	农村集体土地征收的法理反思与制度重构	陈小君
3	209	土地征收补偿制度研究	王兴运
4	188	论房屋拆迁行政争议的司法审查	王克稳
5	174	城乡统筹与农村集体土地产权制度改革	曲福田；田光明
6	173	农村土地流转与农民权益保障	许恒周；曲福田
7	147	征地冲突中利益相关者的博弈分析——以地方政府与实地农民为例	谭术魁；涂姗

续表

序号	被引频次	被引文献	作者
8	145	后农业税时代农地权利体系与运行机理研究论纲——以对我国十省农地问题立法调查为基础	陈小君；高飞；耿卓；伦海波
9	133	土地征用中农民土地权益受损程度研究——以江苏省为例	肖屹；曲福田；钱忠好；许恒周
10	121	中国频繁暴发征地冲突的原因分析	谭术魁

被引频次第一的是程洁于2006年发表的《土地征收征用中的程序失范与重构》。该文认为财产权所具有的排他性受到征地权超越性的影响，而程序性失权是当前征地权滥用的关键。中国征地程序规则失范突出表现在规范模糊与程序性权利无保障。被引频次第二的是陈小君于2012年发表的《农村集体土地征收的法理反思与制度重构》，作者强调从立法和司法实践两个视角，重新审视农民集体的土地补偿款分配自治权，重构土地补偿款分配纠纷的司法救济机制，切实维护集体土地所有权人和用益物权人的征收利益。被引频次第三的是王兴运于2005年发表的《土地征收补偿制度研究》，作者认为土地征收补偿制度是协调、平衡和解决土地征收中权益冲突的一项重要法律制度，在土地征收补偿实践中，应坚持“三结合”的原则，重点解决好其中存在的被补偿主体模糊、补偿范围偏窄、补偿标准偏低、补偿方式单一、补偿实现困难等问题。从高频被引文献分析发现，被引频次前十的文献中，法学领域与农村经济领域各占一半，说明法学界、经济学界对于土地产权转移与权益问题的研究关注度相当，相较而言，法学界的研究成果更为丰富。从研究内容上看，相较于土地流转与农民权益问题，土地征收中暴露的农民权益保护问题更受学者青睐，这是因为土地征收彻底剥夺了农民的土地承包权，对农民的权益补偿与农民承包经营土地的预期收益不符，导致农民权益受损，因而对于此问题的研究丰富。

（三）土地产权转移与权益领域研究热点分析

关键词是文献的核心与精髓，是对文章写作内容的高度概括，高频次的关键词常被用来确定一个研究领域的热点问题。

1. 英文土地产权转移与权益领域研究热点分析。

在CiteSpace软件中，Node Types栏选择Keyword，Selection Criteria Top N设置为50，其余选择默认值，在图像中选择Timeline模式，聚类方式选择Log-Likelihood-Ratio（LLR对数极大近似率），得到英文土地产权转移与权益领域研究热点可视图（关键词共现时间线图）。由图 1.7 可知，土地产权转移与权益领域高频关键词聚类分为 3 个类别，为 china、agriculture 和 sensitive analysis，即中国、农业、敏感度分析。这 3 个类别代表了土地产权转移与权益领域的具体研究热点，可以看出，中国农业问题广受关注。在聚类图中，通过对关键词提取，并按时间梳理，可清晰地分析英文土地产权转移与权益学术研究热点脉络（见表 1.9）。

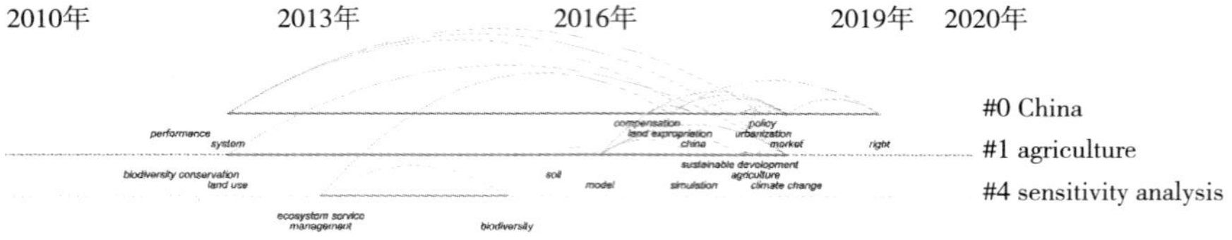

图 1.7 英文土地产权转移与权益研究热点示意图

表 1.9 英文热点关键词脉络

年份	研究热点关键词
2008	air、body size、power、sexual conflict、sea land transfer、sex role preference、radioactivity、north wale
2009	nitrogen
2010	climate
2011	impact
2012	land use、system、biodiversity conservation、performance
2013	ecosystem service、management、land use change、evolution
2015	property right、water content、biodiversity、choice experiment
2016	model、soil
2017	China、land expropriation、cover change、simulation、conservation、conflict、compensation
2018	climate change、market、policy、urbanization、agriculture、rural china、water resource、accuracy、time series、sustainable development
2019	land use conflict、lung cancer、river basin、weathering rate、right
2020	pollution

从英文土地产权转移与权益学术研究热点脉络分析，可以清晰地看到各个时期的土地产权转移与权益研究方向。2008 年，土地产权转移与权益正式成为热点，研究学者对土地流转与性别偏好进行研究，随着研究学者的增多，各个研究

学者的研究视角不尽相同，衍生多样化的土地产权转移与权益研究热点。2012年，研究角度蔓延至土地利用与生物多样性保护等方面。2015年，产权与选择性实验首次成为研究热点，这表明土地产权转移与权益研究逐渐趋向产权及实证分析的研究视角，也反映出土地产权转移与权益研究学术界的成熟。随着土地产权转移与权益研究的发展，其他研究领域的学者也从各自学科领域贡献了见解。2017～2018年，中国、中国农村、政策、城镇化、土地征收、冲突、市场、补偿、可持续发展等问题成为研究热点，突显了中国城镇化进程中，土地征收政策执行中存在的问题及困境，成为学者热切关注的研究焦点。2019年，土地利用冲突、权益等继续成为研究热点，表明学术界对于土地产权转移与权益领域的关注仍在持续。2020年，研究热点为污染，表明学术界对于土地产权转移与权益领域的研究不仅关注“社会（农村）”与“人（农民）”，也关注“自然（生存环境）”，这个视角是英文土地产权转移与权益领域学术研究的特别之处。

2. 中文土地产权转移与权益领域研究热点分析。

在 CiteSpace 软件中，Node Types 栏选择 Keyword，Selection Criteria Top N 设置为100，其余选择默认值。在图像中选择 Timeline 模式，聚类方式选择 Log - Likelihood - Ratio（LLR 对数极大近似率），得到中文土地产权转移与权益研究热点可视图（关键词共现时间线图，见图1.8）。

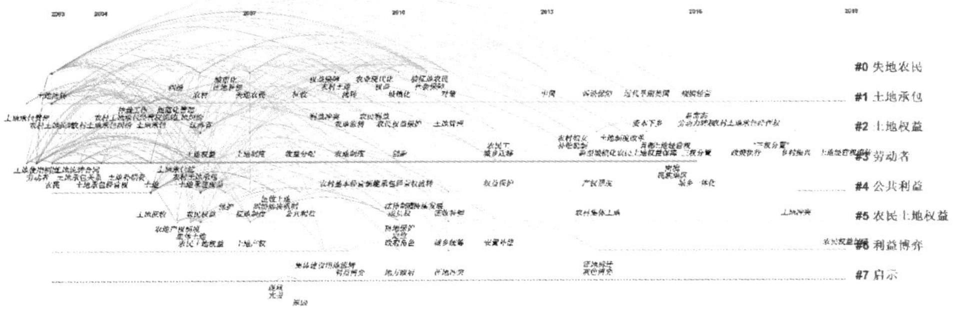

图1.8 中文土地产权转移与权益研究热点示意图

由图1.8可知，中文土地产权转移与权益领域高频关键词聚类分为8个类别，为失地农民、土地承包、土地权益、劳动者、公共利益、农民土地权益、利益博弈及启示。这8个类别代表了中文土地产权转移与权益领域的具体研究热点。在聚类图中，通过对关键词提取，并按时间梳理可分析得到中文土地产权转移与权益学术研究热点脉络（见表1.10）。

表 1.10 中文热点关键词脉络

年份	研究热点关键词
2003	土地流转、农村土地流转、农民、劳动者、土地使用制度、《农村土地承包法》、土地承包管理
2004	土地承包经营权、农村土地承包纠纷、土地承包关系、土地征用制度、土地流转合同
2005	土地征收、土地、土地承包、农村土地承包经营权流转、仲裁工作、当事人、土地补偿费、农民合法权益
2006	农民权益、土地权益、农村、农民土地权益、集体土地、土地承包权益、农村土地承包、江苏省、纠纷、土地纠纷、农地产权制度、湖北省、流转合同、土地承包经营制度、土地使用权流转、土地承包法、规范化管理、长效机制
2007	土地制度、失地农民、土地产权、征地补偿、征地制度、城市化、保护、问题
2008	公共利益、原因、征收、收益分配、监察专员、现状、土地征收法、土地征用、征收土地、完善、纠纷解决机制
2009	农地流转、流转、农村土地、利益冲突、利益博弈、权益保障、集体建设用地流转、农地制度、农村基本经营制度
2010	城镇化、权益、地方政府、农民权益保护、法律制度、耕地保护、定位、创新、土地承包经营权流转、农业现代化、成员权、政府角色、农民利益
2011	征地冲突、对策、土地管理、征收补偿、权利、被征地农民、社会保障、城乡统筹、保障、可持续发展、契约、路径选择
2012	权益保护、安置补偿、房屋征收、农民工、征地、集体土地征收、城乡迁移
2013	中国
2014	新型城镇化、产权强度、农村集体土地、诉讼保障、农村妇女、农民集体、征地拆迁、补偿机制、灰色博弈
2015	资本下乡、首都、农民土地权益保障、制度、农地流转模式、土地制度改革、信托流转、近代早期英国
2016	“三权分置”、土地经营权、城乡一体化、土地发展权、新常态、劳动力转移、困境、民族地区、规模经营
2017	农村土地承包经营权、政策执行
2018	乡村振兴、土地冲突、“三权分置”
2019	土地经营权流转、国有土地、农民权益保障

中文土地产权转移与权益研究热点脉络相对于英文较多，从热点凸显的第一年关键词（2003 年）可以看出，我国土地产权转移与权益集中于对土地制度、土地流转及农民的研究；2004 年，开始出现对于土地承包纠纷及土地征用制度的研究；2005 年，中文土地产权转移与权益开始关注土地制度与农民合法权益问题；2006 年，中文土地产权转移与权益研究涌现多个关键词，特别是江苏省、湖北省、土地纠纷等热点问题。据资料记载，2006 年根据《中华人民共和国农

村土地承包法》和《江苏省农村土地承包经营权保护条例》制定了《江苏省农村土地承包纠纷仲裁试点暂行办法》，因此关于江苏省的农村土地问题研究较多。对比中文土地产权转移与权益研究热点脉络与发文年度分布情况可知，2006～2014年，农村税费改革后的农村发展问题备受关注，因而在中文土地产权转移与权益研究领域研究热点呈井喷式增长；2014年后该领域研究热点减少，说明研究热度有所减弱；在2016年、2018年分别根据新政策的实施，学者对该领域短暂关注，但总体热度持续下降。

四、结论

本书通过对国内外土地产权转移与权益领域的文献分布、发文国家分析、期刊分析、发文作者分析、文献脉络分析及研究热点分析，得出以下结论：第一，通过对国内外土地产权转移与权益发文量分析，发现国外土地产权转移与权益的研究活跃度明显低于国内研究，但自2014年之后，我国土地产权转移与权益领域的发文量大幅减少，国内外发文量差距正在逐步缩小。第二，通过对国外文献的发文国家进行分析，发现土地产权转移与权益的研究国家中，大部分国家学术合作较为紧密，美国居于核心地位，中国发文量为28，排名第二，占发文总量的20%，但中心度监测为0.15，这表明中国在国际上土地产权转移与权益文献的国家影响力较高，但还有待进一步提升。第三，通过对土地产权转移与权益领域的载文期刊分析，发现国外的土地产权转移与权益研究多分布在农业、商业经济学、地质学、生态环境科学等领域的期刊中；国内土地产权转移与权益领域文献主要集中在农林经济管理、农村经济学、土地资源管理、法学等学科领域。第四，通过对土地产权转移与权益领域的发文作者和重要文献进行分析，发现该领域英文文献的重要作者仍为中国学者，研究内容聚焦于中国土地产权与权益问题，但英文重要文献侧重于自然科学领域，研究水资源与土地资源的使用和保护情况。相较而言，国内土地产权转移与权益研究的侧重点在法学和经济学领域，研究在土地征收中暴露出的农民权益保护问题。活跃在国外的我国土地产权转移与权益领域发文作者中心度较高，体现出了很强的学术影响力。第五，通过对土地产权转移与权益领域研究热点的分析，发现国外的土地产权转移与权益领域研究视野相较于国内更加宽广，国内注重于制度构建、农户意愿、政策效应的研究，偏重于土地产权转移与权益的社会科学领域研究，而国外的研究注重于环境保护、生态体系、气候变化，更加偏重于土地产权转移与权益的自然科学领域研究。

第四节 研究框架

本书探讨的主要问题是：围绕农地流转过程中农民收益权这一核心命题，对农地流转过程中农民收益权益损害情况进行研究，并从农地产权制度安排这一视角，对农地收益权益损害进行系统、深度解释和实证研究，同时，设计保护农民收益权益的具体路径。基于此，本书研究的主要内容有：一是农地流转过程中农民收益权益损害程度研究；二是农民收益权益受损害的产权解释框架及实证研究；三是保护农民农地流转收益权益的路径设计及对策建议。

一、问题识别：农地流转农民收益权损害

通过国家农业不同部门公布的统计数据、网络数据以及实地调研数据，对农地流转过程中农民收益权益损害程度进行分析。重点从以下几个方面识别：一是农民在农地流转中的产权权利与权益损害界定；二是农地流转过程中对农民权益损害的时空分布，即变化趋势；三是不同主体损害农民权益的“花招”；四是农地流转过程中对农民权益损害的程度研究。

二、农地流转过程中农民权益损害程度研究

本部分主要研究以下内容：一是建立农地流转过程中农民收益权益受损的理论模型和计量模型；二是利用对贵州省四县的实地调研资料及数据，对农地流转过程中农民权益受损害程度进行计量研究。

三、农民利益受损的产权逻辑：一个解释框架

从产权制度的视角建立一个在农地流转过程中农民权益为什么会受到损害的分析框架。在产权经济学和制度经济学的分析框架中，产权制度不仅是一些规定，更重要的还在于有关主体的理解、认知和实施（执行）。基于此，按照“产权演化——产权制度设计——产权实施——产权博弈”这一逻辑，从农地产权制度本身、相关产权主体认知差异、农地产权制度实施过程中的产权博弈建立一个

农地产权从设计至实施的过程中的解释性框架。

四、损害农民权益的实证分析

以解释性框架作为理论基础，一是通过典型案例对农地流转过程中农民权益损害进行分析；二是通过采取抽样调查和问卷调查的方式，分别在贵州省惠水县、长顺县、湄潭县、正安县收集调研问卷576份，采取统计分析方法，对农地流转过程中农民权益损害程度进行经验性实证分析；三是运用多种计量模型，对农地流转过程中农民权益受损进行计量检验。

五、保护农民农地流转收益权益的路径设计

根据前面的研究结论，设计农地流转过程中农民权益的保护路径：保护路径之一，完善农地产权制度设计；保护路径之二，矫正认知偏差；保护路径之三，改善博弈环境，提升农民博弈能力；保护路径之四，从非合作博弈走向合作博弈。

六、实现农民权益保护路径面临的问题与对策建议

按照“农地产权制度演化——产权制度安排——产权制度实施（博弈）”的逻辑顺序，对实现农地权益保护存在的问题进行识别，同时提出相应的改进建议。

第五节 研究思路与方法

一、总体思路

本书遵循“问题识别、根源探究、解决路径”的总体研究思路。首先，问题识别的核心在于界定本书“为什么”重要，该部分主要采用典型案例研究、问卷调查统计分析与计量经济学等方法识别农地流转中农民权益受损的类型、程度以及被侵害的花招。其次，根源探究的核心在于找准农地流转中农民权益损害的原因，该部分主要通过农地产权制度设计缺陷、农地产权制度实施偏差以及农民博弈能力三大理论探究农民权益损害的根源，既是问题识别的深入，更是解决

路径的理论基础。最后，解决路径的核心在于探究农民权益损害的根源，从理论上设计保护农民权益可行路径，从实践上提出保护农民权益的可行性政策建议，该部分主要从农地产权制度完善、农地产权认知偏差矫正、博弈环境改善与农民博弈能力提升、构建农地流转中农民权益保护的长效机制（从非合作博弈走向合作博弈）等五个维度探讨解决路径（见图1.9）。

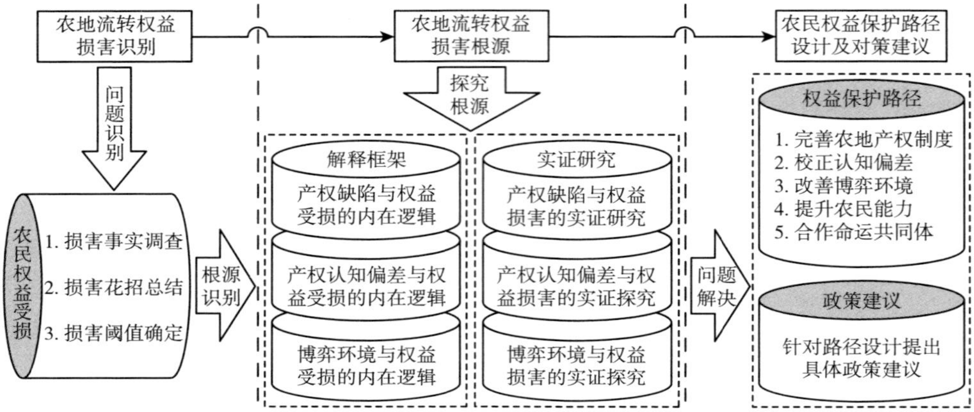

图1.9 本书的研究思路

二、研究方法

文献研究法。该研究方法主要在农地流转农民权益受损的产权分析框架，农地产权认知偏差分析框架以及农地流转博弈分析框架中通过研究文献，奠定研究学术思想发展历史，寻求创新的分析框架。本书将通过多渠道搜集、鉴别、整理文献，并通过对文献的研究形成对研究问题的科学认知。针对实地调查中的问题，从文献中寻找相关研究成果，进行借鉴和补充。

计量分析法。采用 Logistic 模型对农地流转中农民权益受损失进行研究，采用次序回归模型研究农民行为选择、预期受到损害之间的关系，使用倾向得分匹配方法研究政府主导型流转是否对农户造成收益权益损害问题。

案例研究法。通过实地调研获取的资料和数据，探索产权制度缺陷、产权制度实施及产权博弈过程对农民土地权益损害的情况，对成果经验、存在问题和根本原因进行深入总结和提炼。

博弈模型法。（1）非合作博弈模型法，主要应用在农地流转的非合作博弈研究部分，首先应用非合作博弈理论的基本思想，构建两类基本的博弈模型：第一，农户与家庭农村、新型农业经营主体或村委会之间的二人农地流转博弈模型，研究对博弈均衡影响的比较分析，搞清楚农户权益损害的参数；第二，农户、新型农业经营主体与村委会之间的农地流转博弈模型，搞清楚非合作博弈下，三方均衡各自得益，从理论上分析农民权益损害问题。（2）合作博弈模型法。该方法主要应用在农地流转的合作博弈。重点通过该方法找到各种联盟下的“核”或者“夏普利值”利益分配机制。第一，农地流转的合作博弈重点需要关注内部稳定性，需要通过合作博弈模型找到内部稳定的解：“核”或者“夏普利值”。第二，利用该方法进一步分析探讨形成“核”或者“夏普利值”的深层次根源。在本课题团队中具有多年潜心研究博弈论的专家研究农地流转中博弈问题，保障该研究方法的落地执行。

三、研究视角

运用产权理论视角，分别从产权制度设计、产权制度认知、产权制度实施三个层面研究农地流转中农民权益受侵害的重大社会经济问题。从产权制度设计层面，主要采用巴泽尔的《产权的经济分析》、诺斯的《暴力与社会制度》、德姆塞茨的《所有权与控制企业》等关于产权完全界定困境导致的公共领域，构建农地产权界定困境中农民权益受损的理论分析框架，并采用该框架进行典型案例研究。从产权制度认知层面，采用认知科学的理论方面构建一个“产权认知偏差——行为偏差——农民利益受损”理论分析框架，并从案例与问卷调查两个方面研究农地产权认知偏差对农民权益损害。从产权制度实施层面，采用非合作博弈与合作博弈理论，研究现有的农地流转方式“囚徒”困境，并引导地方政府、土地需求方（企业）和土地供求方（农民）之间构建“利益共同体”与“命运共同体”。

四、研究路线

第一步，在梳理国内外文献研究文献的基础上，深入观察土地流转中存在的问题，尤其是对农地流转过程中对农民权益损害问题进行反思，并结合网络资料、统计资料等研究资料，对问题进行识别观察，发现农地流转过程存在对农民权益的大量损害、较深程度的损害，并导致农民的抗争。第二步，通过对农户的抽样调查、问卷调查，利用计量模型，对农地流转过程农民权益损害程度进行计量研究。对农民的损害不一定导致农民的抗争，只有损害到一定程度之后才会导致这一现象。基于此，采用问卷调查收集原始数据，并用统计分析、Logistic 模型研究农民权益受损的现状、政府行为对农民权益的影响。第三步，在梳理有关文献及理论的基础上，从产权视角，按照“产权制度设计——产权认知（行为）——产权制度实施”这一逻辑，从三个角度构建本书的理论研究框图。第四步，根据理论分析框架，采用案例实证、问卷调查数据的统计经验实证和通过计量模型的计量检验三个层面对理论框架进行实证研究。第五步，从农地产权制度设计、农地产权制度认知及产权博弈等几个方面设计保护农民权益的具体路径。同时，提出这些路径实施的对策建议，如图 1.10 所示。

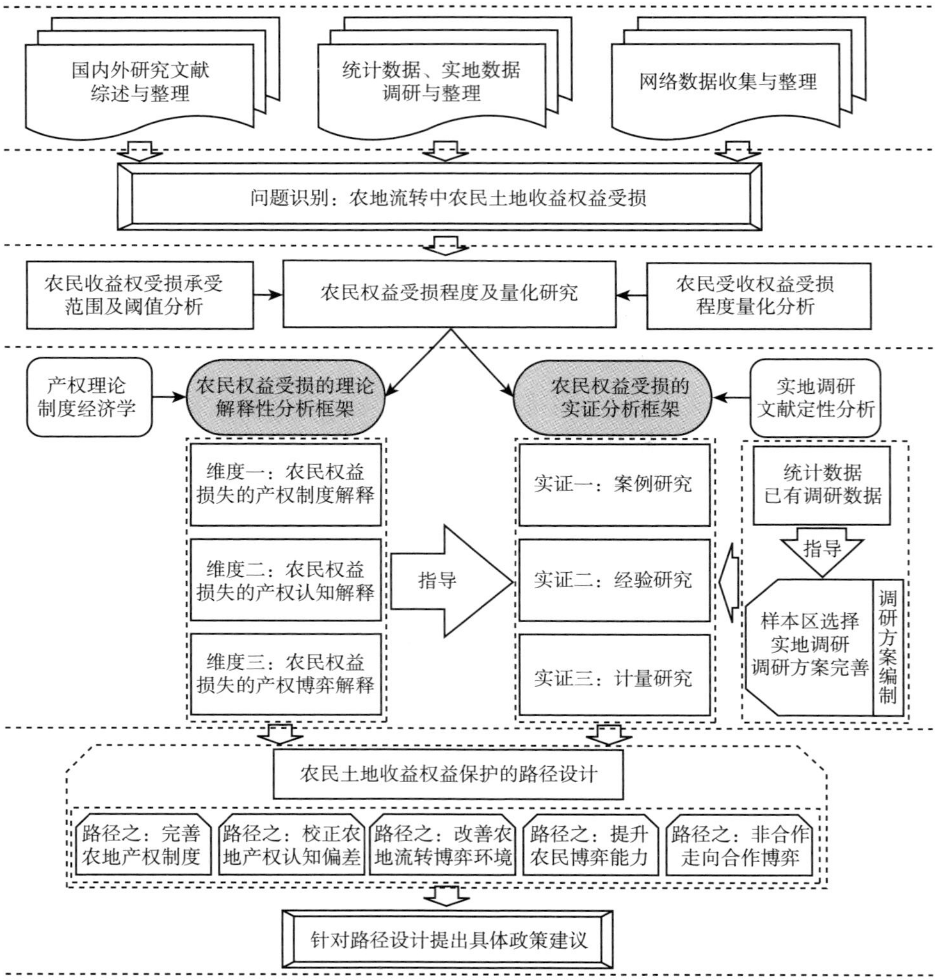

图 1.10　本书的技术路线

第六节 研究创新

农民权益受到学术界的广泛关注，虽然有部分学者开始对农地流转过程中农民权益进行分析和探讨，但这些探讨多是零星的，没有进行系统、深入调查和研究，本书的贡献在于，通过深入系统的调查和研究，不仅构建农地流转过程中农民权益受损的分析框架，而且还从多个层面进行了创新。

一、理论分析创新

本书构建了一个新的理论分析框架，用于解释农地流转过程中农民权益为什么会受到损害，这一分析框架按照“农地产权设计——农地产权实施——农地产权博弈”的逻辑开展，搭建了产权制度与农民权益损害之间的桥梁。长期以来，我们对农民权益损害和农地产权制度两个领域进行了不少学术研究，但并没有将两者联系起来，尤其是两者的“内在逻辑是什么”没有进行深入研究，两者之间存在一定的“鸿沟”，本书便是在农地产权与农民权益损害之间搭起了一座桥梁。

二、学术观点创新

第一，损害研究内容创新，提出了农地流转过程中对农民的权益损害是可以量化的观点，同时，认为对农民的损害只有到一定程度（阈值）之后，农民才会反抗，即对农民的损害不能超过一定的阈值，否则会引起农民纠纷甚至群体事件。传统研究只关注经济损害，本书则扩展到经济和非经济损害。

第二，损害解释角度创新，从产权设计、产权执行和行为博弈三个方面进行损害的全面解释。精巧设计的农地产权制度形成了农地流转过程中农民权益受损的天然缺陷；村干部、政府基层干部及新型农业经营主体等的认知偏差及由此带来的行为偏差，使农民权益再次受到损害；在农地产权制度实施过程中，由于博弈环境、博弈策略和农民博弈能力的不足，使农民受到的损害雪上加霜。

第三，解决路径创新，提出只有“利益共同体”和“命运共同体”才能实现对农民权益的长期保护的观点，国内基本没有文献研究农地流转中从非合作博弈到合作博弈的动态变动，最终也只有合作博弈，构建农民、新型农业经营主体、村集体等多方参与的“利益共同体”和“命运共同体”才能实现对农民权益的保护。

三、工具方法创新

第一，损害、阈值核算方法创新。将原有文献中损害、阈值的定型研究转化成为量化研究，是方法上的一大创新。第二，阈值的稳健型检验创新。利用有限的真实阈值与假设问题推测出阈值做稳健型检验，并不断完善结果。第三，非合作博弈到合作博弈的转变，突破博弈论中单一研究合作博弈或者非合作博弈的做法，研究两者之间的动态关联。

第二章　农地流转过程中农民收益权损害：概念界定与描述分析

对于获得农地承包权的农民来讲，在农地流转过程中，有什么样的权益？会存在哪些权益损害？农民权益损害的时间演化如何？农地流转过程中农民权益损害是否存在时空上的规律性？

第一节　农民在农地流转中的产权权利与权益损害界定

我们都知道，农地产权包括所有权、承包经营权等权能。农户在实际行使产权时，可以将承包权与经营合为一体，由自己行使，也可将经营权从承包经营中分离出来，由另一个主体行使，即形成农地产权流转。在农地流转过程中，农民享有相应的权利，但可能存在权益受到损害的情况。

一、农户农地流转权

完整的产权包括排他的使用权、独享的收益权和自由交易权，也就是由主体对资产（资源）的产权由垄断的使用、完全的收益和自由的让渡这些资产的权利束构成，收益权的实现建立在使用权和交易权的基础之上，农民通过农地流转进行土地资源配置正是他们农地收益权权益的实现方式。

我国《农村土地承包经营权流转管理办法》（2005 年）、《关于引导农村土地经营权有序流转，发展农业适度规模经营的意见》（2014 年）以及《农村土地经营权流转交易市场运行规范》（2016 年）、《农村土地承包法》（2018 年修正）等法律法规明确了农户在农地流转中的主体地位，并进一步规定了他们在农地流转中的产权权利。2020 年 5 月 28 日第十三届全国人民代表大会第三次会议通过的《中华人民共和国民法典》第三百三十四条规定："土地承包经营权人依照法律规定，有权将土地承包经营权互换、转让。"第三百三十一条规定："土地承包经营权人依法对其承包经营的耕地、林地、草地等享有占有、使用和收益的权利，有权从事种植业、林业、畜牧业等农业生产。"由此可知，在农地流转过程中，农民的流转权至少包括自由的流转权、完全的交易权和独享的收益权。

（一）自由的流转权

农地流转是以农地承包经营权的产权交易，应该以农户为主体，以依法、自愿、有偿为基本原则，在有真实流转交易意愿的前提下进行农地流转。在我国，农户依然是农业生产最主要的组织形式，家庭成员之间存在劳动能力的差异，其家庭生产决策受到家庭内部分工的影响。农户在进行劳动力资源配置的过程中，往往根据家庭成员的农业和非农劳动生产率，在农业生产与非农生产之间分配劳动力，从而实现家庭收益最大化。农地的自由流转权是农户家庭分工决策得以实现的重要保证，农户可以根据家庭劳动力情况，决定家庭经营性质，例如，纯农业经营（自己耕种土地）、兼业经营（部分流转土地）和非农业经营（全部流转土地，家庭成员完全从事非农就业），从而自主决定转出还是转入土地。自由流转权同时保障了农户的土地经营权和处置权，即保证农户能够通过自主经营和处置土地来获取合理的收益。

（二）完全的交易权

土地承包经营权属于农民家庭，土地是否流转、价格如何确定、形式如何选择，应由承包农户自主决定；流转期限应由流转双方在法律规定的范围内协商确定；没有农户的书面委托，农村基层组织无权以任何方式决定流转农户的承包地，更不能以少数服从多数的名义，将整村整组农户承包地集中对外招商经营。农地流转交易应建立在平等协商的基础之上，交易双方就流转的地块、价格、期限等内容达成一致则交易成功，无法达成则交易失败，即便是农户委托他人进行交易，也需要以委托书的形式明确权利义务，这样才能有效保障农户的流转交易权利，防止产权侵害的发生。

（三）独享的收益权

农村土地承包经营权流转收益归承包方所有，任何组织和个人不得侵占、截留、扣缴。转入户的流转收益为扣除租金以后获取的种植毛利润，农业种植的收支都控制在农户自己手中，保证了他的独享收益权，转出户若收取到了与流转市场价格相当的租金则他们独享了收益权，自愿以明显低于市场价格的租金转出农地的情况例外，如免费送给亲朋耕种或者象征性地收取很少的粮食或租金。

二、农地流转中农户权益损害的界定

农地流转中收益权权益的产生是建立在农户的自由流转权和流转交易权的基础之上，任何影响农户流转收益实现的行为都将形成收益权损害。依据 Ruth Gasson（1973）、Rosenberg（1957）、贝克尔（1974）和 Browne（1999）的逻辑观点，将农民收益权损害分为经济损害和非经济损害。经济损害直接表现为收益的经济损失，而非经济损害则为对实现农地流转收益所必需的自由流转权和流转交易权的损害。土地流转可以分为农地转出方和转入方，由于农地转入方通常基于自己的经营状况和意愿选择是否流转土地，且盈亏自负，通常不会发生收益权受损的情况，反而农户转出方容易发生被迫流转、无法决定流转价格、期限、地块等问题而造成收益权受损，由此，分析主要关注农地转出方在流转中发生的收益权损害问题。图 2.1 显示了农地流转中农户权益损害的界定。农户家庭根据家庭劳动力分工选择是否流转土地，如果不流转土地，则不存在权益损害的问题，农户获取务农收益 Y_{farm1} 和非农收益 Y_{work1}；如果农户选择流转土地，并通过谈判地块、价格、期限等交易要素最终达成交易，则获取务农收益 Y_{farm2}、流转租金 Y_{rent} 以及非农收益 Y_{work2}，需要注意的是，根据交易对象和交易过程的不同，农户

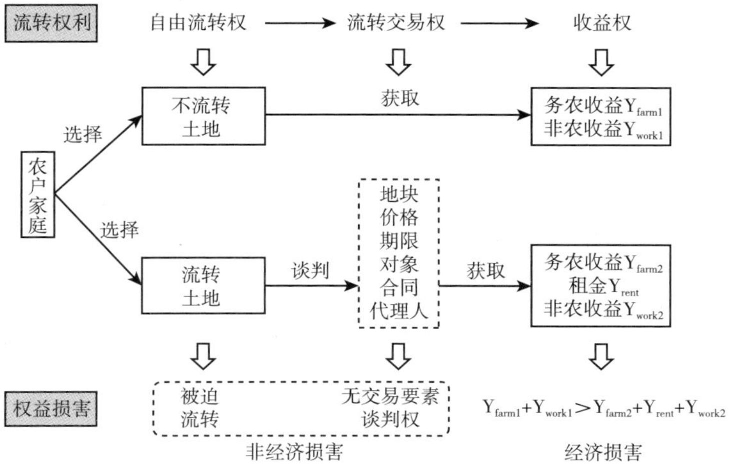

图 2.1　农地流转中农户权益损害界定

在交易过程中可能遇到被迫流转或无交易要素谈判权等非经济损害问题，最终表现为经济损害，即受到损害时获取的经济收益比没有受到损害时的经济收益低，经济损害和非经济损害共同构成一个完整的收益权损害框架，经济损害或非经济损害中只要出现一项，则视为发生客观上的收益权损害。更进一步的，对损害的定义应具有一个损害的客观事实和农户的主观感知过程，在损害客观存在的基础上，如果农户感受到了损害的发生并强烈抗议，则视为农户的收益权受损，如果农户并不在意这样的损害，例如，虽然自己种地比较划算，但为了支持村里土地规模经营和发展，愿意转出土地，则视为农户权益并未受损。

第二节　农地流转过程中对农民权益损害的时空分布及变化趋势

尽管国家反复明确农户在农地流转中的各项权利，但在产权界定不清、土地权属不明确、土地流转、适度规模经营成为土地经济发展趋势的背景下，随着农地流转率的不断攀升，在流转交易的实施过程中农民产权权益受损的情况也频频发生，直接导致农地流转纠纷。一方面，农户之间的流转常发生在亲戚、熟人和朋友之间，主要以信任、声誉、未来价值等非正式制度结合正式制度一起保障口头契约的实施，农户之间难免发生纠纷，例如，北京市昌平区人民法院（2016）京 0114 民初 15805 号民事判决书涉及的案例，北京市花果山村的村民张某（出让方）和王某（受让方）以转包的方式流转农用土地，王某在流转期间不仅擅自更改农用土地用途并造成土地永久性破坏，还在张某阻止其行为后拒不支付土地流转租金，损害了张某的收益权。黑龙江省富裕县人民法院（2016）黑 0227 民初 1147 号民事判决书涉及案例中，流转双方签订了流转合同，但在合同实施过程中，因齐某（出让方）将流转合同中的部分土地免费赠予吴某使用数年，王某（受让方）拒绝支付剩下的租金，以合同为证，齐某要求王某偿还拖欠的土地转包费用的诉讼请求得到支持，收益权得到保障，但王某因未能提供相应证据，法院未能够支持王某的诉求，假设王某所说之事属实，那王某的收益权也受到了损害①。另一方面，不少地方政府通过农地流转在推动地方农业结构优化与农业现代化过程中，依靠行政力量推动地方土地规模经营，只注重规模经营数

① 《中国法院 2018 年度案例》。

量，缺乏对农民的自主交易权的尊重，流转过程中部分不合理的做法也引发了一些流转纠纷，例如，利用行政力量强制流转、未按时支付租金等。另外，农户与企业、合作社等进行直接交易的过程中，也容易因为产权认知不够、法律援助途径短缺等因素遭受权益损害。一般来说，农户之间的纠纷大多可以通过私下调解处理，而在政府主导型流转中，农户也往往因为不愿意“得罪”政府或维权成本太高而选择“算了”或者私了，如果纠纷上报至村民委员会、乡镇人民政府和农村土地承包仲裁委员会并且得到受理，说明流转过程中至少有一方遭受了权益损害问题，历年《中国农村经营管理统计年报》对村民委员会、乡镇人民政府和农村土地承包仲裁委员会受理的因农村土地承包经营权转包、出租、互换、转让、股份合作等流转发生的纠纷数量进行了统计。虽然受到损害的不一定是农户，但作为博弈弱者的农户受到损害的概率通常较大，因此，我们以农地流转纠纷数量作为农地流转过程中农民权益损害的代理指标进行时空规律的分析。特别说明的是，本章采用2009～2017年中国30个省区市截面数据进行分析，西藏和港澳台地区由于数据完整性和异质性较强，不纳入研究范围。

一、全国层面上农地流转过程中农民权益受损情况的时间分布及变化

图2.2显示了我国2009～2017年农地流转纠纷发生的总体情况。从总体上看，随着土地流转率的逐年增加，我国农地流转纠纷事件也逐步增多，2009年，发生农地流转纠纷事件66 162件，2017年达到103 587件，增长了56.57%；从

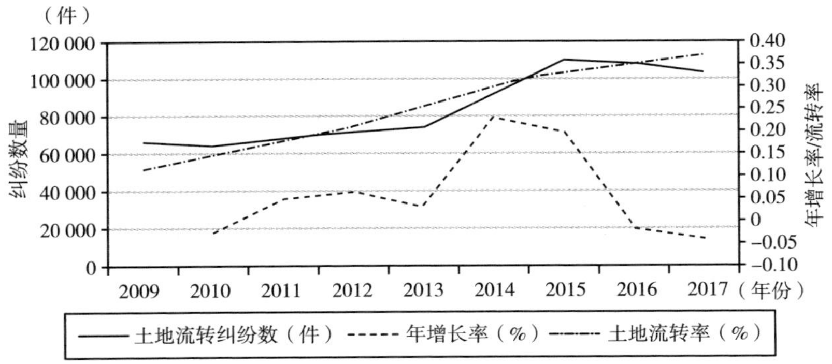

图2.2　2009～2017年全国农地流转及纠纷发生情况

资料来源：农业部农村经济体制与经营管理司．农业部农村合作经济经营管理总站．中国农村经营管理统计年报．中国农业出版社，2018.

年增长率上看，2013 年之前，农地流转纠纷的年增长率均在 7% 以内，其中，2010 年的纠纷数量相比 2009 年反而减少了 2.62%；2014 年，农地流转纠纷为 91 660 件，纠纷年增长率达到顶峰（23.34%）；2015 年纠纷数量为 10 9717 件，年增长率虽有所下降但依然处于 19.70% 的高位；2016 年和 2017 年，纠纷数量分别小幅下降了 1.59% 和 4.06%。

图 2.3 显示了 2009 ~ 2017 年全国农地流转纠纷结构，总体上看，发生在各个主体之间的农地流转纠纷数量都呈现出增长的趋势，2009 ~ 2017 年，发生在农户之间的纠纷由 50 443 件增加到 78 461 件，增长率为 55.54%，其中，2014 年和 2015 年，农户间纠纷的增长速度较快，年增长率分别为 29.10% 和 19.82%，是农地流转纠纷数量增多的主要因素；发生在农户与村组集体之间的纠纷由 9 297 件增加到 14 410 件，增加了 55.00%，其中，与 2014 年相比，农户与村组集体之间的纠纷迅速增多，增幅高达 32.01%；而发生在农户与其他主体之间的纠纷则从 6 422 件增加到 10 716 件，增幅为 66.86%，其年增长率都稳定在 10% 左右。从结构上看，发生在农户之间的农地流转纠纷占比稳定在 77% 左右，是纠纷的主要构成部分，这是由于农户依然是农地流转最主要的转入主体，2017 年，有 57.50% 的农地转入农户手中进行耕种，交易量大通常伴随着纠纷发生率的增加；其次是农户与村组集体之间的流转纠纷，占比在 14% 左右；最后是农户与其他主体之间的纠纷，占比在 10% 左右。

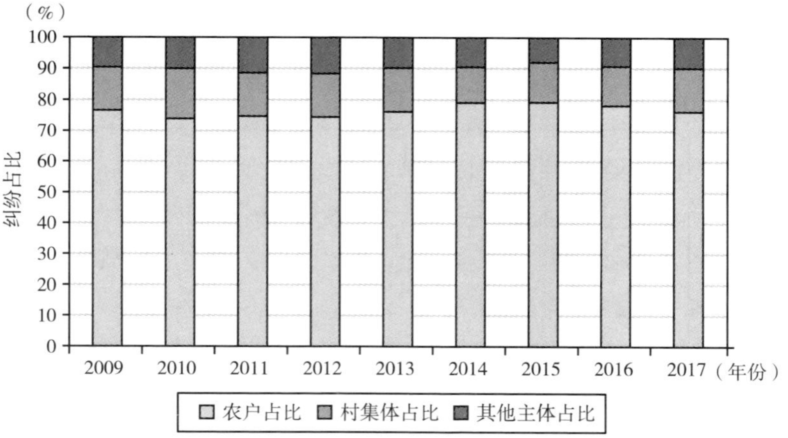

图 2.3　2009 ~ 2017 年全国农地流转纠纷结构

资料来源：农业部农村经济体制与经营管理司，农业部农村合作经济经营管理总站．中国农村经营管理统计年报．中国农业出版社，2018.

二、农地流转过程中农民权益受损情况的空间分布及变化规律

（一）农地流转纠纷整体情况的空间分布及时间变化规律

根据农地流转纠纷数量，使用自然间断法将不同省区市分为3个梯队，得到我国农地流转纠纷的空间异质性分布情况。首先，从每年的截面数据分析流转纠纷的空间分布特点。2009年，按照纠纷数量的多少将不同省区市划分为小于2 491件、2 491～6 973件以及大于等于6 973件三个梯队，其中，中、东、西部地区各有一省处于第一梯队，分别是湖南（10 038件）、江苏（6 973件）和四川（8 776件），湖南的纠纷数量最高；有7个省市处于第二梯队，分别是地处中部地区的湖北、安徽，地处东部地区的黑龙江、辽宁，地处西部地区的云南、重庆和陕西，除了黑龙江和辽宁外，其他省市围绕纠纷数量最高的重庆（4 389件）形成中值聚集区；有20个省区处于第三梯队，均匀分布在中、东、西部地区并形成两个庞大的低值聚集区，分别是始于新疆，途经宁夏、山西和内蒙古等地，终于吉林的条形低值聚集区，始于贵州，途经广东，终于浙江的“U”形低值聚集区。2014年，按照纠纷数量的多少将不同省区市划分为小于5 488件、5 488～25 855件以及大于等于25 855件三个梯队，其中，四川单独处于第一梯队，流转纠纷数量高达25 855件；江苏、湖北、湖南、重庆和云南5个省市处于第二梯队，湖南（7 548件）的纠纷数量在这一梯队中最高，云南（5 488件）的纠纷数量最低，除了江苏这个唯一的东部省份外，其余4个省市形成一个中值聚集区；有24个省区市处于第三梯队，它们共同形成一个庞大的低值聚集区，流转数量最高的3个省市分别是安徽（3 607件），黑龙江（2 818件）和辽宁（2 773件），流转数量最低的3个省市分别是福建（76件）、天津（176件）以及北京（181件）。2017年，按照纠纷数量的多少将不同省区市划分为小于3 113件、3 113～8 545件以及大于等于8 545件三个梯队，其中，有4个省处于第一梯队，由纠纷数量从高到低排序为四川、江苏、湖北和湖南，纠纷数量分别为14 749件、12 239件、9 542件和8 545件；有8个省市处于第二梯队，除了辽宁、黑龙江和安徽外，其余的重庆、贵州、云南、陕西和甘肃5个西部地区省市组成一个中值聚集区；有18个省区市处于第三梯队，新疆、青海、山西和吉林等11个省区沿着内蒙古形成一个低值聚集区，上海、浙江、福建、江西、广东、广西和海南这7个省市组成另一个低值聚集区。

从时间维度上看，农地流转纠纷的空间分布规律在不断变动，但总体上，农地流转纠纷相对较多的中值聚集区和高值聚集区涉及省区基本处于四川、湖北、

湖南周边，以及黑龙江和吉林一带，并且有逐渐增多的趋势。

我国不同省区市 2009～2017 年的农地流转纠纷数量时间分布图如图 2.4 所示，其中，回归线显示了流转纠纷的时间分布趋势。总体上，不同省区市流转纠纷的时间趋势可以分为平稳和上升两种状态。有 18 个省区市的流转纠纷数量在近 9 年来没有发生太大的变化，较为平稳，它们是上海、内蒙古、北京、吉林、天津、宁夏、山东、广东、广西、新疆、江西、河北、河南、浙江、海南、福建、青海以及黑龙江；有 12 个省市流转纠纷数量呈现出逐年上升的趋势，其中，云南、安徽、山西、甘肃、贵州、辽宁、重庆和陕西 8 省市的流转纠纷事件增幅较缓，四川、江苏、湖北 3 省的回归线较为陡峭，流转纠纷明显增多，四川的纠纷数量在 2014 年和 2015 年迅速增加，分别达到 25 855 件和 28 748 件，之后有所回落，江苏和湖北的流转纠纷则为稳步增加状态，平均增长率分别为 8.95% 和 19.12% 。

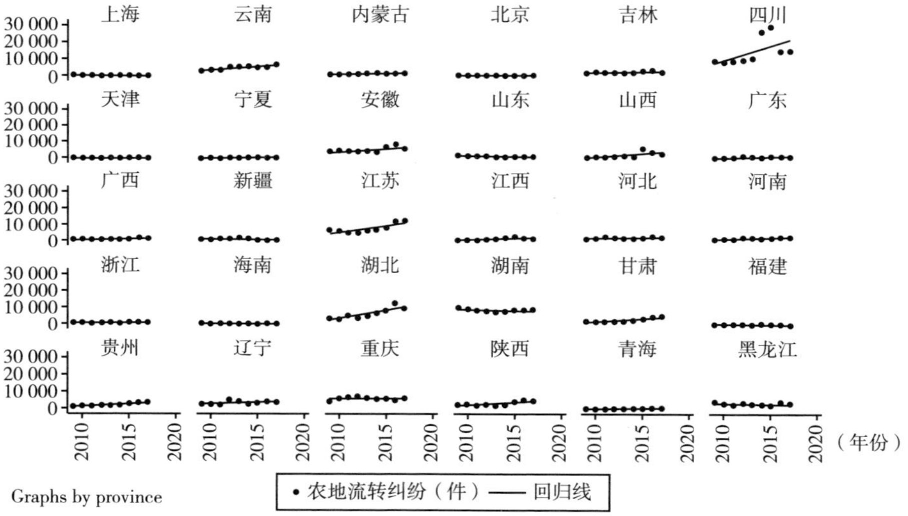

图 2.4　2009～2017 年我国各省区市农地流转纠纷数量时间分布

（二）农地流转纠纷结构的空间分布及时间变化规律

根据不同类型农地流转纠纷数量，使用自然间断法将不同省区市分为 3 个梯队，进一步分析农地流转纠纷结构的空间分布及时间变化规律。

1. 农户之间流转纠纷的空间分布及时间变化规律。

2009 年，按照农户之间纠纷数量的多少将不同省区市划分为小于 1 993 件、1 993～5 049 件以及大于等于 5 049 件三个梯队。有 3 个省处于第一梯队，分别是江苏、湖南和四川，其中，湖南的纠纷数量最高，达到 7 677 件，其次是四川

(6 979 件) 和江苏 (5 049 件)。有 6 个省市处于第二梯队，分别是辽宁、黑龙江、安徽、湖北、重庆和云南，其中，除了黑龙江和辽宁外，其余 4 个省市围绕这个梯队中流转数量较高的安徽和湖北形成一个中值聚集区。有 21 个省区市处于第三梯队，纠纷数量最高的 5 个省分别为陕西 (1 618 件)、甘肃 (1 486 件)、吉林 (1 388 件)、山东 (1 350 件) 以及贵州 (1 099 件)，这 21 个省区市分为两个较大的低值聚集区。2017 年，按照纠纷数量的多少将不同省区市划分为小于 1 951 件、1 951 ~ 6 889 件以及大于等于 6 889 件三个梯队。有 4 个省处于第一梯队，分别是四川 (10 562 件)、江苏 (9 916 件)、湖北 (7 816 件) 以及湖南 (6 889 件)，湖南和湖北形成一个小小的高值聚集区。有 11 个省区市处于第二梯队，除了距离较远的黑龙江外，其他 10 个省区围绕陕西、河南等地形成一个中值聚集区。有 15 个省区市处于第三梯队，形成了 "青海—新疆" "内蒙古—吉林" "北京—天津—山东" 三个小的低值聚集区，以及以江西和福建为核心的低值聚集区。

可以看出，农户之间的纠纷多发生于四川和湖北一带，湖北也由 2009 年的第二梯队转变为 2017 年的第一梯队，并且第二梯队的省区市明显增加，农户之间的流转纠纷呈现出随流转率提高而逐渐增多的趋势。

从不同省区市农户之间流转纠纷的时间趋势上看，大部分省区市的纠纷在 2009 ~ 2017 年处于平稳状态，云南、安徽、山西、河南、甘肃、贵州以及陕西 7 省的纠纷数量随时间略有增加，四川、江苏、湖北 3 省的纠纷数量明显增多 (见图 2. 5)。

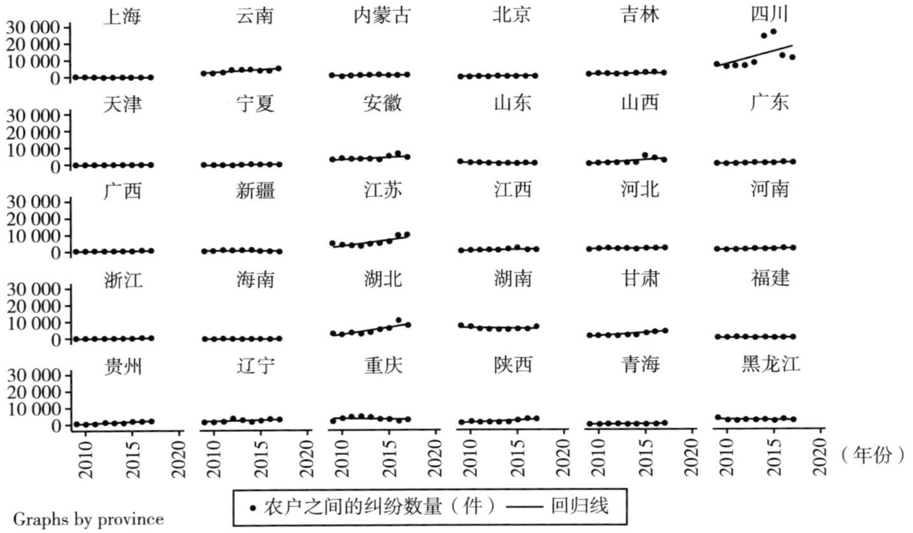

图 2. 5　2009 ~ 2017 年我国各省区市农户之间的农地流转纠纷数量时间分布

2. 农户与村组集体之间流转纠纷的空间分布及时间变化规律。

2009 年，按照纠纷数量的多少将不同省区市划分为小于 288 件、288～978 件以及大于等于 978 件三个梯队。有 3 个省处于第一梯队，其中，湖南的纠纷数量最高，达到 1 779 件，其次是四川和江苏，纠纷数量分别为 1 104 件和 978 件。有 8 个省市处于第二梯队，除了辽宁和云南外，重庆、陕西、湖北、安徽、河南和浙江形成一个中值聚集区，其中重庆的纠纷数量为 584 件，在第二梯队中最高。有 19 个省区市处于第三梯队，纠纷数量小于 20 件的省区市为宁夏（0 件）、海南（9 件）、天津（12 件）以及福建（19 件）。处于第三梯队的省区市可以分为两个低值聚集区，一个为西至新疆，经甘肃、内蒙古和河北，东至黑龙江的带状低值聚集区，另一个为贵州、海南、福建、广东、江西、广西 6 省区组成的“U”形聚集区，规模相对较小。2017 年，按照纠纷数量的多少将不同省区划分为小于 361 件、361～1 073 件以及大于等于 1 073 件三个梯队。有 5 个省市处于第一梯队，按照纠纷数量从大到小进行排序分别为四川、江苏、重庆、湖北和陕西，纠纷数量最高值为 1 862 件，最低值为 1 073 件，除了江苏以外，其余 4 市区组成一个高值聚集区。有 9 个省处于第二梯队，其中，两个中值聚集区分别为“贵州—云南—湖南”以及“安徽—浙江”，黑龙江、辽宁、甘肃和陕西独自分布在第一梯队和第三梯队的省区之间。有 16 个省区处于第三梯队，形成三个低值聚集区，分别是“新疆—青海”聚集区、以河北为中心的聚集区以及“福建—广东—广西—云南”聚集区，其中，以河北为中心的聚集区规模最大，包含纠纷数量在第三梯队中较多的吉林（272 件）、河南（251 件）以及北京（234 件）。

对比农户与村组集体之间所发生纠纷的空间分布情况，发现纠纷数量也呈现整体上升的趋势，其中，处于第一梯队的省市由 3 个增加到 5 个，除了四川和江苏外，重庆、湖北和陕西从第二梯队进入第一梯队，同时，湖南由第一梯队变为第二梯队；处于第二梯队的省由 8 个增加到 9 个，由第三梯队进入第二梯队的有甘肃、陕西、黑龙江以及贵州，河南由第二梯队降至第三梯队。由此可见，随着政府主导型流转的逐渐增多，由政府在流转过程中的不当行为所带来的农民权益损害问题也随之增加，应引起重视。

从不同省区市农户与村组集体之间农地流转纠纷数量的时间趋势上看（见图 2.6），其回归线与纠纷总量的回归线和农户之间纠纷数量的回归线相比更为陡峭和复杂。天津、宁夏、海南、福建和青海 5 个省区市呈现平稳趋势；上海、云南、山东、新疆、湖南以及辽宁 6 省区市呈现下降趋势，其中，湖南的纠纷数量随时间下降的趋势最为明显；其余 19 个省区市均呈现上升趋势，纠纷数量明显上升的有四川、安徽、江苏、湖北、重庆、陕西 6 省市，其次是陕西、河北、浙江、贵州和黑龙江，这意味着在村组集体对农地流转的干预下也会发生农民损害问题，并且由此带来的农地流转纠纷数量在 2015 年以后上升趋势更为明显。

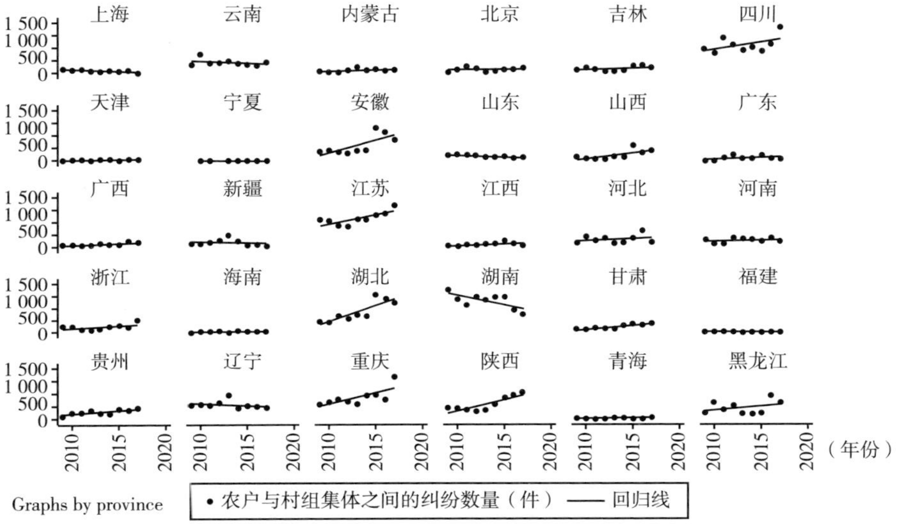

图 2.6　2009～2017 年我国各省区市农户与村组集体之间的农地流转纠纷数量时间分布

3. 农户与其他主体之间流转纠纷的空间分布及时间变化规律。

2009 年，按照纠纷数量的多少将不同省区市划分为小于 426 件、426～1 324 件以及大于等于 1 324 件三个梯队。重庆的纠纷数量为 1 324 件，独自处于第一梯队。有 5 个省处于第二梯队，除了湖南以外，其他 4 个省形成“四川—陕西”、“安徽—江苏”两个低值聚集区，其中，纠纷数量最高的为江苏（820 件），最低的为陕西（426 件）。有 24 个省区市处于第三梯队，形成一个庞大的低值聚集区，其中，纠纷数量最高的为云南（247 件）、甘肃（208 件）和贵州（203 件），纠纷数量最低的为天津（0 件）、宁夏（1 件）和北京（3）件。2017 年，按照纠纷数量的多少将不同省区市划分为小于 502 件、502～1 460 件以及大于等于 1 460 件三个梯队。重庆和四川的纠纷数量分别为 2 325 件和 1 460 件，它们处于第一梯队并形成一个高值聚集区。有 7 个省区市处于第二梯队，围绕湖南形成一个中值聚集区，其中，云南的纠纷数量最高，达到 1 102 件，湖北的纠纷数量最低，为 502 件。有 21 个省区市处于第三梯队，其中，广西、浙江等 6 个省区围绕福建形成一个小型的低值聚集区，其他 14 个省区市沿内蒙古形成一个庞大的带状低值聚集区。

从时间演变上看，随着农地流转的交易主体逐渐丰富，发生在农户与其他主体之间的纠纷数量也相应增多，第一梯队的数量由 1 个增加到 2 个，第二梯队的数量也由 5 个增加到 7 个，高值和中值聚集区的范围在逐步扩大。

从不同省区市农户与其他主体之间农地流转纠纷数量的时间趋势上看（见图 2.7），大部分省区市的纠纷数量没有随时间发生太大的变化，整体较为平稳，有 10 个省市的纠纷数量随时间而增多，其中，云南、四川、湖南 3 省的回归线较为陡峭，安徽、山西、江西、湖北、贵州、重庆和陕西的回归线向上倾斜但相对平缓，说明随着企业、合作社等其他交易主体参与农地流转的频率增加，农户与他们发生纠纷的情况逐步增多，而云南、四川、湖南 3 省是发生纠纷的重灾区，纠纷数量增长速度很快。

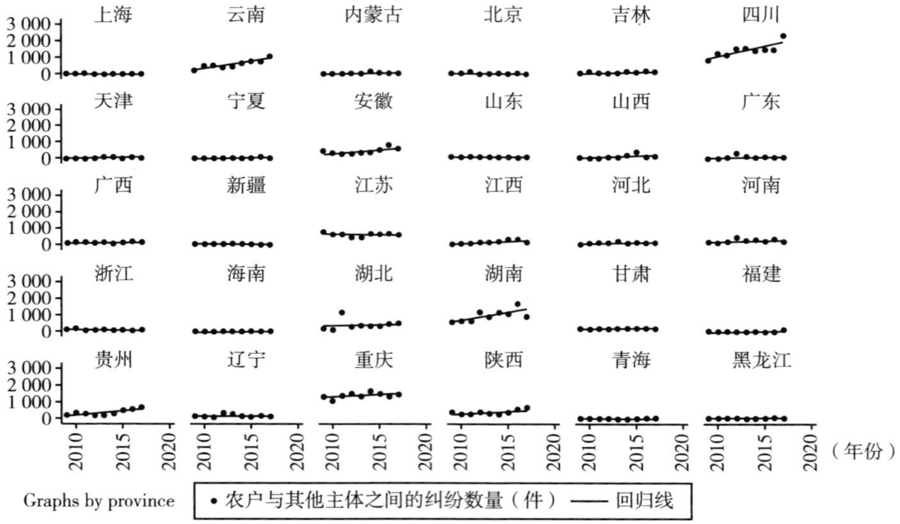

图 2.7　2009～2017 年我国各省农户与其他主体之间的农地流转纠纷数量时间分布

（三）农地流转纠纷的空间依赖性分布规律

如地理学第一定律所述：任何事物都与其他事物具有一定的空间关联性，农地流转行为也不例外，这种行为不仅包括是否流转以及对流转主体、方式的选择，还包括流转过程中的谈判和履约行为，若不是自愿或没有履行合同约定，则会造成流转一方的权益损害，发生流转纠纷。从理论上讲，直观学习和信息传递是决策者形成期望和偏好的重要途径，个体决策既不是完全独立的，也不是共同达成的，进而形成个体决策的空间关联现象，空间经济学称其为空间效应，包含空间异质性与空间依赖性，且可通过微观的积累效应而呈现出某种宏观特征。即便如此，多数农地流转研究仍建立在农户独立决策的前提假设之下，忽视了交易的非独立决策问题，仅有少数研究对农地流转价格、契约选择、流转方式等流转行为的空间依赖问题进行了识别，但也忽略了以权益损害为特征的农地纠纷问题。探讨农地流转行为的空间异质性将有助于识别出禀赋差异条件下的区域流转行为模式，而研究流转行为的空间依赖性则有助于进一步认识空间单位的互动模式及潜在影响因素的空间溢出效应。因此，利用空间计量分析方法对 2017 年我国农地流转纠纷进行空间依赖性分析。

1. 研究方法。

全局空间自相关从整体上检验不同方式的农地经营权流转行为在邻近省区之间是相似、相异还是相互独立的，局部空间自相关则进一步明确空间自相关特征发生的具体空间位置和分布格局。

（1）全局空间自相关分析。

全局莫兰指数 I（Global Moran's I）为一个观测值与其空间滞后之间的线性相关系数，用一个加权的成比例的向量内积表示：

$$I = \frac{n\sum_{i=1}^{n}\sum_{j=1}^{n} w_{ij}(Y_i - \bar{Y})(Y_j - \bar{Y})}{\left[\sum_{i=1}^{n}(Y_i - \bar{Y})^2\right]\left(\sum_{i=1}^{n}\sum_{j=1}^{n} w_{ij}\right)} \tag{2.1}$$

其中，w_{ij}为非标准化的空间加权矩阵，表示空间 i 与空间 j 之间的关系，邻接取值为 1，否则为 0，$i, j \in (1, n)$；Y 为农地流转纠纷数量，$\bar{Y}$ 是平均值。$-1 \leqslant I \leqslant 1$，大于 0 表示空间正自相关，即高（低）值与高（低）值相邻，小于 0 表示空间负自相关，即高（低）值与低（高）值相邻，若 I 接近于 0，则表示空间分布是随机的；一般用标准化的莫兰指数 Z(I) 进行显著性检验。

（2）局部空间自相关分析。

局部莫兰指数（Local Moran's I）是较为常用的局部空间关联指数统计指标，揭示每一个空间单元与邻近空间的农地流转纠纷相关程度，表达式为：

$$I_i = \frac{(n-1)(Y_i - \bar{Y})\sum_{j=1}^{n} w_{ij}(Y_j - \bar{Y})}{\sum_{j=1}^{n} w_{ij}(Y_j - \bar{Y})^2} \tag{2.2}$$

局部莫兰指数 I_i 的含义和显著性检验方法同全局莫兰指数 I，但不能够区分空间正自相关中的热点（hot spot）与冷点（cold spot）区域，使用“局部 Getis－Ord 指数 G”考察某个空间 i 是否为热点或冷点区域，表达式为：

$$G_i = \frac{\sum_{j \neq i} w_{ij} Y_j}{\sum_{j \neq i} Y_j} \tag{2.3}$$

G 值较大，表示空间属于热点区域，即高值与高值聚集；G 值较小，表示空间属于冷点区域，表示低值与低值聚集，使用标准化的 G_i 指数进行显著性检验。

2. 研究结果。

（1）全局 Moran's I 分析。

利用全局 Moran's I 指数检验农地流转纠纷是否具有空间自相关性，表 2.1 显示了双边检验的结果，虽然流转纠纷在整体上没有呈现出空间相关特征，但不同流转纠纷方式的空间相关关系存在明显异质性。农地流转纠纷总量和农户之间纠纷数量的 I 指数分别为 0.124 和 0.039，都没有通过显著性检验，呈现出空间随机分布特征；农户与村组集体之间的纠纷和农户与其他主体之间的纠纷的 I 指数分别为 0.233 和 0.381，分别在 5% 和 1% 的水平上显著，具有显著的正向空间自相关关系，省级空间之间的行为相似度较高。纠纷总量和农户之间的纠纷在全局上不具有空间关联，因此不再对其空间依赖性做进一步分析。

表 2.1　2017 年我国农地流转纠纷全局莫兰指数分析结果

流转纠纷情况	Moran's I	Z
总纠纷	0.124	1.476
农户之间纠纷	0.039	0.684
农户与村组集体之间纠纷	0.233 **	2.467
农户与其他主体纠纷	0.381 ***	4.193

注：*** 表示在 1% 水平上显著，** 表示在 5% 水平上显著。

（2）局部自相关分析。

局部空间自相关分析可以弥补全局分析中难以反映聚集发生的具体空间位置和聚集强度的不足，由于标准化以后的空间权重矩阵一般不再是对称矩阵，并且意味着区域 i 所受其邻居的影响之和一定等于区域 j 所受其邻居的影响之和（任意 $i \neq j$），此假定可能过强，书中选择在非标准化空间权重矩阵的基础上，借助 Stata15.0 软件进行局部 Moran's I 散点图分析，使用 Geoda1.14 软件进行热点分析。

局部 Moran's I 散点图将各省区市农地流转纠纷分为四个象限，代表 4 种不同的空间格局，图 2.8 显示了检验结果。从农户与村组集体之间的纠纷上看，位于第一象限的有 7 个省区市，占比 23.33%，纠纷数量较高的省区市被纠纷数量高的省区包围；位于第二象限的有 7 个省区市，占比 23.33%，自身纠纷数量低而相邻省区市的纠纷数量高；位于第三象限的有 14 个省区市，占 46.67%，自身和相邻省区市纠纷数量都低；只有 2 个省区市处于第四象限，纠纷数量高的省被低值省包围。农户与其他主体之间的纠纷主要呈现出空间正相关关系，其中，有 7 个省区市处于第一项象限，表现为 HH 聚类特征，占比 23.33%，有 16 个省区市落在第三象限，属于 LL 聚类模式，占比 53.33%；有 7 个省区市处于第二、第四象限，占比为 23.33%，表现出空间负相关关系。总之，不同农地流转纠纷的空间关联以 LL 集聚和 HH 集聚两种模式居多。

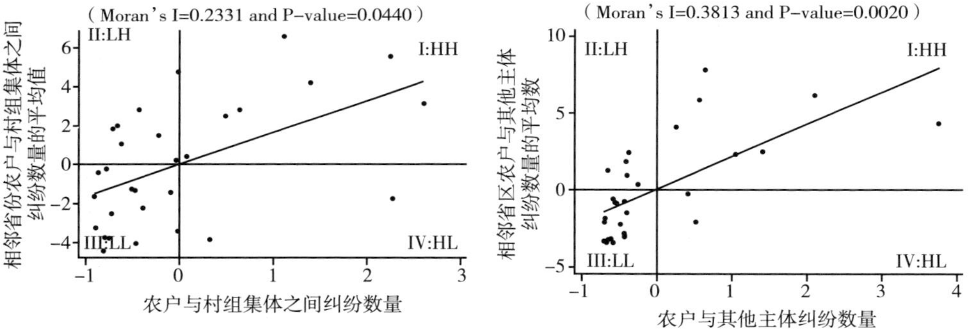

图 2.8　局部 Moran's I 散点图

在 90% 的置信区间下进行热点分析（见表 2.2），得到热点区域和冷点区域的具体位置。

农户与村组集体之间的农地流转纠纷的热点区域分布在中部、西部和东部地区，其中，重庆、贵州和陕西位处西部，位于中部和东部地区的省市分别为湖北和上海，具有显著的高值与高值相邻空间依赖关系；只有河北这 1 个冷点地区位于东部，被流转纠纷数量的低值区域包围。农户与其他主体间的流转纠纷的热点区域包括重庆、四川、贵州、云南、陕西、青海和湖北这 7 个省市，除了湖北位于中部地区外，其他被高值包围的省市都处于西部，冷点区主要分布在中部和东部，包括内蒙古、北京、天津和河北，低值与低值相邻，具有显著的低值聚集特征。省域农地流转纠纷格局呈现出明显的空间二元结构，西部地区和中、东部地区分化明显。

表 2.2　　热点分析结果

纠纷主体	地区性质	西部	中部	东部	数量
村组集体	热点地区	重庆、贵州、陕西	湖北	上海	5
	冷点地区	—	—	河北	1
其他主体	热点地区	重庆、四川、贵州、云南、陕西、青海	湖北	—	7
	冷点地区	—	内蒙古	北京、天津、河北	4

第三节　不同主体损害农民权益分析

为进一步识别不同主体损害农民权益的“花招”，课题组于 2018 年 9 ~ 10 月对贵州省湄潭、正安、惠水以及长顺 4 个县 16 个乡镇 30 个村进行了实地调研，共访问农户 576 户，其中，有 492 个转出户样本，66 个转入户样本，18 个未流转户样本，样本分布如表 2.3 所示。

表 2.3　　四县调研样本分布情况

县	样本数			
	转出	转入	未流转	汇总
长顺	153	9	2	164
惠水	147	3	3	153
正安	128	35	5	168
湄潭	64	19	8	91
汇总	492	66	18	576

一、农地流转的基本情况

农地流转模式主要分为农户自主流转和政府参与流转两种（见表 2.4）。农户自主流转，即农户与交易对象自主谈判，就流转地块、时间、价格等内容达成一致后完成交易，通常建立在双方平等、自愿的前提之下，意见一致则流转，意见不一致则交易终止，基于农户各项流转专利能够得以有效实施。样本中有 90 户农户通过自主流转模式转出土地，占转出户总数的 18.29%，有 64 户农户通过此模式转入土地，占转入户总数的96.97%。农户自主流转多发生在熟悉的农户之间，以口头契约为主要的缔约方式；通常不约定流转年限，双方如有需要可随时结束交易，即使约定年限通常在10年以下；流转价格在200元以下居多，在转出户和转入户中分别占比45.56%和34.38%，另外，分别有20%和32.81%的农户选择200～500元的价格，选择不收取租金的方式流转土地的转出户和转入户也不少，比例均在20%左右。由此可见，农户自主流转模式具有规模小、年限短、交易灵活的特征。根据前面的分析，虽然在全国层面上，由于农户为农地转入最主要的主体，相应地发生在农户之间纠纷数量最多，但农户与农户之间平等的交易关系决定了即使发生纠纷，通常也可以通过村委会、基层部门进行调解并合理解决，大多数农户在这种流转模式中满意度较高，有53.33%的农户对交易表示满意或非常满意，而评价不满意或非常不满意的农户只有12户，占比13.33%，在转入农户中，也仅有2户农户表示不满意，占比3.13%。

表2.4　　农地流转基本情况

项目	转出户				转入户			
	农户自主流转		政府参与流转		农户自主流转		政府参与流转	
	数量	占比	数量	占比	数量	占比	数量	占比
参与交易农户	90	18.29%	402	81.71%	64	96.97%	2	3.03%
契约模式								
口头契约	83	92.22%	101	25.12%	60	93.75%	0	—
书面契约	6	6.67%	252	62.69%	4	6.25%	2	100%
不清楚	1	1.11%	44	10.95%	0	—	0	—
流转年限								
未约定年限	77	85.56%	19	4.73%	61	95.31%	0	—
约定年限但是不清楚	0	—	53	13.18%	0	—	0	—
9年及以下	10	11.11%	57	14.18%	2	3.13%	0	—
10～20年（包含20年）	2	2.22%	187	46.52%	1	1.56%	1	50%
20～30年（包含30年）	1	1.11%	63	15.67%	0	—	1	50%
30年以上	0	—	23	5.72%	0	—	0	—
流转价格								
不收租金	18	20.00%	0	—	11	17.19%	0	—
200元及以下	41	45.56%	62	15.42%	22	34.38%	1	50%
200～500元（包含500元）	18	20.00%	60	14.93%	21	32.81%	1	50%

续表

项目	转出户				转入户			
	农户自主流转		政府参与流转		农户自主流转		政府参与流转	
	数量	占比	数量	占比	数量	占比	数量	占比
500～1 000 元（包含 1 000元）	9	10.00%	190	47.26%	9	14.06%	0	—
1 000 元以上	4	4.44%	90	22.39%	1	1.56%	0	—
流转对象								
农户	81	90.00%	5	1.24%	63	98.44%	2	100%
合作社	3	3.33%	26	6.47%	1	1.56%	0	—
企业	6	6.67%	228	56.72%	0	—	0	—
家庭农场	0	—	2	0.50%	0	—	0	—
村委会	0	—	130	32.34%	0	—	0	—
其他	0	—	2	0.50%	0	—	0	—
不知道	0	—	9	2.24%	0	—	0	—
农户满意程度								
非常不满意	4	4.44%	92	22.89%	0	—	0	—
不满意	8	8.89%	145	36.07%	2	3.13%	0	—
一般	30	33.33%	118	29.35%	24	37.50%	2	100%
满意	45	50.00%	43	10.70%	33	51.56%	0	—
非常满意	3	3.33%	4	1.00%	4	6.25%	0	—

随着农地流转成为实现规模经营的政策手段，基层乡镇党委政府和村委会等政策执行主体直接或间接地介入大规模农地流转，通常的做法是流转对象不与农户直接交易，而是通过村支两委或镇政府与农户进行谈判，达成一致后，农户与村委会或者交易对象签订流转合同。样本中有 402 户农户通过政府参与的方式转出土地，在转出户中占比 81.71%，其中，130 户农户的土地直接流转至村委会，228 户农户通过村委会将土地流转至企业，转入合作社、家庭农场、农户或其他主体的有 35 户，9 户农户并不清楚自己的土地是谁在种，只知道是政府规划项目；有 2 户农户通过这种方式转入土地，在转入户中占比 3.03%。政府参与流转交易较为规范，大多签订书面合同并注明流转地块、年限、价格等内容，明确交易双方的责任和义务；转出户汇总，流转年限多在 10～20 年（46.52%），有 21.39% 的农户流转年限在 20 年以上，最高的达到 80 年，两户转入户的年限分别为 10 年和 30 年；在转出户中，有 47.26% 的农户转出土地价格在 500～1 000 元，22.39% 的农户流转价格高于 1 000 元，这部分农户主要分布在惠水县靠近县

城、田土连片且较为平整的村庄，两户与政府对接的转入户租金都不是很高，分别为100元和300元。政府参与的流转模式具有规模大、年限长、规范性好、交易稳定等特点，在转出农户中，有58.96%的农户表示对当前的交易并不满意，评价一般的农户有118户，占比29.35%，只有11.7%的农户满意当前的农地流转状态；样本中的2户转入户都对当前交易评价一般。

与农户自发流转相比，政府参与流转的交易模式在一定程度上降低了流转双方的交易成本（信息成本、监管成本），流转价格相对较高，农地交由企业或者合作社进行规模化、专业化种植，诸多优点使政府参与型流转成为农地流转的主要模式。但是，大部分参与集体流转交易的转出户对这种流转模式表示强烈的不满，他们称其为“强制流转”，甚至与村委会或者企业之间发生冲突，故满意度很低，说明了农民权益损害的情况多发生在政府参与型流转中。

二、不同主体对农户权益损害的“花招”

在基层政府参与型流转中，众多拥有承包经营权的小农户由农地流转主体变为被动参与者，进而引发农户农地流转权益受损问题，最终表现为其收益权受损。已有众多学者纷纷提出政府干预农地流转存在损害农户权益的问题，例如，孙新华（2012）通过对江西省T村的调查明确指出，行政推动的大规模土地流转对大多数农户的利益是有损害的；王德福、桂华（2011）在对皖南林村行政力量主导大规模农地流转的案例研究中得出了类似的结论，认为政府的强势介入切断了农地自发流转形成的良性循环，这种权益损害表现为强制流转、基层政府或村委会农地流转负责人存在腐败和“寻租”行为、农地流转成为基层政治经营和企业套取国家农业补贴政策的工具。

（一）村集体强制流转农户土地

基层政府参与型农地流转一般由村集体来组织并实施，为了完成“任务”，村干部往往采取动员、做“思想工作”等强制或半强制措施要求农户流转土地。从村干部的角度上看，农地流转能够将土地集中起来给经营能手耕种，提高农业生产率，对于农户来说，租金水平已经可以达到相当于多数农户的种地收益，同时也解放了农户的劳动力，他们既可以选择外出打工赚取工钱，也可以为流转企业或合作社打工获取工资收益，所以他们对农户不想流转土地的做法表示不理解，想方设法动员这些“钉子户”是必须完成的工作。从农户的角度上看，不愿意流转土地的原因包括：家庭中有农业劳动力且自己种地比较划算、流转租金太低、担心土地被破坏等，但他们的土地都“被流转”了。在样本中，在402户参与政府主导农地流转的农户中，有81户农户的流转原因是“少数服从多数”，115户农户则是由于暴力、办理行政事务受阻、让家中公务员下岗、对方未经同意就直接开始种植等原因将土地转出，农户的自主交易权受到极大的损害。例如，长顺县广顺镇来远村、湄潭县淘仪村山泥塘组都曾经发生集体流转土地，派出所抓捕不同意流转村民的事件；贵州省惠水县长岩村村民状告村委会在未取得他们同意、未谈妥流转租金期限的情况下，便占土地种植茶叶，甚至雇用社会人员手持利器为茶叶种植“保驾护航”，村民表示反对却遭到殴打，后村民通过上访至国家信访局才争取到200元/年/亩的流转租金，但参与上访的长岩村四组、五组的村民至今仍未领取到流转收益（见图2.9）。

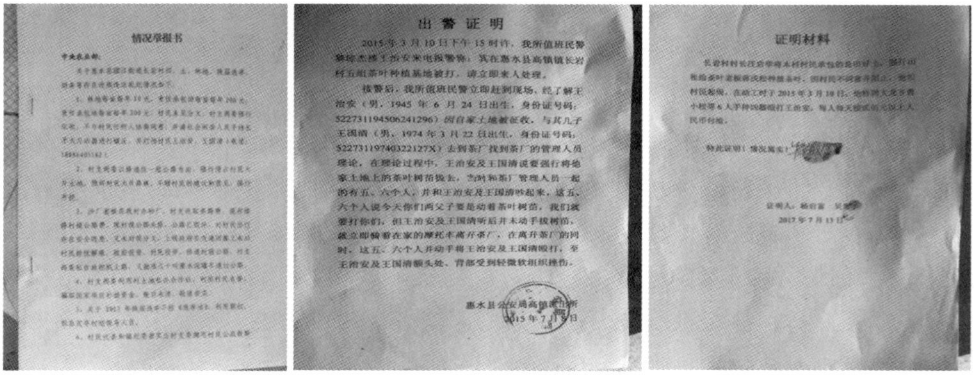

图2.9 贵州省惠水县长岩村农地流转纠纷证明材料

（二）村集体和企业剥夺农户的流转交易权

农地流转相关政策赋予了农户在农地流转中对于流转价格、期限、对象、地块等交易要素的决策权，并且明确规定农地流转必须以农民为主体，应由承包农户自主决定，没有农户的书面委托，农村基层组织无权以任何方式决定流转农户的承包地。事实上，在政府参与型农地流转中，本应由农户决定的流转价格、期限等要素往往由政府“代劳”。农户的家庭劳动力分工和农业生产率情况具有异质性，不同的家庭对于期望的流转租金、流转地块及期限等并不一致，需要耕种土地的家庭往往选择保留良田的同时转出地理位置欠佳、土地质量低下的土地，非农就业不稳定的家庭通常倾向于期限短、交易灵活的流转方式，以便在不便务工的时候随时收回土地自己耕种。由于集体流转往往选择土质肥沃、连片平坦、水源好、交通便利的田土，且定价重点考虑农户种地收支的平均水平及流转企业/合作社对租金的接受情况，并不可能针对着不同农户和不同土地差别定价，故对农业收入依赖较强且非农就业技能较差的农户土地转出具有很大的机会成本，甚至在农地流转后家庭的收入水平和生活质量会受到较大影响。在样本中，无法行使流转交易权的农户有 398 户，比例高达 99%，仅有极少数农户可以就是否签订合同（14 户）、流转期限（12 户）、流转价格（13 户）、流转地块（1 户）做出决策。

（三）流转方随意毁耕弃约

优质土地流转后抛荒、土地被破坏的现象严重。政府参与型流转通常选择地势平坦、水源充足、土地肥沃的田土，但是，在 2018 年课题组调研的 30 个村中，有 8 个村存在优质田土流转后“抛荒”的现象，它们是：长顺县四寨村、马路村、来远村、燕旗堡村，惠水县好花红村，正安县马鞍村、四联村，湄潭县陶仪村。

案例一

贵州省正安县桴焉镇四联村双山组冷凉蔬菜基地案例

烤烟是四联村的主要作物，大多数家庭有 20～50 亩土地进行烤烟种植，由烤烟公司来集中收购。2017 年，四联村村委会以精准扶贫政策带动老百姓脱贫的名义流转了 300 多亩土地（涉及二十几户农户），包给企业形成冷凉蔬菜基地，租金为 200 元/亩/年，流转期限为 1 年，合同一年一签。2017 年，蔬菜老板建设了 80 多个大棚，实际使用了 50 多个，种植了西瓜、红豆、西虹柿、茄子和萝卜等，产出的果实个头大，十分新鲜，但销路不好，多数都烂在了地里。之后土地一直荒废，大棚里杂草丛生，农户听说老板又要开始种蔬菜，但是一直没有看见实际行动（见图 2.10 和图 2.11），农民权益受损情况如下：

第一，租金拖欠问题。租金由村委会决定，200 元/亩/年，农户认为租金偏低，在群众会上提出意见，双方协商后决定合同一年一签，租金每年协商一次。2017 年的租金根据签合同的时间分两次兑现，分别在 2017 年 1 月和下半年兑现，但本该于 2018 年 1 月兑现的 2018 年租金却一直未兑现，拖欠至今。根据农户的说法，合同中并没有写明租金支付的方式和具体时间，就是每年现金支付即可。对于此，该农户在村里群众会上提过 2 次意见，打电话到镇政府反映该情况，得到的回复均是“马上处理”，然后并无下文。

第二，农地“抛荒”问题。农户最为痛心的是流转出去的土地“抛荒”了，蔬菜基地的建立既没有带动农民致富，又浪费了土地，违背了大家发展集体经济的初衷，农户只是希望村里将事情做好，而不是将农地荒废。

第三，合约到期未续问题。农地流转合同为一年一签，2018 年的租金一直拖欠至今，按照道理来说农户可以根据合同收回土地，但村委会既让土地荒着，又不允许农户自己耕种，其实违背了合同条款。

根据以上情况，农户提出两条解决方案：第一，村委会继续流转土地并按时支付租金，前提是不允许将土地荒废；第二，将土地还给农户继续耕种。本来他们打算一起去县里告状，但由于老百姓不齐心，很多农户处于观望状态，且家里大多为留守老人，不懂得维护自己的权益，所以由此作罢。等过年时候外出务工的人回来以后，大家将与村委会谈判，谈判不成功则采取暴力措施解决，破坏大棚以后强制把土地收回来种植。

图 2.10　冷凉蔬菜基地刚成立时的情况

图 2.11　冷凉蔬菜基地荒凉现状

案例二

贵州省正安县河溪镇马鞍村白茶基地案例

2016年，马鞍村村委会统一流转了30户农户共1 000亩左右的土地用于种植百合，租期5年，租金300元/亩/年，最初村委会开了群众会以后，但在未签订合同、村民也没有完全同意的情况下便已经开始种植。2017年种植百合亏损以后，又转包给一个浙江老板进行白茶种植，租期30年，也未签订合同，现在土地处于荒废状态（见图2.12和图2.13）。

第一，租金拖欠问题。农户虽然觉得300元租金过低，且村委会强制流转了，但为了支持村里发展经济，仍勉强同意将土地转出。农地转出后，农户至今未收到租金。

第二，土地荒废问题。目前，白茶基地的土地都处于荒废状态，茶叶早就枯死，草比茶高，且土地地界被挖坏。这是农户最为关注的问题，他们认为荒废的土地十分可惜，但村委会又不允许他们自己去种（已种植的玉米也遭到破坏）。

由于村里都是留守老人或儿童在家，目前村民在私下讨论，如果要不到租金，要将土地收回来自己种，但仍未采取措施，他们表示，若问题一直不能解决，则等外出务工的年轻人回来以后一起去找村委会寻求处理办法。

图2.12 白茶基地草比茶高

图 2.13　白茶基地标语及荒废情况

案例三

贵州省湄潭县高台镇陶仪村小龙虾种植基地案例

从2016年起，由镇政府牵头引进企业，村委会负责落实，将陶仪坝片区头良田共计223亩流转给江苏小龙虾养殖老板（简称“虾老板”）用于养殖小龙虾，承包期为承包期为10年，流转价格为750元/亩，每年递增20元，涉及龙水组100多户农户、陶仪组40多户农户，流转合同如图2.14所示。

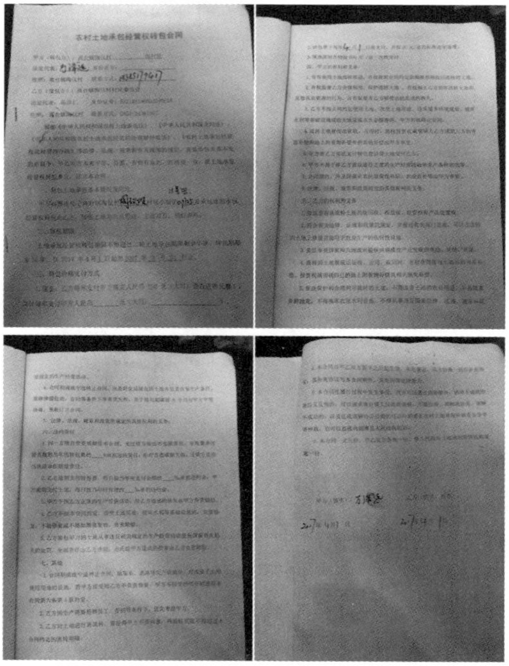

图 2.14　陶仪村小龙虾养殖基地农地流转合同

发生农地流转纠纷的原因主要有以下几点：

第一，关于谈判方式。由镇政府、村委会和企业商议土地流转的具体事宜，包括土地流转的面积、期限、地块、价格以及对象；农户基本上无商议权。企业与农户无正面商谈和冲突。农户主要面对对象是村委会，村委会以政府信用为担保进行土地流转，因此土地流转中出现的任何问题，农户都直接找村委会，而不会去找企业。根据村委会的说法，村里开了 20～30 次群众会，取得多数农户同意后，对于少数不同意的农户采取单独商议的方式进行谈判。但村民反映，群众会只开过 2～3 次，前后共计 2 个周，对于不同意的农户村支两委确实单独做了思想工作。

第二，关于流转意愿。农户土地被强制流转，因承包区域为该村组的头等良田，农户基本用于种植水稻供自家生活，如将土地流转出去，不仅需要自己买粮食，造成生活成本上升，且原务农人员由于年龄较大无法务工导致“失业”，在家无事可做，故流转谈判初期，农户均不愿意转出土地。后政府采取强制手段，强迫农户在流转合同上签字。强制手段包括但不限于：（1）低保户，村委会以撤掉低保资格相威胁；（2）家中自建房屋尚未取得房产证的，村委会停办产权证手续；（3）家中有学生升学需要村委会开证明的，村委会借故不开证明；（4）家中子女在外打工的，村委会与打工人员（儿子）联系，假称家人（父亲）已同意流转土地，劝说打工人员（儿子）同意，同时，告诉农户（父亲）称打工人员（儿子）已同意，构成双向误导和欺骗；（5）农户中有在当地学校教书的老师，如果不签字同意，就强行停职、降级。强制流转是农户矛盾较为激烈的一个原因。

第三，土地破坏与“撂荒”。出于养殖小龙虾需要，虾老板将承包土地挖成水塘，导致农户土地边界被破坏；由于尚有农户未同意，导致不能连片经营，现有部分也已停止养殖，导致土地“撂荒”（见图 2.15）。

农户对土地的现状表示强烈不满与担心，更多的是心疼，可惜了这么好的良田。有些“胆子大”的农户不管合同，为了不让地荒，依然种植自己已流转出去的土地，而“胆子小”的农户因承包合同未到期，尚未采取行动，只能眼看着自己的土地荒废毫无办法（见图 2.16 中杂草丛生的土地）。总体上，农户表示，等到 10 年期满，如果土地仍然被破坏，再考虑维权。

第四，关于流转价格。农地流转的初始价格为 600 元/亩/年，但提出后在群众会上遭到大多数农户的集体反对，鉴于周边土地流转价格在 800～900

元/亩/年，经过 2 ~3 次群众会的谈判后，最终将价格确定为 750 元/亩/年，每年上浮 20 元。在价格方面发生矛盾的原因有三：（1）租金过低，农户认为流转的土地均为良田，不应低于周围均价。（2）对于实际租金的认知不同，农户间流传的说法是，虾老板出资 1 400 元/亩，其中 750 元/亩用作土地租金，剩余 650 元/亩是保证金，用于农田修复，但这部分资金没有付给农户，也不知道具体谁在保管，因此，农户怀疑村委会干部私吞虾老板的资金，土地租金可能本应是 1 400 元。但村委会人员与虾老板雇用的管理人员均反驳了此说法，提出虾老板实际给付资金确实为 750 元/亩，并非 1 400 元/亩。（3）租金拖欠，本应在 2018 年 4 月支付租金（合同约定），但是直到 9 月，租金都没有到位，因此众多农户担心未来会发生租金拖欠问题。

图 2.15　陶仪村小龙虾养殖基地农地地界破坏与荒废情况

图 2.16　陶仪村小龙虾养殖基地农地荒废情况

陶仪村稻虾养殖土地流转中，陶仪组农户中土地在规划区域内但成功拒绝流转的仅两户农户（陈家、周家）。陈家说，周家的老夫人在“文化大革命”时期得过精神疾病，曾经两次在医院治疗，村委会不敢以强制手段转包周家土地，担心手段过激，导致周老夫人病情复发，因而周家土地未被强制流转。陈家的土地分布在周家土地两侧，周家土地未被转包，陈家土地即使转出也无法连片，因而陈家土地未被强制流转。

基于以上情况，村委会与农户的评价不一。村委会认为，虾养殖的企业和项目由镇政府引进，但村支书认为农地流转对村里的发展没有太大的意义，村委会没有能力与企业对接和谈判，不如让农户自己种地。农户认为土地流转以后抛荒，是企业骗取国家补助的一种方式，并不是真正为了带动农村经济发展。一方面，国家促进农村发展的政策非常好，但实际执行情况却不好，甚至侵害农户权益，农户不但失去了土地，所得租金也无法保障基本生活；另一方面，相关知识不够、轻信对方等是导致农户吃亏的重要因素。

虽然政府参与型的土地流转具有规模大、专业性种植等优点，但也具有一定风险，各个引进企业或者合作社种植失败以后终止合同，村委会/政府又将土地重新转包给新老板的情况比比皆是，这期间要不断重新规划、寻找合适的企业，造成土地不断处于荒废状态，违背了集体流转的初衷。对于这些企业或者合作社负责人来说，只需要考虑经营问题，而流转期限、土地利用情况则不在他们的考虑范围之内。正安县河溪镇河溪村茶叶合作社负责人就表示，虽然签订了长期合同，倘若经营不好，则放弃流转，剩下的事情全部交由政府处理。

与此同时，自发农地流转基于农户家庭人力资源配置情况，有不适宜外出打工，需要自己种地的劳动力家庭一般选择不转出或只转出部分土地，而政府参与型流转中，农户决策受制于政府决策，农户的家庭劳动力资源配置并不影响政府的土地流转规划，即有务农需求的农户家庭的土地也可能被转出。即使大多数企业在签订合同时会承诺以雇用当地劳动力做工的方式解决他们的就业问题，但事实上，出于对劳动力效率或者生产成本的考虑，企业或合作社一般倾向于雇用年轻劳动力进行劳作，而没有其他就业路径、年龄偏大这个最需要“被雇用”的群体却处于失业状态，每天无事可做。他们自己耕种土地足以保障基本生活，而租金并不能解决由于农地流转带来的收入降低、生活成本增加等问题。

第四节　农地流转过程中对农民权益损害分析

前面对农民权益损害进行了界定，包括以自主流转权、完全交易权为对象的非经济损害以及表现为收益得失的经济损害，且同时发生客观事实上和主观感知上的损害才视为农户权益的损害。不同农地流转主体在农地流转中的各种“花招”相应对农户造成不一样的权益损害，进一步将这样的损益损害分为完全损害、部分损害和未被损害三种类型以作分析。表 2.5 显示了贵州四县调研中 492 户农户在农地转出过程中的权利受损情况，其中，参加基层政府参与流转的农户 402 户，自主流转的农户 90 户。

一、自主流转权受损

所谓自主流转，则是农户按照自己的意愿自由、独立地决策是否转出土地，基于此，利用问卷的形式询问农户的流转意愿，若农户在问题“是否一开始就同意流转?”中回答“是”，则为主动流转，若农户回答“否”，但在问题“最后为什么又同意流转?”中选择“了解以后觉得流转有好处”或“支持村里规模发展”两个答案，则同样视为自愿流转土地，以上两种情况下农户的自主流转权未被损害；若农户一开始不同意流转，而后发生转出农地的原因为“必须同意流转土地”，即农户迫于流转方的种种“花招”被迫转出土地，则视为其自主流转权完全被损害；自主流转权是一个非是即否的选项，不存在部分被损害的情况。在政府参与流转模式中，有 189 户农户的自主流转权完全被损害，占比 47.01%，未被损害自主流转圈的农户占比在 52.99%，接近有一半的农户受到权益损害；在自主流转的农户中，大多数农户（94.44%）是在自愿、自由的情况下转出自家土地，权益完全被损害的农户只有 5 户，他们的流转对象为同村亲友负责的企业或者合作社，本不愿意流转土地，但碍于情面，仍然将土地流转了出去，其中，有两户人家虽然是自己与转入方进行交易谈判，但流转交易的达成与村集体组织的影响还是有些关联。

二、完全交易权受损

交易权是指农户在流转过程中对流转地块、价格、期限、对象、是否签订合

表 2.5　农地流转中农户权益损害情况

损害类型	流转权利	政府参与流转						农户自主流转					
		未被损害		部分被损害		完全被损害		未被损害		部分被损害		完全被损害	
		数量	占比	数量	占比	数量	占比	数量	占比	数量	占比	数量	占比
客观损害	自主流转权	213	52.99%	—	—	189	47.01%	85	94.44%	—	—	5	5.56%
	完全交易权	2	0.50%	29	7.21%	371	92.29%	31	34.44%	41	45.56%	18	20.00%
	收益权	189	47.01%	—	—	213	52.99%	46	51.11%	—	—	44	48.89%
主观损害	是否尊重自己的意见	250	62.19%	—	—	152	37.81%	86	95.56%	—	—	4	4.44%

同等交易要素的决策权，在调研中，我们分别询问了农户这 6 项交易要素的决策方式，分别有“由农户自己决定”“由对方直接决定”“交易双方商议后决定”三种决策方式。如果所有的交易要素都由对方直接决定，则农户的交易权完全被损害；如果交易要素均由农户自己决定或由交易双方商议后决定，则农户的交易权未被损害；如果部分交易要素由对方直接决定，则视为农户的交易权部分被损害。在政府参与流转中，政府占了绝对的优势，大部分农户只能接受政府或流转方选择的地块、价格、期限等所有交易要素，402 户农户多达 371 个农民家庭的交易权完全被损害，占比 92.29%，仅有少数农民由于文化水平较高、产权认知较清晰或者在村里威望较高等因素，掌握了交易要素的决策权，其中，仅有 2 户具有完全交易权，29 户农户可以决策部分交易要素，占比分别为 0.50% 和 7.21%；通过自主方式转出土地的农户情况截然不同，由转出方农户自主决定所有交易要素或通过双方协商的方式决定交易要素的农户有 31 户，占比 34.44%，也有部分根据家庭情况的不同在转出方和转入方之间协商分配不同要素的决策权，虽然按照损害的定义，部分流转要素由对方直接决定则确定为部分被损害，但在问卷中没有更进一步的明确这种要素决策分配机制，所以并不是所有 41 户农户的交易权都部分被损害，实际上可能遭受了些许损害的农户数量应该更低，同理，18 户交易权完全被损害的农户也不一定真正地遭受到了损害。

三、独享收益权受损

由于调研得到的是截面数据，无法获取农户未流转前的收益情况，故通过对比农户亩均产值与亩均租金（不区分田土）来判断农户的收益权是否受损，若亩均产值大于或等于亩均租金，则判定为农户收益权未被损害，反之则为完全被损害。在政府参与流转中，有 213 户农户（52.99%）的收益权遭受到完全损害，这是由于规模化的流转中，流转定价通常按照村庄中农户种地收支的平均水平及流转企业/合作社对租金的接受情况，忽略了农户之间农业生产率的异质性，家庭农业生产率较高的农户则容易遭受由租金过低引起的收益权损害，收益权未被损害的农户或是因为外出务工不再种地，或是因为本身种地收益不高；自主流转型农户中也有 48.89% 的农户租金收益过低，这主要因为转出户由于家庭劳动力不够或者外出务工，一方面务农收入已经在家庭收入中占比较低；另一方面也是为了防止农地荒废，故他们通常采取免费代耕或者适当收取少量租金的形式转出土地，虽然租金收益较低，但在自主流转的情况下也不能视为收益权受损。

四、主观感知的损害

以上三点是从客观现实方面评定农户的权益受损情况，但我们发现，客观上的权益受损并不能代表农户实际上就遭到了相应损害，因为这些评价指标并不能完全表现出农户的主观意愿，故有必要同时考察农户的客观现实损害与主观感知损害。主观感知损害即为农户在交易过程中感受到的损害情况，我们采取询问农户“您是否认为流转交易中没有尊重您的意见?”，这里的意见包括流转意愿、流转要素的决定等内容，若农户选择“否”或者“是，但我并不在意”则视为农户具有权益未被损害的感知，若农户回答“是，并且我很在意”则表示农户的受损感知强烈并表示不满。在政府参与流转中，有152个农户觉得自己在交易过程中受到了损害，占比37.81%，大部分农户（62.19%）觉得交易尊重了他的意见或者即使没有采取他的意见也不要紧；在自己流转中，仅有4户农户感觉到自己的意见不受尊重，这也印证了前面的分析：虽然部分农户的交易权和收益权存在客观受损情况，但若是主观上愿意的，农户并未觉得自己的权益受损，则损害就不成立。

第三章 农地流转过程农民权益损害程度研究

在第二章就农地流转过程中农民权益受损进行界定，并利用统计资料和调查数据对农地流转过程中农民权益受损进行描述性分析的基础上，本章重点构建农地流转过程中农民权益受损的计量模型，并运用调查数据对农地流转过程中农民权益受损情况进行计量研究。

第一节 农地流转过程农民权益受损的理论逻辑

探讨农地流转过程中的农民权益问题，需要探析现存农地产权制度的缺陷，从产权制度设计的层面，剖析农民权益受损的根源。农地产权制度包括农地的所有权、使用权、处置权、收益权以及管理体制等方面的内容，而农地产权制度缺失，是农民权益受损的根本原因。

一、城乡二元结构下的土地所有权，导致土地权属不平等

自 20 世纪 50 年代相继形成的城乡分割二元社会格局逐步凸显严重的社会弊端。我国《宪法》明确规定，土地实行国家所有和集体所有两种所有制形式，城市的土地属于国家所有；农村和城市郊区的土地，除由法律规定属于国家所有的以外，属于集体所有，宅基地和自留地、自留山也属于集体所有。国家为了公共利益的需要，可以依据法律规定对土地实行征收或征用并给予补偿。《土地管理法》规定："中华人民共和国实行土地的社会主义公有制，即全民所有制和劳动群众集体所有制。任何单位和个人不得侵占、买卖或者以其他形式非法转让土地。土地使用权可以依法转让。国家为了公共利益的需要，可以依法对土地实行征收或者征用并给予补偿。"土地最终支配权和"终极所有权"的主体是政府，

这是城乡二元土地制度的基本特征。由于二元土地制度的存在，土地所有权归属差异产生了权利主体的非平等性。农民集体与国有土地的权利不对等，农民土地权益很难得到保障。农村土地集体所有权与城市土地国家所有权在法律与事实上存在着不平等。因城乡土地所有权归属不同，导致不同的所有权主体在相同土地的权利设置与利益分配上有着巨大差异。农民作为集体组织的成员，平等地拥有对集体土地的所有权，但并不能按份分割农地的所有权。

二、农村土地所有权权利主体模糊，导致土地权能不完整

根据产权经济学理论，产权配置能够影响资源配置效率、交易成本和收益分配。农民的土地财产权利是构建农民权利体系的基础，集体土地产生的收益是我国农民获得财产性收入的重要来源。我国《物权法》第 39 条规定："所有权人对自己的不动产或者动产，依法享有占有、使用、收益和处分的权利。"《宪法》与《物权法》将农村土地规定为集体所有，未明确"集体"的含义，农村土地所有者权利主体模糊，农村集体土地所有权权能不完整，土地产权不明晰。因而，农民集体作为农民土地的所有权主体不可能直接并完全地行使对集体土地的占有权、使用权、收益权及处分权，影响收益权的充分实现，即农民土地权益受到侵害。

三、生产经营利益联结机制不规范，导致收益分配不合理

农地是农业生产中重要的生产要素，也承担着农民的社会保障作用。农户进行农地流转，表面进行的是农地承包经营权的转让，实质是以土地要素及生产经营活动的出让为代价，换取资金或粮食等生活物资。因而，衡量农地流转价值最基本的标准是农户是否获取与其自身经营相当的转让回报。在实际交易中，农业生产企业、合作社等受让方未与农户达成利益联结机制，在租金的谈判中享有直接定价权，以低价承租农村集体土地，对农民开出雇工的空头支票，剥夺农民参与劳动生产赚取工资的资格，更有甚者，偷摸私占政府发放的流转补贴，随意更改土地流转期限，在未实现带动农户共同发展承诺的情况下，进行规模经营后的高额收益也未与农户共享。

四、权利配置失衡和政府职能错位，导致基层治理不民主

目前我国行政系统的制度安排使各级行政部门拥有几乎不受制约的权力，中央政府和地方政府之间的委托—代理关系、现行政府考核体系的弊端，以及两者利益函数的差异，使地方政府的经济行为与中央政府的预期发生了很大的变化。各级政府在农地流转过程中发挥着自相矛盾的作用：一方面，他们制定了一系列农用地保护政策；另一方面，他们最易破坏农用地保护。由于城市经营理念的误区和土地收益分配制度的不完善，地方政府经常通过农地非农化来获取城市发展的资金，扩大城市用地规模。乡镇党委政府及村支两委，追求政绩、脱离实际，盲目上项目、搞产业。在政府与村委会、农民的利益博弈中，村委会和农民处于绝对的弱势地位，在农民与村委会的利益博弈中，农民又处于绝对的弱势。由于农民权利的脆弱、政府权力的强大和民主不健全、法制不完善以及政府职能错位，导致行政权侵犯财产权。现行的制度和体制对地方政府的经济行为缺乏有效的监管，造成了对农民土地权益的侵害。

第二节　农地流转过程农民权益受损的计量模型

根据 Vani K. Boroah（2000）的剥夺指数（Deprivation Index）计算方法构造农地流转过程农民权益受损指数模型。

定义：损害引致条件（Damagement - Inducing Condition，DIC）

假设存在 K 个损害引致条件，$k=1,\cdots,K$。令 I_{ik} 为第 i 个样本的损害引致条件，$I_{ik}=0,1,2$。即：

若 $I_{ik}=0$，则对第 i 个样本来说，该 DIC 不构成损害；

若 $I_{ik}=1$，对第 i 个样本来说，该 DIC 构成轻微损害；

若 $I_{ik}=2$，对第 i 个样本来说，该 DIC 构成严重损害。

每个样本的权益受损程度（Degree of Damagement）用变量 D_i 来表示，D_i 取值越高代表越高的损害程度。因此，第 i 个样本的受损程度，用 D_i^* 表示为：

$$D_i^* = \sum_{k=1}^{K} \alpha_k^* I_{ik} \tag{3.1}$$

其中，$\alpha_k^*>0$ 是第 k 个 DIC 的权重，与样本独立。在此，将该权重 α_k^* 定义

为该条件发生的概率，即α_k^*越大，表明某一 DIC 引致越多损害。

在实际应用中，权重α_k^*并不总是能够归一化。因此，需要将α_k^*进行标准化处理，即：

$$\alpha_k = \frac{\alpha_k^*}{\Omega} = \frac{\alpha_k^*}{\sum_{k=1}^{K} \alpha_k^*} \tag{3.2}$$

经式（3.2）处理后，$\sum_{k=1}^{K} \alpha_k = 1$。则第 i 个样本的受损程度$D_i$可以定义为：

$$D_i = D_i^* \Omega^{-1} = \left(\sum_{k=1}^{K} \alpha_k^* I_{ik} \right) \Omega^{-1} = \sum_{k=1}^{K} \alpha_k I_{ik} \tag{3.3}$$

由上述分析可得，$0 \leqslant D_i \leqslant 2$，其中，

若$D_i = 0$，则第 i 个样本未受损害；

若$0 < D_i \leqslant 1$，则第 i 个样本受到轻微损害；

若$1 < D_i \leqslant 2$，则第 i 个样本受到严重损害。

根据分析，农民权益受损包含客观权益损害与主观权益损害两个方面，用Do_i和Ds_i来分别表示两种损害程度。其中，客观权益损害程度Do_i为：

$$Do_i = \sum_{m=1}^{M} \alpha_m Io_{im} \tag{3.4}$$

主观权益受损程度Ds_i为：

$$Ds_i = \sum_{n=1}^{N} \alpha_n Is_{in} \tag{3.5}$$

其中，$M + N = K$。则样本 i 的权益受损程度也可表示为：

$$D_i = \varphi Do_i + \omega Ds_i \tag{3.6}$$

φ、ω 分别为客观权益损害程度与主观权益损害程度的权重，以客观 DIC、主观 DIC 在总数中所占的比重来确定。

第三节　不同区域的农民权益受损害程度的计量研究

一、选点原则与研究区域概况

（一）选点原则

本章将视角关注于农地流转中的农民权益损害，因而在选择调研区域时，首

先，考虑农地连片、集中的地区，尤其重点考察当地的主要农作物产区。其次，为了尽可能多地调查到实际参与生产经营及农地流转的农户，选取的调研区域常住居民中以纯农业及以农为主兼业农户居多。最后，本章重点考察由乡镇党委政府及村委会主导的大规模农地流转交易，分析其中强制流转、拖欠租金等损害农民土地权益的情形。

（二）研究区域概况

根据研究需要，我们依据前述选点原则选取了湄潭县、正安县、长顺县、惠水县共 10 个乡镇中的 25 个村寨来考察农地流转过程对农民权益的损害情况及程度。

湄潭县位于贵州高原北部，全县总面积 1 864 平方千米，总人口 50 万人，是武陵山片区区域发展与扶贫攻坚重点县。湄潭县是全国著名的农村改革试验区，拥有生态茶园 60 万亩，是贵州第一茶县、全国茶叶百强县第二位。2017 年，全县地区生产总值实现 104. 64 亿元，同比增长 12. 0%；三次产业结构为 28. 7∶26. 1∶45. 2；全年粮食种植面积 4. 53 万公顷，比上年减少 0. 21 万公顷；油料种植面积 1. 04 万公顷，比上年增长 0. 07 万公顷，烤烟种植面积 0. 32 万公顷，比上年减少 80 公顷①。

正安县地处贵州遵义东北部，全县总面积 2 595 平方千米，总人口 65. 08 万人。耕地面积 110 万亩。正安县素有“天然药库”之称，全县中药材种植面积达 20 余万亩，共有中药材 1 524 种，约占全省品种资源的一半，在全国统一普查的 363 个重点品种中有 198 种，占 54. 5%；在全省统一普查的 459 个重点品种中有 294 种，占 64. 4%；境内生态优良，特产众多，森林覆盖率达 60% 以上；建有茶叶基地 35. 5 万亩，方竹基地 20 万亩，核桃基地 20 万亩，野木瓜基地 7 万亩，常年存池商品大鲵 10 万尾以上。2017 年，全县实现地区生产总值 100. 64 亿元，比上年增长 15. 5%；三次产业结构比重为 28. 4∶22. 1∶49. 5。全年粮食种植面积 65 319 公顷，比上年增加 99 公顷；烤烟和油菜籽种植面积分别为 3 467 公顷、11 136公顷；蔬菜种植面积 20 552 公顷②。

长顺县位于贵州中部，总面积 1 543 平方千米，总人口 26. 8 万人。通过大力调减玉米种植等传统产业，重点发展山地特色高效农业，绿壳蛋鸡、高钙苹果、

---

① 湄潭县统计局：《2017 年湄潭县国民经济和社会发展统计公报》。

② 《正安县 2017 年国民经济和社会发展统计公报》，http：//www. gzza. gov. cn/xxgk/zxgk/tjxx/201805/t20180509_2177105. html.

优质核桃、紫王葡萄“长顺四宝”规模分别达到527万羽、7.3万亩、18.5万亩、3.56万亩。2017年，地区生产总值61.66亿元，同比增长13.1%；三次产业结构为22.06：25.43：52.51；新增绿壳蛋鸡养殖500万羽、完成苹果种植6 300亩、紫王葡萄补植补种5 000亩；粮食总产量9.83万吨，肉类总产量3.64万吨，蛋类总产量3.32万吨①。

惠水县总面积2 470平方千米，总人口46万人。惠水被称为中国“黑糯米之乡”、中国“金钱橘之乡”、中国“优质米之乡”。中国“小黄姜之乡”。自2011年以来，在全省增比进位综合测评中实现晋位目标，从第60位、第45位、第25位跃升到2014年的第17位，首次进入全省前20强，跻身第一方阵。2015年排全省非经济强县第14位。2017年，全县生产总值完成98.7亿元，比上年增长12.1%，三次产业结构为23.0：33.9：43.1；粮食种植面积33 441公顷，比上年减少703公顷；油料种植面积4 742公顷，比上年增加38公顷；蔬菜种植面积13 037公顷，比上年增加573公顷；果园种植面积4 888公顷，比上年增加1 112公顷；茶园种植面积12 574公顷，比上年增加4 761公顷②。2017年调查样本县经济情况如表3.1所示。

表3.1　2017年调查样本县经济情况

地区	人均GDP（元）	农民人均纯收入（元）	人均粮食产量（公斤）	人均财政一般预算收入（元）
湄潭县	27 393	12 137	608.38	1 213.74
正安县	25 958	9 189	602.00	2 091.93
长顺县	23 007	9 206	366.79	1 145.52
惠水县	27 683	9 801	292.56	1 459.58

二、调查时间与方法

2018年9~10月，“产权制度、农地流转与农民收益权益保护研究”课题组一行六人赴贵州省湄潭、正安、长顺、惠水四县，共对10个乡镇、25个村的

① 《长顺县2017年国民经济和社会发展计划执行情况及2018年国民经济和社会发展计划（草案）报告》，http：//www.gzcsx.gov.cn/doc/2018/01/22/1154198.shtml.

② 《2017年惠水县国民经济和社会发展统计公报》，http：//www.gzhs.gov.cn/doc/2018/04/28/1333011.html.

577户农户进行入户调查，其中有效样本为559份，分别访问了湄潭县高台镇、黄家坝镇、湄江镇共91户农户，正安县和溪镇、桴焉镇共169户农户，长顺县广顺镇、白云山镇共164户农户，惠水县濛江街道、涟江街道、好花红镇共153户农户。

调查是以结构式调查和半结构式调查相结合的方式进行的。我们设计了相应的调查问卷，以便于进行结构式调查，但如果只采用结构式调查，就可能会遗漏某些重要信息，因此，还需要调查人员深入农户，采取访谈的方式进行半结构式调查。

三、样本描述性统计

从受访问的576户农户的基本情况来看，从事农业生产经营的农户具有以下几个基本特征：一是受访农户中，有2/3职业为纯农业或以农为主兼业，这说明在农地集中的区域，仍有半数以上农户在从事传统农业，土地仍然是农民赖以生存的基本保障。二是从事农业生产活动的人主要是中老年农民。近年来，随着大量青年农民外出务工、无种植技能的原因，在农地上进行农业生产经营的大多数为中老年农民。从受访者年龄来看，4个样本县受访农户的平均年龄为54.62岁。三是平均受教育程度较低。这主要是因为从事农业生产活动的受访者多数没有上完小学，而读完初中、高中甚至大学毕业的年轻人大多外出务工。从调查样本来看，受访者的平均受教育时间仅为4.65年，4个样本县的受访者平均受教育时间均未超过6年。作为农业生产经营的主力军，七成已婚农民没有上完小学。四是平均家庭规模不大。4个样本县平均家庭规模为5.03人。

从受访农户权益的情况来看，4个样本县的受访农户承包耕地情况符合贵州“地无三尺平”的规律，受访农户平均承包了9.49块耕地，但平均承包面积只有6亩。2017年，受访农户平均投入生产经营资金4 284.72元，平均种植纯利润为8 029.19元，平均种植产量为4 142.50斤。

四、计量检验结果分析

根据计量检验结果（见表3.2），可得到以下结论：本计量基于调研事实进行研究，从结果看出，各村的平均客观权益受损指数、平均主观权益受损指数、平均权益受损指数均 >0，表明土地流转过程中，损害农民权益的行为普遍发生；

农民在土地流转过程中的权益受损包含客观权益受损及主观权益受损两个方面，农户感知到的权益受损程度与客观权益受损程度不一致，这与农户认知、流转程序、乡村治理等因素有关；通过分区域进行权益受损指数测算，区域因素影响显著，流转纠纷越集中、越突出的区域，权益受损指数越高。惠水县濛江街道的长岩村，因村支两委干部，强行将农户土地仅以每亩200元的价格出租，引起农户的强烈不满，出现聚众讨要说法，与村干部对簿公堂，上访至省、国家相关部门反映情况等现象，反映当地农户权益受损严重，而计量检验的结果也正好印证了此事实。

表3.2　　不同区域农地流转过程中的农民权益受损指数

县域	乡镇	村寨	客观权益受损指数 Do_N	主观权益受损指数 Ds_4	权益受损指数 D_1
全部样本			1.31	0.99	1.21
湄潭	高台	陶仪	1.39	1.15	1.31
湄潭	黄家坝	官堰	1.16	0.74	1.02
湄潭	黄家坝	合同	1.33	0.82	1.17
湄潭	黄家坝	牛场	0.71*	0.45	0.63*
湄潭	湄江	新街居	1.12	0.59	0.95
正安	桴焉	高田	1.38	0.43	1.07
正安	桴焉	木平	1.27	1.2	1.25
正安	桴焉	坪生	1.06	0.59	0.91
正安	桴焉	四联	1.02	0.67	0.91
正安	桴焉	五会	0.82	0.31*	0.66
正安	桴焉	轩明	1.19	0.92	1.1
正安	和溪	和溪	1.31	1.15	1.26
正安	和溪	马鞍	1.43	1.36	1.41
长顺	白云山	思京	1.32	0.95	1.2
长顺	广顺	朝摆	1.38	0.76	1.18
长顺	广顺	来远	1.42	1.19	1.35
长顺	广顺	马路	1.34	0.95	1.21
长顺	广顺	四寨	1.32	1.28	1.31
惠水	好花红	平地	1.39	1.08	1.29
惠水	好花红	上衙	1.44	0.82	1.24
惠水	涟江街道	大坡	1.32	0.97	1.21
惠水	涟江街道	大兴	1.45	1.11	1.34

续表

县域	乡镇	村寨	客观权益受损指数 Do_N	主观权益受损指数 Ds_4	权益受损指数 D_1
惠水	涟江街道	杨番	1.34	0.69	1.13
惠水	濛江街道	司蒙	1.32	0.49	1.05
惠水	濛江街道	长岩	1.47***	1.57***	1.5***

注：表中标注***、*的分别表示该项的最大值、最小值。

第四节 土地流转中农民收益权受损的计量研究

根据前面分析与实证测算结果，在土地流转过程中，损害农民权益的行为普遍发生，因此，有必要对农民权益受损的影响因素进行研究，根据分析结果有针对性地提出保障农民权益的政策建议。基于此，我们将在本节对农民收益权受损问题进行分析，利用实证模型研究导致农民收益权受损的因素。

一、研究假设、变量选择和计量模型

（一）研究假设

在土地流转中，农民的收益权与流转方式、流转程序及流转中的利益分配机制息息相关。结合前面的分析，目前很多乡镇党委政府及村支两委不尊重农户意愿、不征求农户建议、强迫农户流转土地的行为对农民的土地权益造成了极大损害，其中，也包括对农民收益权的损害。强制流转导致的农户对流转程序要件不可控，是农民收益权受损的直接原因。因此，我们提出研究假设如下：

研究假设1：农户与流转对象存在亲缘关系，农民收益权得到保障；

研究假设2：农户流转土地的期限固定，农民收益权得到保障；

研究假设3：农户流转土地的途径有自主性，农民收益权得到保障；

研究假设4：农户流转土地的质量较好，农民的收益权受到损害。

（二）变量选择

1. 被解释变量。

本节将农户流转土地的收益情况作为被解释变量。对参与流转的农户而言，

其土地自行生产经营时会产生一定的现金收益。土地流转实际是将自行生产经营的现金收益转化为土地的租金收入。对于农户而言，流转土地的租金至少要超过自行生产经营的收益，才被认为是收益权得到保障。因此，本节对于农户流转土地的收益权定义为土地流转租金与亩均利润之差，农户流转收益（profit）= 土地租金价格 - 亩均利润。其中，如果农户流转收益为正，则农户收益权得到保障，如果农户流转收益不为正，则农户收益权受到损害，即：

$Y=1$，如果 $profit>0$；

$Y=0$，如果 $profit\leqslant 0$。

2. 解释变量。

根据研究假设，本节中选择亲缘关系、流转期限、流转途径及土地质量作为解释变量。变量含义与赋值如表3.3所示。

表3.3 解释变量说明

变量类型	变量名称	变量含义	赋值
解释变量	亲缘关系	农户与流转对象的亲缘关系	父母、儿女=1，兄弟姐妹=2，亲戚=3，邻居或朋友=4，陌生人=5
	流转期限	农户土地流转契约规定的时间期限	5年以内=1，6~10年=2，11~15年=3，16~30年=4，31年以上=5
	流转途径	农户流转土地的途径和渠道	我自己主动找的=1，别人来找我=2，熟人介绍=3，村委会统一规划=4
	土地质量	农户流转土地的质量	全部肥沃=1，大部分肥沃=2，一半土地肥沃=3，小部分土地肥沃=4，都不肥沃=5
控制变量	性别	受访农民的性别	男=1，女=2
	年龄	受访农民的年龄	25岁以下=1，26~35岁=2，36~45岁=3，46~55岁=4，56~65岁=5，66~75岁=6，76岁以上=7
	受教育程度	受访农民读书的年限	文盲=1，小学=2，初中=3，高中=4，高中以上=5
	家庭收入结构	家庭收入主要来源	纯务农收入=1，兼业收入=2，纯非农收入=3
	重大疾病	家庭中是否有患重大疾病人员	是=1，否=0
	城镇工作	家庭中是否有亲友在城镇工作	是=1，否=0

3. 控制变量。

根据已有文献的经验，农民的个体特征与家庭状况会对农户的生产经营及流转土地行为产生重要影响。因此，本节选择受访农民的年龄、受教育程度、家庭收入结构、家庭中重大疾病人员情况及家庭中城镇工作人员情况作为控制变量。变量描述统计如表 3.4 所示。

表 3.4　　变量统计情况

变量类型	变量名称	均值	标准差	最小值	最大值
解释变量	亲缘关系	4.58	0.73	2	5
	流转期限	3.86	1.74	1	6
	流转途径	3.58	0.89	1	4
	土地质量	2.30	1.21	1	5
控制变量	性别	1.39	0.49	1	2
	年龄	4.50	1.37	1	7
	受教育程度	2.10	0.82	1	5
	家庭收入结构	2.27	0.61	1	3
	重大疾病	0.24	0.43	0	1
	城镇工作	0.23	0.42	0	1

（三）计量模型

Logistic 回归模型在社会科学领域被广泛应用，其中又可分为二元 Logistic 回归模型和多元 Logistic 回归模型，二元 Logistic 回归模型的因变量只能取两个值，一般用 0 和 1 表示取值，多元 Logistic 回归模型的因变量可以取多个数值。农户的收益权保障问题是一个典型的二分变量，本节选取二元 Logistic 模型进行分析。以农户的收益权作为被解释变量，以各影响因素作为解释变量和控制变量，研究各因素对农户收益权受损的影响。

该问题的二元 Logistic 模型的具体形式为：

$$p_i = F\left(\beta_0 + \sum_{k=1}^{K} \beta_{ik} X_{ik} + u\right) = \frac{1}{1 + \exp - \left(\beta_0 + \sum_{k=1}^{K} X_{ik} + u\right)} \tag{3.7}$$

对式（3.7）两边同时进行对数变换，得到：

$$\ln\left[\frac{p_i}{1-p}\right] = \beta_0 + \sum_{k=1}^{K} \beta_{ik} + X_{ik} + u \tag{3.8}$$

其中，p 为第 i 个农户收益权得到保障的概率，X_{ik} 为第 i 个农户收益权得到保障的影响因素 k 变量，β_{ik} 为第 i 个农户的第 k 个影响因素变量对应的参数估计值，u 表示随机误差项。

二、计量结果

利用 STATA 15.0 对土地流转中的农民收益权情况及影响因素进行二元 Logistic 回归估计。估计结果如表 3.5 所示。

表 3.5　　估计结果

影响因素	回归系数	S. E.	Z	Sig.
亲缘关系	0.424	0.085	4.97	0.000***
流转期限	0.160	0.078	2.05	0.040**
流转途径	0.593	0.198	2.99	0.003***
土地质量	-0.410	0.192	-2.14	0.032**
性别	0.106	0.234	0.45	0.651
年龄	0.022	0.062	0.35	0.725
受教育程度	0.151	0.086	1.76	0.079*
家庭收入结构	0.570	0.252	2.26	0.024**
重大疾病	-0.186	0.106	-1.75	0.080*
城镇工作	-0.375	0.291	-1.29	0.196
常数项	-2.735	0.999	-2.74	0.006

注：Sig. 值中 * 表示在 10% 水平下显著，** 表示在 5% 水平下显著，*** 表示在 1% 水平下显著。

三、土地流转中的农户收益权影响因素解释

亲缘关系统计变量显著性水平为 0.000，说明在统计显著性水平为 1%，回归系数为 0.424。这表明，农户与流转对象之间的亲缘关系对农户收益权有着正向影响，农户与流转对象之间亲缘关系越近，农户收益权得到保障的概率越大。

流转期限统计变量显著性水平为 0.040，回归系数为 0.160，说明在 5% 的水平下显著。表明农户流转土地契约规定的时间期限对农户收益权有着正向影响，农户流转土地期限越长，农户收益权越能得到保障。

流转途径统计变量显著性水平为0.003，回归系数为0.593，满足在1%显著性水平下的检验。表明农户流转土地的途径和渠道对农户收益权有着正向影响，相较于统一规划进行的土地流转，农户主动发起的土地流转更有利于保障农户收益权。

土地质量统计量显著性水平为0.032，回归系数为-0.410，说明在5%的水平下显著，农户流转的土地质量对农户收益权有负向影响。土地质量越好，土地越肥沃，农户的收益权越容易受到损害，与研究假设一致。

受教育程度统计量的显著性水平为0.079，回归系数为0.151，通过10%显著性水平下的检验，方向为正向。这说明受访农民的受教育程度对农户的收益权有着正向影响。农民受教育程度越高，农户的收益权越有保障。

家庭收入结构统计量显著性水平为0.024，回归系数为0.570，通过5%显著性水平下的检验，表明家庭收入结构对农户收益权有着正向影响。农户家庭收入来源对务农收入的依赖性越低，通过土地流转获得的收益越高，农户的收益权越有保障。

重大疾病统计量的显著性水平为0.080，回归系数为-0.186，在10%的水平下显著。这表明农户家庭中有重大疾病人员对农户收益权有着负向影响。农户家庭中有重大疾病人员，家庭消费支出较高，农户收益权易受到损害。

性别、年龄及城镇工作统计量未通过显著性检验，说明这几个变量对于土地流转中的农户收益权影响不显著。

四、结论

研究结果显示，亲缘关系、流转期限、流转途径、土地质量、受教育程度、家庭收入结构及家庭中重大疾病人员等变量对土地流转中的农户收益权影响较大，具体而言，亲缘关系、流转期限、流转途径、受教育程度、家庭收入结构对农户收益权有着正向影响，农户在土地流转中与流转对象的亲缘关系越近、流转期限越长、流转交易发起的主动性越高、农户受教育程度越高及家庭收入对务农收入的依赖性越低，越能保障农户收益权；相应的，农户流转的土地质量越好、家庭中若有重大疾病人员，则农户收益权越易受到损害。

第四章　农民权益受损的产权逻辑

农地流转是以产权为标的的交易。根据产权经济学理论，稳定和清晰的农地产权不仅可以激励投资，还有助于产权交易的实现，产权所有人权益的保障（Besley & Ghatak，2010；North，1990）。然而，中国农地承包经营权不仅在制度上具有不完全性和模糊性，村级农地调整与流转管制也造成了农地产权的不完整，在此背景下，尽管中央在法律和政策上一贯强调要在农地流转过程中保障农民权益，但仍然存在大量与政策相悖的现实问题。因此，要理解农地流转中农民权益受损的逻辑，有必要从影响农地流转的根本问题——产权制度的设计和实施出发，从理论上探析其产权逻辑。本章先从土地产权的演化过程和制度设计层面上剖析农地流转中农民权益损害的逻辑，再基于产权制度的实施过程进行了多视角的论述，包括交易主体的博弈视角、巴泽尔的产权保护视角以及完全信息产权动态博弈视角。

第一节　土地产权演化中的损害逻辑

一、产权演化的内涵

从宏观上看，产权演化是指新的产权制度（或新产权结构）产生、替代或改变旧产权制度的动态过程，这一过程通常带来了更有效率的市场、推动了技术进步、降低了交易成本。但对于微观产权主体而言，产权的演化有何意义，对他们的权益有什么影响，产权演化与权益损害之间有什么样的逻辑关系？回答这些问题，我们首先要厘清产权的基本概念与产权演化的内涵。

从法律上讲，产权指的是财产所有权，但经济学上的产权不同于法律上的产权。阿尔钦（1965）将产权定义为“一个社会所强制实施的选择一种经济品的使用的权利”。私有产权则是将这种权利分配给一个特定的人，这种权利（产权）在两个或更多的所有者之间，可以临时或永久地进行分配、分割和重新配置，它可以同附着在其他物品上的类似权利相交换。同时，私有产权的强度由实施它的可能性与成本来衡量，这些又依赖于政府、非正规的社会行动以及通行的伦理和道德规范。

德姆塞茨（1967）在《关于产权的理论》一文中描述了产权的概念、作用和组合，他认为，产权是指使自己或他人受益或受损的权利。为了进一步解释，德姆塞茨又做了以下阐述：第一，产权附着至物上，是由物的存在及其使用引起的人相应于物时的行为规范；第二，产权和交易联系在一起，只有当若干个交易者发生交易时才引出了产权问题；第三，产权是人和人之间的一种关系；第四，完备的产权是复数，至少代表一组权利，或者说是一个产权束；第五，产权的价值决定交换物品的价值，产权的价值又取决于“产权束”中权利量的多寡和强度。

巴泽尔（1997）认为，产权是由消费这些资产、从这些资产中取得收入和让渡这些资产的权利和权力所构成。巴泽尔在德姆塞茨关于产权束的思想基础上，提出了“资产属性的概念”，各种商品或资产都可以看作多种属性的总合。他在《产权的经济分析》中认为，交易的实质是资产属性在交易者之间的转让，基于不确定性和信息不完全性的存在，交易是有成本的，当测量和监督（界定）资产属性的成本超过评估的价值时，这种资产属性就会被弃于公共领域。而公共领域内的属性是有价值且处于未被持有的状态，他人就可能企图攫取这部分价值。公共领域是交易中权益侵害与合同纠纷的重要源头。巴泽尔进一步对法律的和传统经济学的产权假说进行了梳理，法律上的产权是“绝对的权利”，经济学中的产权则是一个相对概念。

马克思虽然没有直接提出自己的“产权理论”，但他的所有制理论著作中蕴含了许多关于产权的精辟论述。马克思认为，财产权利是一种法权，或产权的法律形态，它只是所有制在法律上的反映，并且是由所有制决定的，所有制是产权的经济形态，生产力发展的不同阶段，相应的产权制度也各不相同。马克思笔下的产权也包含一系列分散的权利，即由终极所有权及所有权衍生出来的占有权、使用权、处分权、收益权、出租权、转让权、抵押权等权能组成的权利束，可见马克思所论述的广义所有权与西方经济学所讲的产权内涵是相同的。

根据以上关于产权的论述，我们可以大致总结出产权的内涵及其特征。首先，产权并不单指某一项权利，而是一组权利的组合，主要包括对财产的所有权、占有权、使用权、支配权、收益权和处置权等，“产权束”中内含的各项权利可以分解、转让全部或部分，也可以和别的“产权束”中的权利重组。其次，产权必须有客体，即任何产权都是以特定客体为前提和基础，没有特定客体的存在，产权便不再存在；同样任何产权都是以依赖于特定客体的产权，也只能是某一特定客体的产权。再次，产权束中的各项权利对于各产权主体均有价值，既有相对价值也有绝对价值，如使用客体进行生产的产出价值、流转产权产生的交易价值、占有产权部分收益的获益价值等，但在不同时期、不同条件下，对不同的主体有着不同的经济意义。最后，产权制度会随着社会经济关系的变化而不断变迁，既有诱致性也有强制性，无论哪一种，产权在各主体间的拥有状态及其价值也会发生变化。

综合以上，我们不难看出，产权一方面是特定主体对特定客体和其他主体的权能，即特定主体对特定客体或主体能做什么不能做什么，或采取什么行为的权力；另一方面也能够界定该主体通过对该特定客体和主体采取这种行为，能够获得什么样的收益。换言之，产权既包含产权主体对客体的权属关系，也包含客体与主体之间的经济关系。因此我们在考察产权内容时，既需要理清产权主体对产权的权能，也需要计量产权对产权主体的价值。基于这一点，产权演化的内涵即是“产权束”中的各项权利，在各主体之间的占有强度与分割状态发生变化，同时各主体所拥有产权的价值发生变化的过程。

二、解释性框架：产权演化——产权分割——农民权益

土地产权是有关土地财产的一切权利的总和，同样可以用土地产权“权利束”加以描述，我国现行的土地产权通常由土地所有权、土地使用权、土地占有权、土地收益权、土地处置权五个部分组成，土地的各项权利由各产权主体分割拥有，包括土地所有权及与其相联系的和相对独立的各种权利，从而具有多主体、多权能、多分支、多层次的特点。

（一）土地所有权

土地所有权，是土地所有者在法律规定的范围内，对其拥有的土地享有的占有、使用、收益和处分的权利。根据我国法律规定，农民集体所有的土地依法属于村农民集体所有的，由村集体经济组织或者村民委员会经营、管理。作为法律规定上的农地所有者，农民集体拥有以下权利：第一，发包本集体所有的或国家所有依法由本集体使用的农村土地；第二，监督承包方依照承包合同约定的用途

合理利用和保护土地；第三，制止承包方损害承包地和农业资源的行为以及法律、行政法规规定的其他权利。同时农民集体需要承担包括不得非法变更、解除承包合同，不得干涉承包方依法进行正常的生产经营活动，为承包方提供生产、技术、信息服务等法律所规定义务。

（二）土地使用权

土地使用权，指依法对土地加以利用并取得收益的权利。目前来说，土地的使用权为土地承包方所有，农用地使用权通过发包方与承包方订立承包合同取得，但同时可以通过农地使用权流转的方式，交易给其他土地使用者，因而土地使用权由土地承包者和经营者共同占有。土地使用权与占有权是紧密联系的，占有是使用的前提，使用则通常是占有的必然结果。土地使用者所拥有的土地使用权也可按是否流转、流转方式、收益分配方式而细分为若干具体权能。

（三）土地占有权

土地占有权，通常指事实上对土地的控制和管领的权利。土地占有权一般可归土地所有者所有，我国土地所有权的主体只有国家和集体，但是国家和集体作为土地所有权的主体，未必亲自经营和使用土地，这样就导致了土地所有权和占有权的分离。因此土地所有权人不一定就是土地占有人，如在家庭联产承包责任制下，土地占有权对于农户而言就是其承包本集体农业土地的权利。

（四）土地收益权

土地收益权，是基于拥有或使用土地所应取得经济收益的权力。土地收益权包括收取土地所产生自然收益与法定收益的权利，其中土地的自然收益——如农产品等——归土地占有者或使用者所得；土地的法定收益——指赋税、地租、农业补贴等——部分归土地所有者所得（取消农业税后该情况不复存在），部分地归土地的占有者（土地承包方）或使用者（土地流入方）所得。

（五）土地处置权

土地处置权，指当事人依法处置土地的权力，包括土地的买卖、出租、抵押、入股、馈赠等权力。按照我国近年来的农地相关政策，农村农业土地的处置权逐步落实到土地承包方，农户的承包权得到进一步完善和加强，占有权大部分归属土地的占有者。但国家是我国农村土地的宏观管理者，政策与法律对土地用途、流转对象等处置行为有较强的约束，并通过农村基层政府进行监督与管理，因而土地处置权也部分归属于土地所有者。

从分割与占有土地产权的主体来看，土地产权主体可以大致划分为三方：其一，作为所有者的农村集体经济组织以及上级政府、中央政府，农村集体经济组织是土地所有者与发包方，中央政府是我国土地的宏观管理者，处于中间的镇政府与相关的县级机构有具体的土地使用规划、约束与指导职能，三个层级之间有着紧密的行政关系，可以看作一个土地产权主体。其二，作为承包者的农户，农民家庭是我国最基本的土地承包单位，从目前来看，也是我国最基本的农业生产单位，在我国农地政策下，农户的承包权具有转让、出租、抵押、入股等排他性权能，农民也是土地大部分产权权能的实际占有者。其三，在发生土地流转的情况下，土地产权主体为土地的实际经营者，可以是普通农户、种植大户、合作社与农业企业，通过转包、出租、互换或者其他方式流转承包土地，进行实际的农业耕作，他们拥有土地使用权，是土地自然产出的占有者。

结合土地产权结构与土地产权主体的论述，我们将当前我国农村土地产权的三个主体以及各自所分割的土地产权总结为图 4. 1。

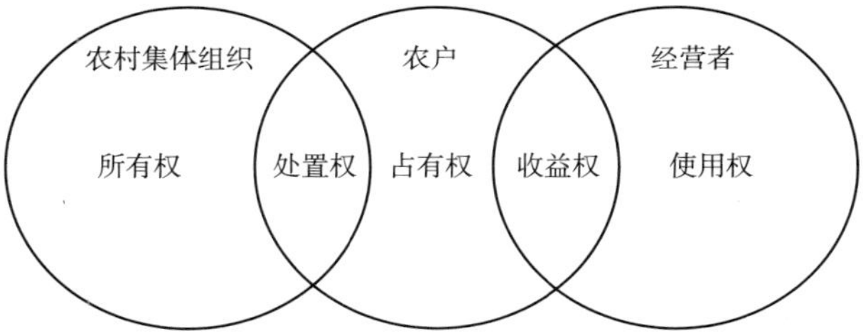

图 4. 1　土地产权主体与土地产权分割

土地产权演化是土地产权主体对土地各项权利的占有强度、分割关系与价值发生变更交替的过程，在交替过程中必然有部分主体的权益增加，而另一部分主体的权益受到损害。在我国农村土地产权演化过程中，权益受到损害最多的一方毫无疑问是普通的农民，农民作为弱势产权主体，其所拥有的土地产权权能更容易受到侵害、持有的土地产权价值更容易流失，这是农民在土地产权演化中权益受损的产权逻辑。

三、土地产权演化与农民权益受损问题

为了进一步说明土地产权演化中农民权益受损情况，本章将分别讨论我国各时

期农地产权演化下的农民权益变化。具体的，我们将以1978年农村家庭联产承包责任制确立为起点，根据各时期的产权制度特征，划分为家庭承包制初步确立的“两权分离”时期（1978～2005年）、农业税取消的后“两权分离”时期（2006～2013年）、农地产权进一步改革的“三权分置”时期（2014年至今）三个阶段，并逐步论述我国各个阶段农地产权政策、土地产权状态与农民权益的变化。

（一）家庭承包制初步确立的“两权分离”时期（1978～2005年）

十一届三中全会以来实行改革开放最早始于农村改革，改革的标志为“包产到户（分田到户）”，后来在《中共中央关于进一步加强农业和农村工作的决定》中被确定“家庭联产承包责任制”。其中所有权仍归集体所有，经营权则由集体经济组织按户均分包给农户自主经营，形成了一套有统有分、统分结合的双层经营体制。家庭联产承包责任制的推行，纠正了长期存在的管理高度集中和经营方式过分单调的弊端，使农民在集体经济中由单纯的劳动者变成既是生产者又是经营者，从而大大调动了农民的生产积极性，农业生产快速增长。随着家庭联产承包责任制成效的不断凸显和制度的逐渐完善，政府不断采取措施对其进行强化，1982年中央一号文件提出家庭联产承包责任制“长期不变”。1984年中央一号文件明确指出“土地承包期一般应在十五年以上”“土地承包经营期限为三十年”，1993年我国农地政策明确土地承包期“再延长三十年不变”，在1998年通过的《土地管理法》进行规定，同时并明确“土地承包经营权”受法律保护，明确了农户使用权与土地流转收益，逐步限制、取消过去实行的土地调整制度与“两田制”。2002年通过的《土地承包法》又对土地承包的范围、对象、期限、方式进行了具体规定，使承包这种组织内部的事务变成了民事主体间的法律事务，集体逐渐丧失了承包工作中的自由裁量权。土地承包经营权这一组织内部设置的权利逐渐上升为一种物权，被社会各界所承认。1978～2005年我国的农村土地产权相关政策如表4.1所示。

表4.1　1978～2005年中国农村土地产权相关政策

时间	发布单位	文件名称	重点内容
1982年	中共中央	《全国农村工作会议纪要》	明确农村实行的各种责任制，专业承包联产计酬、联产到劳，包产到户、到组，包干到户、到组等
1991年	中共十三届八中全会	《中共中央关于进一步加强农业和农村工作的决定》	把以家庭联产承包为主的责任制、统分结合的双层经营体制作为我国乡村集体经济组织的一项基本制度

续表

时间	发布单位	文件名称	重点内容
1993 年	中共中央、国务院	《中共中央　国务院关于当前农业和农村经济发展的若干政策措施》	在原定承包期到期之后，再延长三十年不变
1997 年	中共中央办公厅、国务院办公厅	《关于进一步稳定和完善农村土地承包关系的通知》	提倡实行“增人不增地、减人不减地”。允许土地的使用权依法有偿转让，家庭联产承包制度是一项长期不变的政策。认真整顿并逐渐取消“两田制”
1998 年	中共十五届三中全会	《中共中央关于农业和农村工作若干重大问题的决定》	再次明确提出土地承包期再延长 30 年的政策。制定法律法规，赋予农民长期而有保障的土地使用权
2001 年	中共中央	《中共中央关于做好农户承包地使用权流转工作的通知》	在承包期内，农户对承包的土地有自主的使用权、收益权和流转权
2003 年	农业部	《中华人民共和国农村土地承包经营权证管理办法》	农村土地承包经营权证是承包方享有土地承包经营权的法律凭证。农村土地承包经营权证只限承包方使用

这一时期的产权演化特点为：第一，所有权权能发生变化，农村土地的集体所有权，从一个比较完整产权缩小为发包、管理与监督权，产权主体也由过去的“公社、大队、小队”体系转变为现在的“农村集体经济组织”；第二，处置权在村集体与农户之间重新配置，农户获得了部分如转让、出租等农地处置权，农村集体经济组织的土地调整权利逐步废除；第三，占有权出现，农户的土地承包经营权从出现到确立，其权能逐步固化为土地占有权；第四，收益权产权制度彻底变革，从集体分配的“人七劳三”到包产到户的“多劳多得”；第五，使用权性质改变，随着收益权的变化，土地使用权从过去赚取工分的劳动责任变成了自主生产的经营权利，并随着土地流转需求的出现，土地使用权逐步从占有权中独立出来。

在该阶段的产权演化中，农户虽然获得了更多的产权，但权益受到损害的问题依然没有得到相应的重视与解决，主要表现在以下两个方面：其一，占有权的价值没有保障，土地占有权主要指农户土地承包经营权，而承包经营权是一种农村集体内部的成员权，一旦农户离开土地与农业、进城落户，同时就丧失了土地，承包经营权被收归集体也得不到相应的补偿；其二，土地产权的收益与我国社会经济的发展不匹配，包产到户之后，农民生活水平的提高主要来自“多产多得”刺激下的农业产出增加，农民经营土地的负担并没有减少，而随着社会经济的发展，农民生活生产成本在不断增加，但土地的产量有限，加上农业的各种税费，给土地经营者尤其是土地耕种者造成过重的经济负担，土地承包经营权的价值越来越低，甚至出现农户愿意无偿转让承包地的案例。

（二）农业税取消的后“两权分离”时期（2006～2013年）

这一阶段我国农地产权制度改革的重点是农业税取消与土地确权。2006年以前，农户自主经营的农业土地除了缴纳公粮和农业税、向乡村交付“三提五统”以外，农户多劳多得，农地收益分配方式变成了俗称的“交够国家的，留足集体的”。2006年，“三提五统”及农业税的取消，集体和农户之间基于承包地的利益分配几乎消失。随着家庭联产承包责任制的深化，农民持有的农地产权权能越来越大，集体的权能越来越弱化，“两权分离”的程度逐渐加深。2007年《中华人民共和国物权法》将土地承包经营权定性为“用益物权”，这意味着承包户可以申领产权证，并可依法处置土地。通过稳步开展土地承包经营权登记试点，把承包地块的面积、空间位置和权属证书等落实到户，稳定现有土地承包关系并长久不变，标志着中国农地使用权改革进入法制建设新时期，通过农村土地承包经营权确权登记颁证工作，使农民对承包土地的占有、使用和收益等权利得到法律保障。这一时期的农村土地产权相关政策如表4.2所示。

表4.2　2003～2014年中国农村土地产权相关政策

时间	发布单位	文件名称	重点内容
2005年	第十届全国人大常委会第十九次会议	全国人民代表大会常务委员会关于废止《中华人民共和国农业税条例》的决定	《中华人民共和国农业税条例》自2006年1月1日起废止
2007年	第十届全国人民代表大会第五次会议	《中华人民共和国物权法》	明确土地承包经营权的物权法律规范
2008年	第十七届中央委员会第三次全体会议	《中共中央关于推进农村改革发展若干重大问题的决定》	建立健全土地承包经营权流转市场，同时不得改变土地集体所有性质，不得改变土地用途，不得损害农民土地承包权益
2009年	农业部	《农村土地承包经营权登记试点工作方案》	开展土地承包经营权登记试点与农村土地承包经营权确权登记颁证工作
2012年	中共中央、国务院	《中共中央　国务院关于加快发展现代农业　进一步增强农村发展活力的若干意见》	用5年时间基本完成农村土地承包经营权确权登记颁证工作
2013年	第十八届中央委员会第三次全体会议	《中共中央关于全面深化改革若干重大问题的决定》	赋予农民对承包地占有、使用、收益、流转及承包经营权抵押、担保权能，允许农民以承包经营权入股发展农业生产化经营

这一时期的土地产权发生了以下变化：第一，所有权权能继续被弱化，随着农业税取消与农地确权颁证，农村集体组织基本不具备行使所有权的条件；第二，处置权配置进一步偏向农户，农户被赋予了对承包地的占有、使用、收益、流转及抵押、担保权能；第三，占有权更加明晰，农户的土地承包经营权从集体内部的成员权逐渐变为法律上的物权，并通过土地确权登记颁证明确了对土地的实际占有；第四，收益权重新分配，集体的“三提五统”彻底取消，农民获得更完整的土地收益权，农村集体经济组织与农户的土地经济关系彻底分离；第五，使用权的价值与成本大幅提升，随着农业税取消，土地使用权价值大幅增加，但使用权流转所需租金成本也相应增加。

在这一阶段的农地产权改革中，农民权益问题依然凸显，主要表现为土地的使用权价值与处置权权益受损两个方面：其一，农村土地使用权流转有着极大的需求，但流转市场极不完善，市场上缺少农地使用权价值评估机制和标准，导致农地流转的定价十分随意，政府、企业、种植大户等通过信息差刻意压低农村土地的价值，以极低的价格从农民手中骗取宝贵的土地财产；其二，在国家政策与法律上，农民获得如承包经营权抵押、担保等土地处置权，目的是给予农民更多的财产权，在实际情况中，大多数农民并没有将处置权变现的能力，不能很容易地将土地资源变为需要的资金，而别有用心的人却能以此窃取土地产权价值，如云南某公司廉价收购林农的林权证然后去银行抵押贷款，套取巨额资金，贷款到期不还，后果是林权证作为抵押物归银行所有，林权证的抵押与拍卖都获得了巨大的经济利润，但农户只获得了低廉的收购价，抵押权的开放在某种情况下反而对农民的权益造成了严重损害①。

（三）农地产权进一步改革的“三权分置”时期（2014 年至今）

2014 年颁布的《关于引导农村土地经营权有序流转发展　农业适度规模经营的意见》第一次在政策层面提出“三权分置”，标志着农村土地产权实际上的分离在政策上被确立，是继家庭联产承包责任制后农村改革又一重大制度创新。随后我国农地政策就主要围绕如何完善“三权”分置而制定。另外，我国许多农民尤其是年轻农民，已经脱离了土地，少数人已在城市里安家创业，但他们中的绝大多数户口仍在乡村。之所以产生这种现象，是因为宅基地、承包地、集体组织收益分红等农村集体资产的使用和收益分配都与户口挂钩，如果农民将户口

① 详细案例可参见中央电视台与 2016 年 7 月 17 日在《焦点访谈》报道的《林权没了希望断了》。

从村里迁出，这些权益很可能消失。因此，进城农民不愿迁户进城。为了促使外出农民把户口迁入城市，实现进城农民的完全城市化，政府开始进行将农民权利与户口剥离的制度改革，例如，2015 年中共中央、国务院颁布的《关于加大改革创新力度　加快农业现代化建设的若干意见》中就明确规定："不得将农民进城落户与退出土地承包经营权、宅基地使用权、集体收益分配权相挂钩"。2014 ~ 2017 年的农村土地产权相关政策如表 4.3 所示。

表 4.3　　2014 ~ 2017 年中国农村土地产权相关政策

时间	发布单位	文件名称	重点内容
2014 年	中共中央办公厅、国务院办公厅	《关于引导农村土地经营权有序流转　发展农业适度规模经营的意见》	实现农村土地所有权、承包权、经营权三权分置
2014 年	中共中央、国务院	《关于全面深化农村改革　加快推进农业现代化的若干意见》	允许承包土地的经营权向金融机构抵押融资，建立配套的抵押资产处置机制，可以确权确地，也可以确权确股不确地
2015 年	中共中央、国务院	《关于加大改革创新力度　加快农业现代化建设的若干意见》	不得将农民进城落户与退出土地承包经营权、宅基地使用权、集体收益分配权相挂钩
2016 年	中共中央、国务院	《关于完善农村土地所有权　承包权　经营权分置办法的意见》	坚持农村土地集体所有权的根本地位、严格保护农户承包权、加快放活土地经营权、逐步完善"三权"关系
2017 年	第十八届中央委员会第十九次全国代表大会	《决胜全面建成小康社会　夺取新时代中国特色社会主义伟大胜利》	完善承包地"三权分置"制度。第二轮土地承包到期后再延长三十年
2017 年	第十二届全国人大常委会第三十次会议	《中华人民共和国农村土地承包法修正案（草案）》	修改《土地承包法》主要内容，包括所有权、承包权、经营权"三权"分置

这一时期的产权演化特点为：第一，所有权权能逐步固定，农村土地集体所有权在法律上得到明确；第二，处置权配置发生变化，部分农村集体将通过"确权确股不确地"的形式获得农地处置权；第三，占有权与使用权彻底分离，在《中华人民共和国农村土地承包法修正案（草案）》中新增条款"以家庭承包方式取得的土地承包经营权在流转中分为土地承包权和土地经营权"；第四，收益权界定得到进一步明晰，如确定了进城农民的集体土地收益；第五，使用权在法律上得到明确，在上述修正案草案中被定义为"土地经营权是指一定期限内占用承包地、自主组织生产耕作和处置产品，取得相应收益的权利。"

这一阶段我国农地产权制度改革的核心是"三权分置"，其实质是强化土地经营者的产权，强化土地经营者权益的目的是有效利用土地，这有助于解决我国当前存在的资源约束、粮食压力与农地细碎等现实问题。但赋予经营者更多的土地产权，意味着土地承包者的土地产权减少，如属于承包经营权的部分处置权能就需要在承包者与经营者之间重新配置，如果这些产权得不到有效界定、产权价值得不到保障，将为纠纷和矛盾的产生埋下了隐患，对农民的土地承包经营权，特别是对从事非农产业、丧失种植能力但仍然拥有承包地的农民的权益造成损害。

第二节 土地产权设计中的权益损害逻辑

一、解释性框架：产权设计——产权功能——农民权益

产权的初始设计即正式的产权制度安排，是影响经济效率的决定因素。马克思的经典理论中提出，生产力决定生产关系，而当生产关系由生产力的发展形式变成生产力的桎梏时，生产关系的变革对生产力的发展就具有决定性的意义。罗纳德·科斯（R. H. Coase）最早认识到产权制度在资源配置中的决定性作用，他在 1960 年具有开拓性论文《社会成本问题》（*The Problem of Social Cost*）中提出并由后人总结归纳为著名的“科斯定理”，即：第一，在交易费用为零的情况下，不管产权如何进行初始配置，资源配置都能实现帕雷托最优；第二，在交易费用不为零的情况下，不同的产权配置界定会带来不同的资源配置；第三，因为交易费用的存在，不同的权利界定和分配，会带来不同效益的资源配置，所以产权制度的设置是优化资源配置的基础。可以说，在交易成本为正的情况下，产权制度对资源配置的效率或经济制度的运行起着极为重要的作用，合理的产权制度将为经济活动的运行奠定一个合理的制度基础。合理的产权初始设计制度建立起来以后，人们利用资源的损益边界都将得到明确的界定，不仅形成了一种有效的约束机制，促使人们在经济活动中尽力降低资源使用成本，从而减少无效率的经济活动，而且也将产生一种激励，激励人们在经济活动中最有效地使用自己的资源以最大限度地获得收益。

产权初始设计的目的是每个经济当事人在追求自己利益最大化的同时也会导致社会利益的最大化，而对于经济人而言的产权功能越完整，实现产权价值的路径就越明晰。因此，产权设计下的产权功能是否完善，是“经济人”追求利益最大化的保障，也是制度促进经济效率的前提，产权初始设计的不完善，会导致

产权应有的功能减少和错位，而产权功能的缺失则是产权主体的权益受到损害的源头。设计完善的产权制度应该使产权具有稳定、界定、激励、约束、资源配置、收入分配这 6 种功能。

（一）稳定功能

人们面临的环境总是复杂和多变的，充满了不确定性。不确定会给人们的选择带来困难，增加人们经济交往过程中的交易费用。社会分工越细，经济越发展，经济关系越复杂，交易越多，不确定性因素就也就越多。同时，人们又在通过各种途径和手段，力求减少不确定性。设计出一些约束人们经济活动的规则，是减少不确定性的重要途径。产权规则就具有减少不确定性的作用。从产权经济学家看来，产权制度通过向人们提供一个日常生活的结构来减少不确定性。例如，没有产权的财产，或者没有界定产权的资源，由于其产权未确定，必然导致开发成本及投资回报的不确定性，人们一般不会投资来进行有效的开发与利用保护，有的只是不合理的利用，或者在利用中处于混乱状态。

（二）界定功能

从产权经济学的角度来看，外部性产生的一个重要原因在于产权界定不清，例如，楼上的住户向楼下扔垃圾就是这样。要使外部性内部化就必须明确界定产权，所以产权的一个重要功能就是使外部性内部化。德姆塞茨（1999）在《所有权、控制与企业》中指出："产权的主要功能在于引导各种激励机制，使外部性在更大程度上得以内部化。"更进一步分析，外部性的产生是一个权利的产生，是在原有产权格局下、原有产权范围内，产权主体行使自己的产权时，却产生了新的权利。从空间看，外部性产生于产权的公共领域。产权的公共领域是指不同产权的权能范围或作用空间的交叉部分，不同的产权主体在行使自己的产权权能时，他们的作用空间部分或全部交叉重叠。

（三）激励功能

产权的内容包括权能和利益两个不可分割的方面，任何主体有了属于他的产权，不仅意味着他有权做什么，而且界定了他相应的利益，或者有了获取相应利益的稳定依据或条件。换言之，如果经济主体有了界限明确的产权，也就界定了他的选择集合，并且使其行为有了收益保证稳定和收益预期。这样，其行为就有利益刺激或激励。激励也就成为一种动力，有效的激励是充分调动主体积极性，使行为的收益或预期收益与进行经济活动的数量、质量相一致。

（四）约束功能

产权的约束功能来源于产权的有限性。即任何财产的产权无论其多少或者大小，都是有限的。其权能或作用空间有界区，利益有限。基于这种有限性，产权也就同时有了对产权主体的约束功能。因为产权的权能空间是有界区的，这在确定其选择集合的同时，也限制了其作用空间。在确认产权主体可以做什么时，也界定了它只能在什么范围、以什么形式做什么，当然也界定了它不能做什么。因为产权的利益是有限的，因而在确认和保证它可以得到什么东西的同时，也就确定了它的利益边界，限制了它不可以得到更多的东西。如果它的行为超出了所界定的范围，获取了不该得到的东西，就是越权或者侵权。

（五）资源配置功能

产权的资源配置功能，是指产权安排或者产权结构直接形成资源配置或者驱动资源配置状态的改变，来影响对资源配置的调节。因为产权就是对各种资源或要素的权利，甚至可以说，权利本身就是一种生产要素。产权的资源配置功能主要表现在以下几个方面：第一，相对于无产权或产权不明晰而言，界定产权就是对资源的一种配置；第二，任何一种稳定的产权结构，都基本形成了一种资源配置的状态；第三，产权的变迁意味着资源配置状态的改变，产权主体或者客体的变迁，意味着资源在不同主体之间的重新配置，当然这种重新配置资源不一定就能提高资源配置的效率；第四，产权结构影响资源配置的方式，如高度集中的产权结构与分散的产权结构就可能导致两种不同的资源配置方式，前者可能以计划配置资源为主，后者可能更倾向于市场配置资源为主。

（六）收入分配功能

产权的收入分配功能主要体现在以下几个方面：第一，产权在不同主体之间的划分，本身就是收入或获得收入的一种手段；第二，产权是收入分配的基本依据，收入只能依据各自的生产要素或财产的产权进行分配，谁是财产的主体，谁就获得相应的收入，产权越多，收入也就越多，因此，不管是按劳分配还是按资分配本质上都是按产权分配；第三，产权的界定和明晰有助于收入分配的规范化。由于产权是收入分配的基本依据，因此对产权的界定和明晰就是对收入或者收入依据的界定和明晰。只要产权规则是清晰的，则收入分配就是规范的；只要产权能够得到保护，收入分配就能够正常进行，收入也就得到了保护。

二、土地产权初始设计与农民权益损害

中国农村土地流转的核心障碍在于农民土地产权的残缺。家庭联产承包责任制诞生以来，农户个人产权得以确立，建立了促进生产性努力的激励机制，农业生产大幅增长。然而随着改革的深入和经济发展，我国农村土地产权制度的局限性开始暴露出来，成为发展农村经济、增加农民收入以保障农民权益的深层次障碍，根据“产权设计——产权功能——农民权益”的解释框架，我们将其归纳为：土地产权不稳定、土地产权界定模糊、土地产权激励与约束缺位、土地产权资源配置错位与收入分配失衡几个方面。

（一）土地产权不稳定

在对土地产权制度的研究中，地权稳定性是指农户有权长期使用某一块土地而不用担心将来某一天土地使用权被无偿剥夺的状态。熊万胜（2009）认为，所谓地权稳定性是指地权的控制者对于土地的占有、使用、收益、处置等权利是否有比较稳定的预期，并且这些预期是否比较可靠。在中国农村特定的家庭承包经营制度下，地权稳定性直接指向土地承包经营权这一权属的稳定与不稳定状态，农民地权不稳定的原因可归纳与以下几个方面：其一，在政治和法律各自的活动领域及活动原则未经分化的安排下，不存在包含确定性原则、限定性和合法性声称的法律系统，事实上是多种土地规则并存以“备”选择；其二，这些规则随着利益、力量的变动而不确定，并在实践中通过力量竞争被选择使用；其三，由于利益主体的利益内涵不断变化，主体的势力也在不断变化，在新的情势下，强大的一方就谋求适用和建立对自己更为有利的规则，结果使“地权成为一个多种身份参与下的、不停止的协定缔结过程”。地权稳定性不仅影响着土地资源的利用方式和效率，还决定着劳动力资源的利用方式和效率，减少诸多行政性、指令性的土地调整，稳定土地承包关系，可以进一步鼓励推动农村劳动力转移。因此，稳定的农村土地产权制度是劳动力非农就业的一个重要前提。因此，土地调整频率越低，调整规模越小，农民对土地的占有、使用、收益和处置等权利的预期越稳定、越可靠，地权就越稳定。

土地使用权的不稳定是中国农地制度安排中的显著特征，它们表现为土地的频繁调整和农户间的非正式土地流转，尽管我国的政策规定第一轮承包 15 年不

变，第二轮承包30年不变，同时实施了“增人不增地、减人不减地”与“逐渐减少土地调整”等一系列措施。但实际情况却是：集体仍然以各种理由收回或强制流转农民承包的土地，农民对此或是默默忍受，或是上访无门，乡村干部仍然可以任意侵害农民利益。

（二）土地产权界定模糊

中国农村土地产权制度具有一定的模糊性。其一，表现在产权主体模糊上。虽然在我国《土地管理法》中已明确规定农村的土地属于集体。但是对于“集体”这个概念的界定却比较模糊。《土地管理法》《土地承包法》中虽然界定了农村集体经济组织作为土地发包方的权利和义务，但没有厘清“农村集体经济组织”的权利属性与权力边界。农村土地缺乏一个明确的“人格化代表”行使所有权，在涉及土地权益问题上，实际行使农村土地所有权的主体可能是当地的乡镇干部，而部分乡镇干部在农村权势过大，农民在土地流转中的自主权、知情权、参与权、申诉权难以得到保障。

其二，表现在各主体对土地权属认知错位上。根据本课题针对贵州农村土地产权认知调查结果，对于农村集体所有权主体的认识，有61.3%的人认为是国家的，5%的人认为是村集体的，0.7%的人认为是生产队的，33%的人认为是个人的。可见，农民对集体土地的所有权主体的认识是不清楚的，这完全反映了农村土地集体所有制和集体所有权自身内涵的不清晰和矛盾状况。因而在实践中，经常存在多个主体对农村土地产权交叉占有的问题，出现“搭便车”而导致主体缺位，还会出现“公地悲剧”导致主体越位，导致产权主体模糊成为侵害农民土地权益的借口。

其三，体现在农村土地权能的模糊上。如土地抵押权上的矛盾，在农村土地产权制度下，土地抵押权是其土地处置权的权能内容之一，但目前我国关于土地抵押权的立法存在不一致性。《农村土地承包法》规定，农村土地可以被转让、抵押等，《农村承包土地的经营权抵押贷款试点暂行办法》规定，农村承包土地的经营权即可申请抵押贷款，但是在《担保法》中，又规定归集体所有的土地（如宅基地、耕地等）使用权不能抵押，农民的宅基地、耕地等的抵押权受到法律的限制。土地产权尤其是处置权模糊造成产权残缺，限制了农民的融资能力，致使农民不能开展大规模的农业生产。

（三）土地产权激励与约束缺位

土地产权的激励与约束功能来自产权的界定与保护，一旦产权界定模糊不清或产权得不到有效保护，土地产权的激励与约束功能亦即丧失。正如前所言，我国对土地产权制度存在模糊性，一是主体模糊，农民虽然占有土地的绝大部分产权，本身不直接拥有土地所有权，而是归村集体所有，但这个集体的概念是模糊的，这种所有权的不明确往往会导致谁都没有拥有的意识，也就相应减少了实现其所有权的内在动力。二是边界不清，我国《土地承包法》第二十七条规定："承包期内，发包方不得调整承包地。"但同时《土地管理法》第二条规定："国家为了公共利益的需要，可以依法对土地实行征用或征收并给予补偿。"征地过程由地方政府代表国家决定，农民并没有话语权，导致其经营土地的行为没有稳定的收益预期，造成了土地产权激励的缺位。

另外，土地产权保护也存在无人实施与无法实施的情况。在针对土地流转的实际调研中，我们发现，河边、就近、平整的高质量农地是规模流转的热点与纠纷高发区域，其一，虽然流转租金较高，但农户自己种植也有可观的利润，并没有很高的流转愿意；其二，部分农村土地的投资开发者本身经营素质较低，不具备农业经营能力，往往在优质农地上进行非农开发，这一行为违反了我国相关法律，实践中难以形成有效的监管。地方政府本应充当监管角色，但由于利益的驱使，地方政府大多倾向于圈地开发，他们和投资者串谋，在土地流转的博弈中形成的绝对强势群体，使占绝大多数处于弱势群体的农民利益受到侵害。

（四）土地产权资源配置错位与收入分配失衡

土地产权具有配置农业生产资源与分配经济收益的重要功能，其中土地产权流转一方面能够有效改善土地资源配置效率，另一方面也能够促进农民获得财产性增收。因而早在 1984 年中央一号文件《关于一九八四年农村工作的通知》明确提出，鼓励土地使用权向种田能手集中，对转出土地使用权的农户应当给予适当经济补偿。但是从实践情况来看，各地农村土地使用权流转却使资源配置错位与收入分配失衡的情况出现。

资源配置错位具体是指农地资源配置不均衡。这一情况又可以分为历史原因与现实原因。从历史上看，我国于 20 世纪 80 年代实行家庭联产承包责任制有着很明显的均田制色彩，在此基础上很多地方政府又实施了"增人不增地、减人不减地"的农地稳定政策，这一系列政策在实施初期具有明显的生产激励作用，但随着我国社会经济的发展，大量农业人口离开土地、农村居民生老病死，农地资源配置在农村集体内部、各地区之间表现出极度的不均衡化与细碎化。从现实上看，地方政府与村集体干部热衷于农村土地的规模流转，农业企业则需要连片平整的土地以减低成本，这导致农村大量的肥沃、平整的优质土地被占用、破坏，而真正需要种地的农户也在规模流转中被迫放弃土地。

收入分配失衡具体是指农户收益与农业生产得不到保障。农户自主、自愿流转土地原本是一种经济行为，但在涉及农地的集体流转时，农民往往必须首先满足政府的“公共利益”与“地区发展”的需要，地方政府代表国家往往在不考虑农户实际情况下强制流转，通过各种手段把农民承包的土地流转为集体所有，再转承包给农业企业，最后通过土地租金等方式给予失地农民一定的补偿。这种流转形式虽然降低了企业单独找农户流转的交易成本，但却为地方政府提供了巨大的“寻租”空间与逐利动机。通过这种土地产权的不对称交易与流转，村干部一方面极力压低农户的流转租金，剥夺了农民的土地收益权；另一方面与企业合谋，骗取政府在扶持农业生产与规模流转方面的项目资金，而企业逐渐成为骗取项目“空壳”公司，导致大量优质农地被抛荒、废弃。这带来两个方面的恶果，一方面农户不能从其承包权（占有权）中分享土地改造与规模经营的发展红利；另一方面使农业生产尤其是粮食生产反而因为土地规模流转而得不到保障。

第三节　土地产权博弈中的权益损害逻辑

一、土地产权博弈与农民权益受损：主体分析

农地产权流转的实质是参与各方的利益再分配过程，是各利益主体在现有土地流转制度的安排下追求利益最大化博弈的演化过程，其博弈主体可大致划分为：农村集体组织（以及上级地方政府）、农户与土地经营方。

（一）农村集体组织（及上级地方政府）

农村集体组织是我国法律规定的土地所有者，农村家庭承包制度的土地发包方。农村集体组织是除国家以外对土地拥有所有权的唯一的组织，农村的土地（包括城市郊区），除法律规定属于国家所有或已依法征收的外，均属于集体所有。农村集体组织对上需要服从各级政府的行政命令，对下拥有管理土地的绝对权威，是中央土地政策与地方政府土地流转项目的直接监督者、执行者与受益者。地方政府是中央政府政策的执行者，为土地流转提供一定的制度和

资源支持，在大多数情况下也是土地规模流转直接的受益人。对农村集体组织和地方政府而言，农地流转规模是各级政府相关官员的重要政绩指标，土地的高附加值开发也为“寻租”提供了渠道与空间，甚至某些村干部本身就是当地合作社的经营者，因而对引入企业进行土地规模流转与规模开发抱有强烈利益动机。

（二）农户

农户拥有土地的承包权，是指对其依法承包的土地享有占有、使用和一定处分的权利。土地既是当代中国大多数农户最主要的生产资料，也是最重要的财产权益。农户是土地资源能否实现流转的关键环节，而农户是否出让土地主要受农业收入、非农业收入、土地流转收益等诸多因素影响。如果土地流转能给农户带来比流转前更高的可预见的稳定性增量收入，则农户基于自身利益的最大化将乐意流转。农户在与政府之间的博弈中总是处于被动的地位，在博弈中做出的决策不利于维护自己的切身利益。农户自身文化程度较低，接受再教育机会少，往往不能客观有效地判断并做出决策，看似是土地流转项目的受益者，实则是土地肥力被损坏、种植权利被剥夺的权益受害方。

（三）土地经营者

在农村土地产权流转中，土地的实际经营者是土地流入方，包括普通农户、种植大户、合作社与农业企业，以及其他混合主体形式。在众多的土地流转纠纷案例中，农业企业（包括大户）与农村集体组织进行的土地规模流转，是最易引发农民权益侵害的一种情况。农业企业对投资农村土地收益进行预期，当他们认为投资农村土地收益大于社会平均利润率时，就会产生转入农地的需求，因此他们在流转中的目的是使自己的净收益最大化。在转入农地过程中，企业希望和地方政府、农村集体经济组织合作降低成本，一是由农村集体经济组织出面协调农户转出土地，降低交易成本和毁约风险；二是地方政府出台优惠政策降低经营风险或增加经营收入。农地转入需求方一方面通过社会关系向官员“寻租”，借助行政力量直接压低租金或者降低谈判成本；另一方面利用土地流转制度障碍和市场缺陷，以及信息不对称优势争夺话语权，降低租金甚至通过合同漏洞和延迟义务履行等不正当方式侵害农民利益。农业企业和地方政府、农村集体经济组织及农户之间都存在激烈的博弈（见图 4.2）。

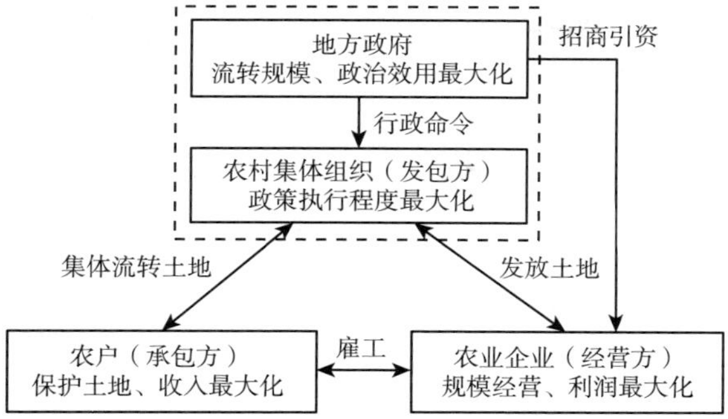

图 4.2　农村土地流转博弈三方主体

二、土地产权博弈与农民权益受损：博弈模型

农村土地流转尤其是集体流转，其流转方式、流转结果是农村集体组织（作为地方政府代理人）、种植大户或企业（以下仅以企业为代表）与农户三方市场参与主体进行博弈的结果。假设农村集体组织是一个具有自身效用的独立实体，三方进行博弈的动机源于土地商品属性的确立这一制度变迁改变了三方的效用函数，给三方带来的潜在获利机会，因而三方作为理性的主体必然追求自身效用最大化进行博弈。为了构建土地产权流转的博弈模型，还需要对博弈中的参与人及其行动空间、战略空间和效用函数进行说明。

（一）参与人

前面分析与博弈顺序，土地产权流转博弈的参与人为三方，分别为：农村集体组织、农业企业和农户，分别以 i_1、i_2、i_3 表示。同时我们假设：第一，参与人是非合作的；第二，参与人是理性的，严格追求自身效用最大化，追求潜在收益的最大化；第三，信息是完全的，即博弈参与方之间对彼此的特征、行动规则及效用函数有准确的认识。

（二）行动空间

行动空间表示参与人的所有行动的集合。面对潜在的获利机会，参与人 i_1，即农村集体组织有两种行动：其一，不进行农地规模化流转，不主动引进农业企业，让农户与企业根据自身需求进行谈判和流转；其二，主动引入农业企业进行土地规模流转，为企业提供优惠政策，同时承担农户的流转劝导工作。它的行动集合为｛不引入，主动引入｝。参与人 i_2 企业、i_3 农户的行动则是在参与人 i_1 农村集体组织是否主动引入的情况下做出自己的战略选择，他们各有两个可选择的行动：i_2企业的行动一，确实进行农业种植，交付流转租金，获取农地的自然产出；行动二，假装种植，获取每亩地的规模流转政策优惠和补贴。行动集合为{真种植，假种植}。i_3农户的行动一，接受既定的土地规模流转条件，放弃种植，收取流转租金；行动二，不接受，自己种植，但是要承担村集体在其他方面的施加的压力。行动集合{接受，不接受}。

（三）战略空间

战略是参与人在给定信息集下的行动规则，是关于如何对其他参与人行动做出反应的完整方案，是从参与人的信息集合到行动集合的一个映射。在土地产权流转的博弈中，参与人i_1农村集体组织只有一个信息集，因而其行动和战略是等同的。而对于参与人i_2企业、i_3农户来说，有两个信息集，每个信息集上有两种行动选择，因而他们各有两种纯战略，可简写为：{真种植，接受}{真种植，不接受}{假种植，接受}{假种植，不接受}。

（四）效用函数

参与人的效用函数不但受其自身的行动影响，还取决于对方的行动选择，设$U=(U_1, U_2, U_3)$为参与人的效用函数组合。参与人i_1农村集体组织的效用U_1主要取决于土地流转的规模L，规模越大其政治绩效（有可能的话也包括寻租获利）越高，但如果主动引入企业，则需要承担对农户谈判的交易成本CT。参与人i_2企业的效用U_2取决于三个方面：一是政府主动引入并提供的土地规模流转的政策补贴M，是流转规模L的函数；二是种植净收益K；三是流转租金的支付RL，以及政府不引入下需要承担对农户谈判的交易成本CT，而如果政府承担谈判责任，还能同时降低流转租金，记为R_L。参与人i_3农户的效用U_3也取决于三个方面：一是土地流转租金收益R；二是土地撂荒的损失CD；三是如果不接受流转所带来的各种成本CF①。

三、土地产权博弈与农民权益受损：博弈分析

基于三个博弈主体的行动空间，土地产权流转的博弈有8个可能的结果，按

① 该成本包括两个方面：一是村干部的反复劝说，甚至威胁所带来的负担与压力；二是对于拒绝之后，村干部利用工作权利造成其他生产生活上不便利的预期。

参与人行动顺序分别是：结果1｛不引入，真种植，接受｝、结果2｛不引入，真种植，不接受｝、结果3｛不引入，假种植，接受｝、结果4｛不引入，假种植，不接受｝、结果5｛引入，真种植，接受｝、结果6｛引入，真种植，不接受｝、结果7｛引入，假种植，接受｝、结果8｛引入，假种植，不接受｝。根据以上说明，土地产权流转的博弈树如图4.3所示。

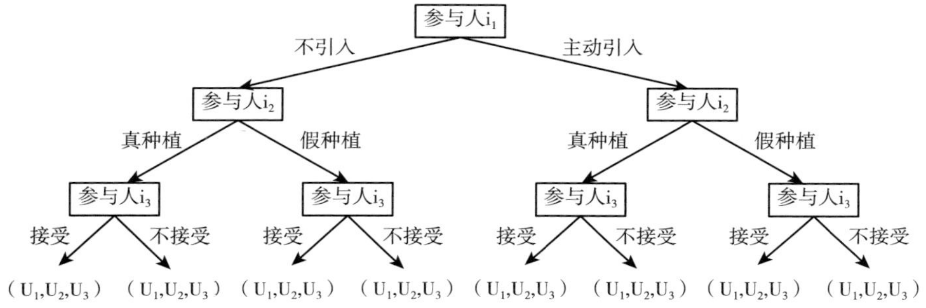

图4.3　土地产权流转博弈树

首先来看政府“不引入”的行动。在这种情况下，企业的选择是单一的，因为不能走政府招商引资的渠道，企业难以与政府合谋赚取优惠与补贴，企业无法获取超额利益也就不会选择假种植，因此结果3与结果4不用讨论。企业选择“真种植”则需要承担与农户谈判的成本CT，支付流转租金RL，同时获取土地的自然产出K。农户如果不接受，则所有人的效用回归原点，如果接受则获得土地流转租金R。

结果1｛不引入，真种植，接受｝的效用$(U_1, U_2, U_3) = (L_k, K - CT - RL, R)$。

结果2｛不引入，真种植，不接受｝的效用$(U_1, U_2, U_3) = (0, 0, 0)$。

在政府主动“引入”的情况下，政府首先就会选择达到流转规模要求的企业，因此也能够获得更大规模流转的政治效用与“寻租”获利L，但也需要承担谈判成本CT。企业也可以有两种选择：选择“真种植”的情况下获取政策补贴M与土地种植的净产出K（可能为负），支付流转租金LR，但由于经营超过最优规模的土地。而选择“假种植”的情况下，获取政策补贴M，支付流转租金R_L。农户如果不接受需要负担成本CF，如果接受则获得土地流转租金LR，但在也要承担土地撂荒的损失CD。

结果5｛引入，真种植，接受｝的效用$(U_1, U_2, U_3) = (L - CT, K + M - F - LR, LR)$。

结果6｛引入，真种植，不接受｝的效用$(U_1, U_2, U_3) = (-CT, 0, -CF)$。

结果7 {引入，假种植，接受} 的效用 $(U_1, U_2, U_3) = (L - CT, M - LR, LR - CD)$。

结果8 {引入，假种植，不接受} 的效用 $(U_1, U_2, U_3) = (-CT, 0, -CF)$。

根据上述分析，可得到农村土地产权流转的三方博弈模型，如表4.4所示。

表4.4　农村土地产权流转的三方博弈模型

		农村集体组织与企业		
		不引入，真种植	引入，真种植	引入，假种植
农户	接受	0，K－CT－RL，RL	L－CT，K＋M－LR，LR	L－CT，M－LR，LR－CD
	不接受	0，0，0	－CT，0，－CF	－CT，0，－CF

从表4.4可以看出，土地产权流转三方博弈的纳什均衡结果取决于CT、CD、CF等参数变量的值，这些参数的取值则需要结合实际情况进一步分析，就我国目前的农地流转现状而言，存在大量的政府引入、企业假种植、农户被迫接受的现实情形，其具体原因可归纳为以下三点。

（一）农村集体组织与基层政府热衷于引进企业进行农地规模流转，获取更多政治效用与“寻租”空间

从基层政府的角度来看，是否主动引入企业取决于引入后所获取的政治绩效L与所需要负担的谈判成本CT，在现实中我们发现，越接近城郊、交通条件越好的地区，基层政府召集村民开会谈判的次数越多；而偏远地区的基层政府则不愿意在此方面花费过多精力，甚至部分地区有暴力强制流转的事件发生。其原因在于，城郊农地是来往游客与领导最容易观察的地区，农田规模流转与统一经营有着更高的政治绩效，同时农户的聚众、上访等群众事件的影响更大、反馈更快，政府愿意支付更高的谈判成本。而偏远地区由于“山高皇帝远”，土地流转的政治绩效较低、农户反抗行为反馈较慢，其基层政府更多地采取简单粗暴的谈判方式。总体而言，土地规模流转的政治绩效往往高于政府对农户的谈判成本，构成了农村集体组织与基层政府更热衷于招商引资的主要动机。

（二）企业更愿意与政府合谋，通过虚假种植获取流转补贴

对于经营企业而言，属于招商引资进入渠道的，有着极大的经济效益，一方面可以获得政策支持与项目资金M；另一方面还可以由政府帮助承担谈判成本LR，因而与政府合作是不二选择。在这种情况下，企业的真、假种植行为取决

于经营土地的净产出 K，而农业经营存在投资周期长、产出效益不稳定的问题，短期的农业净产值很有可能为负数。对于农业经营能力较强的优质企业，他们有着长期的经营企划与风险控制能力，因而短期的产出波动并没有太大影响，且他们获取的支持资金更愿意投入生产，而不是满足政府的“寻租”。但一些劣质公司其本身没有农业经营能力，无法负担农业经营风险，便做一些虚假种植的表面工作以骗取项目资金，因而更愿意与政府合谋。从而使规模流转的市场上出现“假种植排挤真种植”的“劣币驱逐良币”情况发生。

（三）在一些地方，农民对权益损害的现实比较无奈

面对某些基层政府与企业选择（引入，假种植）行为下，农户的选择空间并不大，是否选择接受流转条件，取决于企业假种植所带来的土地破坏成本 CD 与不接受所带来的各种负担 CF。企业的虚假种植行为需要一些表面工作作为掩护，这通常包括平整土地、破坏灌溉、扩宽道路等，而土地破坏的恢复成本远远高于农民获得的租金收益，是农民难以承受的负担，但这是否意味着农户会起来反抗政府的强制流转呢？从本课题实际调研的情况来看，答案通常是否定的。因为基层政府引导的土地规模流转，往往不是单纯的土地产权问题，农民的生产生活等活动与村集体有着紧密联系，基层政府手握大量的实权，使农户在产权流转博弈中处于极其弱势的地位。在针对贵州省农村土地流转与农民权益问题的调研过程中，我们搜集到一个案例与一种情况。在案例中，某农户拒绝流转土地，村委在反复劝说无果后，开始以农户亲属在学校的工作相威胁，以此向农户施加压力。在农地规模流转中，一种更普遍的情况是，农户中的年轻一辈因为租金较低等问题不愿意流转，而老一辈农民则比较害怕村干部，甚至在家中小辈拒绝流转后主动去村委签字。可以看出，农村基层政府利用工作权利对农民生产生活造成了严重影响，使老一辈农民对不接受流转行为的后果有着恶劣的预期，从而被迫接受土地流转与权益受到损害的现实。

第四节　不完全产权理论视野下农地流转中农民权益损害分析[①]

从巴泽尔产权保护理论的视角对农地流转中农民权益损害问题进行深入分

① 洪名勇，郑丽楠．农地流转中农民权益损害——基于巴泽尔产权理论的经济分析．河北经贸大学学报，2019（1）．

析，有助于解释农地流转过程中农民权益保护存在的本质问题。产权不完全是农民权益受损的根源所在。进入公共领域内的价值较高以及他人攫取公共领域的价值是农民权益受损问题的主要来源。追求经济权利价值最大化，是他人攫取行为和农民保护行为的根本原因。农民个人与政府保护农民权益的途径是减少公共领域内留存的价值或降低被他人攫取的价值，并通过产权限制避免侵权行为。

一、问题提出

在现行土地管理体制下，农地流转的规模逐渐扩大。在土地增值过程中，农民作为农地市场化的主体，土地增值权益受损问题突出，权利主体之间矛盾纠纷频发。鉴于土地产权的特殊性，有必要在科学理论指导下对农民权益损害问题进行科学解释，完善农民权益保护的长效机制。农民权益实质是由诸多权益构成的复合体系。土地权益包括土地权利和土地收益两部分，本章节所涉及的土地权益是指在农民保留土地承包权与经营权的前提下，土地使用权流转的权益。土地权利主要是指土地产权，是由一系列权利组合而成，狭义的所有权、支配权、使用权都包含其中。享有土地权利是获取土地收益的前提和保障，而获取土地收益才是各利益主体保护、争夺土地权利的最终目的。因此，农地流转中农民土地权益损害的根源在于农民土地产权存在的问题。

关于农地流转中农民权益损害的问题，国外研究的并不多，在少有的一些研究中，学者的研究对象集中于亚非拉等发展中国家，研究的内容则偏重于政府行为方面。乔纳森（2006）发现，在发展中国家的土地流转实践中，存在一个普遍现象，就是政府会在某一时刻采用行政手段对农地流转进行不同程度的干预。同时由于流转机制的不完善和流转平台的不健全，流转双方信息不对称问题严重。Kristian 等（2013）认为农民的权益应附着在土地上，但在农地流转中损害农民权益的事情时有发生，发达国家的企业在发展中国家进行大规模土地流转时，通常不会考虑农民的权益。DuDeyu（2013）认为在中国的土地流转中，之所以会出现众多纠纷，主要原因在于没有规范统一的流转合同形式。合同对于农地流转至关重要，不仅可以使农民在承包土地中的行为有据可依，在产生纠纷时，也可以凭借合同条款进行合理解决。国内关于农地流转中农民权益保障方面的研究成果较为丰富，理论界对于土地流转中农民土地权益受损严重的问题基本达成共识，认为农民在土地流转中农地产权虚置（李建建，2007；洪名勇、龚丽娟，2015）、流转收益分配不合理（何沙、曾宇，2016；刘元胜、胡岳岷，2017）、流转合同签订比例不高（钱忠好、冀县卿，2016）、市场机制不健全（李伟等，2013）、法律法规不健全（史卫民，2012）等问题突出，导致农民土地权益受损现象仍然很严重。除此之外，较多的学者应用马克思产权理论对我国农地流转（黄娅等，2010；邸敏学等，2016）以及农村土地制度改革问题（洪名勇，2012；唐剑，2016）进行了经济学分析。

综上所述，关于农地流转中农民权益损害的问题研究成果已经十分丰富，但这些研究成果也存在些许不足：一是对农地流转中农民权益受损问题缺乏深入的理论探讨，大多成果为实践调研中总结的规律；二是少部分理论研究也主要是关注我国的农地流转过程与农村土地制度改革问题，并且采用的理论基本是马克思的土地产权理论，对其他产权理论的应用很少。笔者在对众多产权理论进行研究的过程中，发现巴泽尔教授以其独特的研究视角、深刻的理论思想和独到的问题引出方式而受到制度经济学界的关注。巴泽尔教授在其代表作《产权的经济分析》中提出了属性成本、产权分割、公共领域、个人选择、变化性等重要概念，得出了诸多深刻的分析结论。他坚信产权分析方法可以分析一切社会经济现象。为了更加深刻以及贴近现实地理解农地流转过程中农民权益受损问题，本章选择从巴泽尔产权保护思想的视角对农地流转中农民权益损害问题进行深入的经济学分析。

二、巴泽尔产权保护的基本思想

巴泽尔认为，产权不完全是产权界定的常态，而产权不完全的主要原因在于公共领域的价值被攫取。面对价值攫取问题，个人可以改变自己的行为来影响对自己财产权利的界定，同时国家也可以提供辅助性的保护服务。

（一）产权不完全

巴泽尔的产权理论，首先从其方法论的个人主义说起。他认为把所有的产权都定义为个人占有的权利是有好处的。不管相互影响的一方或双方是否在某种程度上代表组织，个人总是与其他个人相互影响，个人与组织的关系也总是能够归结为个人之间的关系。在此基础之上，巴泽尔提出一个与“经济人”假设不同的“个人最大化”的假设，即个人经济权利的价值最大化。经济权利是“一个个体直接消费某项资产服务的能力，或通过交换间接消费这种服务的能力。不论何时个人察觉到某种行动能增加他们权利的价值，他们就会采取这种行动，不论个人是在市场、企业、家族、部落、政府还是在其他组织中活动，这个道理都适用”[①]。也就是说，个人活动的目标都是实现个人经济权利价值的最大化。这与巴泽尔对“产权”的定义是相通的，巴泽尔将产权定义为两种权利：“经济权利”和“法律权利”。经济权利是人们追求的最终目标，而法律权利是达到最终目标的途径。在实现个人最大化的过程中，一方面，巴泽尔认为个人在进行着边际调整。所谓边际调整，就是不借助市场价格而通过非市场机制来决定资源配置的行为，这种调整必然遵循边际收益等于边际成本的规律。巴泽尔的个人最大化虽不同于西方主流经济学分析中的利润最大化，但也可以通过边际成本等于边际收益的调整来实现。也就是说，当交易未达到均衡点时，交易双方可以沿着不同的边际进行调整，他们可以从非价格调整中得益，这种调整的边际和对于资源配置的影响是可以预测的。另一方面，他认为人们所拥有的经济权利的价值不是一成不变的，而是一系列变量的函数，具体包括自己直接保护资产的努力、他人占有资产的企图和政府的保护。这一产权函数表明，自己直接保护资产的努力、他人占有资产的企图和政府的保护都直接影响到产权的实现程度。自科斯开启产权经济学研究之后，大多数经济学家采纳了产权框架，用以对经济问题进行分析，特别是奈特和戈登，他们清楚地表明了所有权的作用。但是在他们的分析中出现两个极端的假定：一个是产权存在并界定明确，另一个是产权根本不存在，他们忽略了产权只能部分界定的中间状态的可能性。这种观点似乎产生于通常把商品当作只具有一种属性的同质实体[②]。而在巴泽尔看来，产权不是绝对的，它可以通过个人的行为而改变[③]。那么产权不可能完全得到界定，而产权界定的常态只能是不完全的。

（二）公共领域

巴泽尔认为资产具有多重属性，属性对资产的贡献度随资产的不同而各异。这些资产的属性，“未来的所有者不完全知道，现在的所有者常常也不知道，而这些资产的某些属性的测量成本较其价值高昂的多”[④]。对于任何资产，如果产权交易费用的存在使完全保护产权的成本非常高，那么权利就是不完全的。正是由于资产具有多重属性，同时交易费用不可忽略，因此，各种属性全部归一个人

① 巴泽尔．产权的经济分析．格致出版社、上海三联书店、上海人民出版社，1997：10.
② 巴泽尔．产权的经济分析．格致出版社、上海三联书店、上海人民出版社，1997：94.
③ 巴泽尔．产权的经济分析．格致出版社、上海三联书店、上海人民出版社，1997：4.
④ 巴泽尔．产权的经济分析．格致出版社、上海三联书店、上海人民出版社，1997：5.

所有并不一定最有效率。那么考虑把同一资产的不同属性的所有权分配给不同的人，这样的产权分割不失为一种提高效率的好办法。“然而资产各种属性的所有权一旦分割给不同的人以后，其中一些人就能白占便宜，染指归别人所有的属性。”① 巴泽尔举电冰箱交易的例子来说明交易一方攫取另一方财富。电冰箱卖给消费者以后，其所有产权并没有完全转移，其中电冰箱的部分功能属性通过售后保修仍保留在生产厂家。面对有保修服务的电冰箱，消费者在使用时可能并不会十分精心，如果不对消费者进行相应的限制，就会混淆厂家的质量责任和消费者的滥用责任，导致消费者攫取厂家的权利。巴泽尔认为，此时应对所有权实行限制，使人们能够方便地运用排他性，防止他人染指非其所有的资产属性。

巴泽尔创造性地提出公共领域的概念，他认为产权分割不完全的部分就成为共同财产，进而进入公共领域。既然全面获得资产所有属性的成本高昂，人们获得、保持及放弃一项权利就是个人选择问题，人们会根据获取一项权利的成本和收益对比来确定是否拥有它。“当人们相信某种行为的收益将超过成本时，他们就会去运用权力，相反，当他们认为拥有产权的收益并不足以弥补成本时，他们就不会运用权力，从而使这种权利置于公共领域中。”② 公共领域中留存的这部分未被领取的价值很可能被他人攫取。巴泽尔讲的卖樱桃的情况可以很清楚地说明攫取公共领域财富的现象。在顾客不完全知道樱桃的好坏时，为了实现交易，店主不得不允许顾客进行挑选，在这个过程中，很难避免樱桃的过度挑选。由于避免过度挑选的成本高昂，店主不得不将樱桃的某些属性置于公共领域，就为顾客提供了攫取财富的机会。德姆塞茨曾假定，随着共同财产资源价值的上升，人们会越来越可能确定对它的权力。正如巴泽尔所说，产权不是绝对的，是不断变化的，公共领域内的价值也是不断变化的。“随着情况的变化，曾经认为不值得拥有的东西又被认为值得拥有，相反，曾经被拥有的属性也可能会被置于公共领域。”③巴泽尔引用德姆塞茨关于海狸皮的例子进行解释。在欧洲市场没有打通之前，海狸皮的价值很低，一度被视为共同财产，当进入欧洲市场后，海狸皮的价值上升，人们都想拥有它，海狸皮又成为私人财产。巴泽尔认为，将产权置于公共领域的所有者想要在其面临的约束下最大化其收益，可以通过限制对这些权利的获取来降低他们的损失。而巴泽尔又强调“在合同中未被明确界定产权所属的

---

① 巴泽尔．产权的经济分析．格致出版社、上海三联书店、上海人民出版社，1997：124.

②③ 巴泽尔．产权的经济分析．格致出版社、上海三联书店、上海人民出版社，1997：97.

某些属性，随着情况变化而价值上升时，就容易产生纠纷”①。

另一种进入公共领域的方式是政府管理不善，即所有权归国家拥有却对其利用没有任何限制的资产进入公共领域中。由于度量并监督关于该资产交易的所有属性的成本太过高昂，交易者可能会企图获取为充分度量和监督的属性。巴泽尔谈及的加利福尼亚淘金热的例子中，美国占领墨西哥的土地后，发现了丰富的金矿藏，便废止了墨西哥制定的关于在土地上采矿的法律，却一直到十多年后才颁布新的法律来实施美国政府的这种所有制。在这种没有政府维持秩序的状态中，成千上万的淘金者各行其是，逐步确立了他们对每个金矿的权利。在这种没有法律规范的情况下，要明确界定权利是十分困难的，因为获得信息的成本很高，解决纠纷也是相当困难的。

（三）产权限制与产权保护

在巴泽尔的分析中，他认为“产权不是绝对的，而是能够通过个人的行为改变的”②。个人通过他们自己的行为能够控制并影响对自己财产权利的界定，同时国家可以辅助个人保护自己的财产，主要手段是控制进入公共领域的价值或者改变公共领域内被攫取的价值。

1. 个人对产权的保护。

个人可以通过限制非所有者的行为来降低他人对公共领域价值的攫取。研究产权的经济学家通常认为任何限制措施都会“稀释”产权。巴泽尔的产权分析认为，看似稀释产权的限制实际上帮助我们更清晰地界定产权。对商品的所有权进行约束有许多好处，其中之一就是使商品具有排他性，以防止人们染指他人所有的商品属性。继续巴泽尔对电冰箱例子的分析，顾客买到有保修的商品，使用起来就可能不太经心，不像对待无保修的商品那样，在顾客看来，保修是一种自己掏钱可以无偿使用的属性。因此，卖者就对顾客的保修权利进行限制，冰箱的用户只能按要求使用冰箱，而不能够用于商业目的，否则不在保修范围内。巴泽尔认为“这种限制可以降低无偿占有所造成的浪费（攫取成本），也就增加了最初交易的净价值；换言之，增加了用户所拥有的那些属性的价值”③。此外，巴泽尔在探讨企业纵向联合时，也表明了产权约束可以降低成本。例如，克莱斯勒公司将可折叠车顶的改装交给其他企业，并对其产权进行了相应的限制，克莱斯

---

① 巴泽尔．产权的经济分析．格致出版社、上海三联书店、上海人民出版社，1997：108.

② 巴泽尔．产权的经济分析．格致出版社、上海三联书店、上海人民出版社，1997：4.

③ 巴泽尔．产权的经济分析．格致出版社、上海三联书店、上海人民出版社，1997：125.

勒公司将车顶的保修责任转给了改装企业，成功地解决了折叠车顶属性的检测成本问题。巴泽尔还提出“对所有权施加限制还有一个作用，即防止所有者的资产被盗窃”①。例如，汽车所有者可以将汽车关掉发动机，或者在车上安装防盗报警器，或者停在停车场等，可以有效地保护私人产权。

巴泽尔认为对部分无偿属性所带来的损失进行直接限制成本太高，这样也可以使用间接的方式对损失加以控制：控制相关属性，改变过度利用或供应不足的属性的合同规定；改变合同形式，转向一个完全不同的合同。从控制相关属性角度来看，可以控制商品价格、数量以及合同期限。以租佃合同为例，劳动和土地都不是均质的，需要控制各种不同的单个属性。从土壤养分来说，对其直接控制是成本高昂的，这部分属性就被置于公共领域中，如果控制佃农提供养分的数量，就可以有效防止土地养分流失，同时地主也可以提供更多的土地质量维护服务。另一个例子是，在短期合同中，改良土地无法直接在合同中进行约定，佃农就不会对土地进行改良。而在一个长期合同中，地主通常会与佃农在长期合同中约定对土地的改良，从而减少佃农对公共领域内价值的攫取。然而控制某些属性后的净价值归谁所有呢？巴泽尔认为更能影响产出的一方控制这一属性并成为它的变化性的剩余索取者，错配就能降到最低程度。例如，如果土地的出租时间以年度为基础计算，那么对土地进行长期改良就应由地主负责，因为他们可以在未来获取更高的租金，他们是主要受益者；从改变合同形式角度来看，巴泽尔认为，“任何合同都存在非最佳利用的问题，因此没有一个单独的合同在所有的情况下都会是最佳的，所有合同形式都存在效率问题”②。合同形式之间进行全方位的比较，可以计算出总的净价值以确定哪种合同能产生最高的净收益，从而实现一种合同形式向另一种合同形式的转变。

2. 国家对产权的保护。

个人在私人产权的保护中起到了无法替代的作用，但在面临盗窃等非法行为时，个人的努力是有限的，此时就需要政府通过警察、法庭等手段来制止非法行为。巴泽尔提出，“国家有责任辅助个人保护自己的财产”③。的确，在巴泽尔的论述中，国家对产权的界定和保护显然是有利的。在淘金热的例子中，这种情况之所以出现，是因为美国废除了墨西哥政府在土地上采矿权的法律。在缺乏政府法院及法院运行程序的情况下，要推断哪个淘金者能赢得某一纠纷也是相当困难

---

① 巴泽尔．产权的经济分析．格致出版社、上海三联书店、上海人民出版社，1997：125.

② 巴泽尔．产权的经济分析．格致出版社、上海三联书店、上海人民出版社，1997：50.

③ 巴泽尔．产权的经济分析．格致出版社、上海三联书店、上海人民出版社，1997：126.

的。同个人保护产权一样，国家对私人产权的保护也会产生成本，即“治安成本”，国家提供保护服务也要尽量降低保护成本。巴泽尔在讲述奴隶制的例子时提出了“治安成本”的概念，即警察甄别奴隶身份并追捕逃亡奴隶的成本。巴泽尔提出了一个一般性的推测，他认为奴隶制给奴隶主带来的价值比较小，而国家对被迫为奴的人进行甄别以及追捕逃亡奴隶所花费的成本比较大，就增大了奴隶制被废止的可能。因此，政府保护产权与个人保护产权的行为是相似的，都需要考虑成本与收益的平衡，并为之进行边际上的调整。

国家提供保护产权的服务并不会对每个人分别收费，但个人即使在财产价值低于保护费用或个人保护费用低于政府保护费用时，也希望尽可能地由政府提供保护。国家为减少过多的保护支出，可以对个人行为施加限制。例如，为降低防止汽车被盗的成本，国家可以规定汽车必须配锁、车主离开前必须锁车等。以美国颁布宅地法为例，为防止土地沦为共同财产，美国政府以低于市价的价格出售土地，甚至无偿奉送，但严格规定，在获批前，个人无权出卖他们合法获取的土地。这一法律规定的目的在于鼓励个人保护土地，因为个人保护的成本低于政府保护的成本。一旦某块地无人居住沦为共同财产时，政府为保护土地居住者所支出的费用必将很高。宅地法鼓励人们自己保护土地的限制条款在很大程度上降低了政府的保护费用。此外，政府对个人行为施加限制有利于产权的清晰界定。巴泽尔指出“一般而言，产权界定越明确，财富被无偿占有的可能性就越小，产权的价值也就越大”①。美国西部地区较为干旱，因此政府实行了较为严格的用水制度。西部各州严格规定，获得用水权的所有者必须按照规定的用途使用水资源，不得将水挪作他用，也不得单独出卖水所有权。看似居民个人的用水权被“稀释”，但政府对优先取水权的严格限制，增强了对优先权较低的个人的取水权。从整体上来看，居民的取水权得到了更明确的界定，产权价值也得到了提高。

三、农地流转中农民权益损害的表现形式

在我国，农地流转是在土地经营规模小、农地细碎化、农民收入偏低的背景下产生的，其主要目的之一就是实现农民增收。2014 年中央一号文件指出“在坚持和完善最严格耕地保护制度的前提下，不得违背承包农户意愿、不得损害农

---

① 巴泽尔．产权的经济分析．格致出版社、上海三联书店、上海人民出版社，1997：127.

民权益”。2016年中央一号文件再次强调“必须把坚持农民的主体地位、增进农民福祉作为农村一切工作的出发点和落脚点”。但在农地流转的实践中，农民权益受损的情况时有发生，这种建立在损害农民权益基础上的农地流转违背了农地流转的初衷。从巴泽尔产权保护理论角度来看，在农地流转过程中，部分价值进入公共领域并被他人攫取，农民和国家对权益的保护不到位，导致农民权益的实现是不完全的，其具体表现贯穿农地流转的整个过程，应该在农地流转的实践中注重对农民权益的保护。

（一）农地流转前的价值攫取行为

农地被流转前，土地流入方（流出方）一般会先向村、乡（镇）土地流转部门提出流入（流出）申请，由村、乡（镇）土地流转服务部门负责办理该事项，其中较为重要的是对流入方的经营能力和经营项目进行审核。继而，村、乡（镇）土地流转管理部门会根据土地意愿流入方与流出方的基本信息，协助双方当事人进行当面洽谈流转价格、期限等相关事宜，具体事项均由双方在合法范围内自愿协商。最后，经土地流转双方协商一致，达成自愿流转土地意向后，就依据程序签订规范的土地流转合同。土地流转的一般流程就此完成。这一土地流转过程看似公平公正，但在实施的过程中，涉及规模农户、小农户、土地流入方、村和乡（镇）等多主体参与，极易出现部分农户的价值被攫取的现象。

农户公共领域价值被攫取具体表现在：首先，农户的主动性未能较好体现。虽然土地确权颁证后，大部分农户愿意参与到农地流转的过程中来，但农地归集体所有的事实却使土地未流转的农户的部分权益进入公共领域，土地是否流转、什么时候流转等问题的决策权很容易被村集体、乡（镇）等政府部门侵占。具体来讲，部分农户的土地在村集体、乡（镇）对其做思想工作或协调后流转，部分农户则是在村集体、乡（镇）对其施压后被迫转出。在这两种情况下产生的土地流转行为使农户的主体地位严重受损，让农户对土地流转行为产生不满的心理。其次，由无科学的市场价格、纯粹双方协商而来的流转价格，使农户的定价权益被置于公共领域。较少农地流转价格根据农地质量和种植收入来定价，而大部分流转价格基本根据一定范围内其他农户的流转价格来制定。当离开这个流转片区之后，流转价格又发生变化。在土地流转中，相似土地的流转价格差异明显，优质的土地也没有在定价中有所体现。流入方没有根据市场供求规律对转包费、租值进行合理的估计，导致各地无法形成完善的土地价格机制，没有适应市场规律的价格参考。这种土地价格的形成方式十分不科学，农户成为土地流转价格的被动接收者。这种定价机制是流入方对农民土地权益的攫取，严重损害了农民参与农地流转的权益。从我国农地流转的实际情况来看，农地流转价格的混乱，最终导致农民权益难以得到有效维护的现象十分普遍。最后，农户的参与权和知情权缺失。在农地归集体所有和承包权、经营权归农户所有的制度设计下，农户土地流转合同签订的参与过程并不完整，制订价格等主要过程由村中的管理者代替参与，部分农户只在价格确定后被告知。这种在村集体主导下的土地流转，合同一般由村集体代替农户与流入方签订，部分农户却没有见过流转合同。这种土地流转形式表明农户的知情权和参与权在一定程度上存在缺失。

（二）农地流转后的价值攫取行为

农地流转行为，是农户将闲置的土地以出租、互换、入股等形式将其从事农业生产的使用权流转，而农地作为土地性质的其他权益仍然保留。但在签订流转合同后，农地的经营权与使用权暂时归流入方占有，农地作为资产的多重属性就进入了公共领域。农地流转后，农户价值被攫取的最主要表现形式之一就是农地非粮化、非农化的问题。部分农地流入方只按照土地种植粮食的用途给农户一定的转让费，获得土地的使用权后在利益驱动下擅自改变农地原有的用途，出现大面积的非粮化，甚至农地非农化现象。土地作为一种资产，其属性是多重的，既可以从事粮食种植，又可以从事经济作物种植，甚至可以进行非农建设。种植粮食的收益低于种植经济作物的收益，更远低于用途转为非农化后的收益。流入方在农用土地上种植经济作物，甚至搞基建、办企业、修工厂等，付出较少的租值，却得到了比粮食种植更高的收益。对于种植经济作物，在可接受的范围内并不会影响粮食安全，但非农化问题就十分严重。我国现行土地制度规定，耕地未经批准不得擅自改变用途，从事非农建设。在农地流转前和流转过程中，双方只针对农地的粮食耕种属性进行交易，农地的其他属性就进入公共领域。在我国的农地流转过程中，非农属性进入公共领域是由于法律法规的限制，而不是经济价值较低导致的。在土地流转完成后，由于土地的非农用途比农业用途价值更高，流入方就私自确立了对土地非农属性的使用权。这种对土地的非农使用会造成耕地肥力的下降甚至土地贫瘠。流转费用与土地用途不匹配以及农民土地肥力的下降对农民的利益造成了损害。当农民察觉到这个问题时，就容易与转入方产生纠纷。

（三）产权保护不到位

在农地流转的实践中，农户个人保护流转权益受到一定的限制。首先，出于经济或者自身原因，农户很少主动去寻找合适的土地流入方，通常是被动等待，抱着流转不流转都可以的心态，不能流转就交给亲朋好友耕种或者干脆撂荒土地的心态。当政府主导土地流转时，农户就静等政府的谈判结果，将自主权交于政府部门，这在一定程度上为流入方不履行转让合同和政府职能的“越位”提供了条件。其次，土地流转后，农户监督土地流入方的成本是高昂的。农户的土地流转后，他们会在非农业部门从事生产经营，由于监督成本过高，农户不能无时无刻地监督土地流入方，就导致土地流入方对农户权益的攫取。再次，在土地流转过程中，大部分农户没有参与合同签订的全过程。一些农户间断参与签订合同的过程，但流转合同多数是村干部或流转大户参与签订，因此农户对土地流入方的限制未能完全体现在合同条款中。大多数农户参与的主要过程并不是签订合同、制订价格等关键环节，只在价格等条款确定后被告知，在流转结束后，大多数农户甚至都没有见过流转合同。最后，在纠纷的处理中，农户也表现得较为被动。抱着“别人不管，我也不出头”“要解决问题大家一起去”的心态来处理农地流转中产生的纠纷。可见，在农地流转过程中，农户的一些被动特征使他们难以靠自己来维护应得的合法权益。

从政府保护农地流转中农户权益的角度看，首先，农村土地集体所有制的法律界定模糊，这也是直接导致农户土地权益受损的原因。法律中对集体所有土地的“集体”没有给予明确的界定，导致产权界定不清晰。作为集体组织不应享有农地流转权益，它应仅仅扮演组织管理的角色，但在现实中，农村集体往往会占有部分农地流转收益，损害到农户的切身利益。其次，缺乏对农户权益的保障机制。当前，我国农地流转的实践中存在各种各样的农地流转模式，但都不是完美的，会直接影响到农户的实际权益。然而，我国目前缺乏对应的政策或法律法规对土地流入方进行的限制。这种农地流转中存在的疏漏以及具有针对性的农户权益保障机制的缺乏，必然无法完全保障农户的权益。再次，在实践中，地方政府频繁参与农地流转过程，却没有任何法律法规作为其行为的规范。各省级政府出台的相关政策也不具有针对性，没有统一的政策对地方政府的参与进行指导。这也是导致纠纷案发生的重要原因，在一定程度上影响农户参与农村土地流转的积极性。最后，国家层面的法律法规不具有统一性，可操作性较差。我国的农村土地制度在《宪法》的根本指导之下，还有《土地管理法》《农村土地承包法》

《土地管理法实施条例》等相关法律的指导，除此之外，还有各地方政府出台的政策法规。在这些法律规定中，关于农地产权制度的安排也存在着矛盾之处，可操作性较差。因此，在农地流转的实践中，各利益主体无所适从，不能很好地保护农户的合法权益。

四、农地流转纠纷案例分析

近年来，随着农地市场化的发展，农地流转行为越来越普遍，农地流转将成为农业发展过程中的主旋律。但随着农地流转行为的增多，农地产权的纠纷也相继增多，成为农村治理的一大新型难题。而公共领域价值被攫取和产权保护不到位作为农地流转纠纷的关键变量，对其加以探讨有助于分析农民权益受损问题。因此，本部分将从这两重因素出发，结合农民权益受损的两个典型案例分析农地流转中农民权益受损问题。

蚌埠某有限责任公司想要租赁某乡（镇）共计 4670 亩农用地进行农产品规模化生产经营，便与当地 6 个村委会分别签订土地流转合同，约定以每亩每年 300 元的价格租赁农民的土地，租期 10 年。由于当年粮食种植效益低，2000 多户的农民同意流转土地，对于剩下的 12 户不愿流转土地的农户，村委会采取说服教育的方式，强迫这些农户将土地流转出去。后来，随着经济环境改变，国家政策优惠以及农产品价格的上涨，部分农民要求增加流转费用，否则就要收回土地。为此，农民与公司和村委会之间产生了严重的纠纷。从材料中可以看到，在农地集体所有制下，在有些地方农民流转土地的权利被村委会攫取，村委会强行介入农地流转，并代替农户与企业签订流转合同，强迫农户流转土地，对不愿流转土地的农民来说，是一种权益的损害。更重要的是，产生纠纷的直接原因在于农地流转价格的不合理。因为当地土地流转价格由流入方决定，在双方信息不对称的情况下，农民的定价权利被攫取。当地没有形成科学的农地流转价格评估机制，约定的流转价格是建立在时间不一致基础上的非平稳博弈结果，在市场环境、供求关系和农地价格波动的情况下，农民的经济利益严重受损。

近年来，农民进城务工的人数增多，李某发现种地的收入远远低于进城打工的收入，就放弃耕种，在城市长期打工生活，由于没有对农地进行妥善处理，这些土地就长期处于“撂荒”的状态。这些土地被村中张某发现之后，就向当地村委会提出申请，要承包这些土地。村委会在李某不知情的情况下，重新安排了“撂荒”的土地。一次偶然的机会，李某返乡时发现自家土地被张某耕种，便要求返还土地并收取一定的土地使用费。从材料中可以看到，返乡农民的土地承包权、经营权问题突出，没有受到合法的保护。部分农民在放弃耕种土地时，若将土地临时交给亲戚朋友代为耕种，当这部分农民返乡时，尚可将土地承包权和经营权收回。但部分农民将土地“撂荒”，这些土地就成为政府管理不善的共同财产。面对土地被他人重新安排，而农民在返乡时要求土地承包权、经营权的情况，我国法律规定存在着矛盾。《土地管理法》中规定耕地连续两年被“撂荒”的，原发包单位有权收回发包的耕地。但《农村土地承包经营权流转管理办法》《国务院办公厅关于妥善解决当前农村土地承包纠纷的紧急通知》都明确规定，任何组织和个人不能以土地“撂荒”为由收回农户的承包地。因而在实践中返乡农民的土地承包权、经营权也受到了较大的损害。

五、结语

巴泽尔教授关于产权经济的理论具有强大的解释力，“适用于一切人类行为和人类制度”。这不仅在《产权的经济分析》一书中提供的大量案例分析里得到了证明，而且在解释我国现实经济问题中也得到了充分证实。农村土地流转制度是我国正在积极推进的一项重要经济制度，土地流转的核心问题是农户权益问题。从巴泽尔的产权经济理论角度分析，由于农民公共领域价值被攫取以及产权保护不到位等原因，农民的合法权益不断受到损害。因此，要从明确土地产权关系、减少公共领域价值与被攫取的价值以及加强农户个人和政府保护力度等方面入手，切实维护好农户在土地流转中的合法权益，促进农村土地的有序高效流转。

第五节 基于完全信息产权动态博弈的农地产权损害分析

加快农村土地流转，推进农业适度规模经营，是实现农业现代化的必经之路。近年来，多个中央一号文件都相继提出要“鼓励和支持承包土地向专业大户、家庭农场、农民合作社流转，发展多种形式的适度规模经营”。在推进土地流转的过程中，部分地方政府进一步加大对农地流转的干预程度，使农地流转从农户自发行为逐渐上升为实现规模经营目标的政策选择。尽管《中华人民共和国农村土地承包法》以及相关政策文件一再强调要遵循平等协商、有偿自愿的原则，不得强迫承包方进行土地承包经营权流转。但在现实操作中，仍有部分地方政府为了扩大土地流转规模，推动当地规模化经营进程，提升任职期间政绩，而不顾农户意愿强制流转土地或“半强制性”流转土地；还有部分政府官员为了一己私利，与涉农企业等土地转入主体勾结，隐瞒相关信息，压低农户流转租金。而且拖欠农户地租、破坏农地等情形也时有发生，农民权益遭受极大损失，严重影响了社会和谐与稳定。例如，2011 年 9 月广东省汕尾市村民与村委会因土地纠纷而爆发的著名的“乌坎事件”、2013 年 6 月河南浚县因强制流转土地遭当地农民反抗而发生的殴打群众事件、2015 年 12 月山东省泰安市东平县发生的农用地被强制流转事件等。在法律和现行政策都在反复强调“土地流转过程中的自愿原则以及农民权益保护问题”的情况下，为何强制流转土地、侵害农民权益的事件频频发生，屡禁不止？在政府主导型土地流转的背后是严重的利益分配不公和农民权益受损。不过，农民权益受损的根源又在哪呢？

农地产权的价值实现是一个农地产权交易博弈的过程，利益分配的过程必然是流转主体的博弈过程，且农地产权交易的过程就是交易主体间的博弈过程，而博弈环境、博弈能力都会影响博弈主体的最优决策。从博弈论的视角能够还原在土地流转过程中参与主体的行为选择过程以及不同条件下的支付情况，通过对企业、政府以及农户博弈行为的分析，计算出参与人在均衡状态下的策略组合以及收益，从而帮助我们更好地理解企业、政府以及农户的行为动机，以解释农民权益受损的根源。博弈均衡的得益则是受到博弈参与者行为能力的影响。从现实的观察中发现，农民行为能力的有限性导致农户权益受损的客观事实。从博弈论视角研究农地流转，核心在于研究参与人达成博弈均衡下的策略组合以及各方获得的农地流转收益。因此，该部分内容主要是通过研究农户、政府以及企业在农地流转过程中的收益与策略组合，构建一个农地流转中农民权益受损的博弈理论分析框架。

在政府主导型土地流转中，企业、政府以及农民的决策并不是一个同时发生的过程，而是一个动态博弈过程。在理性假设下，农民根据政府不同行为做出不同的应对，后行动者能够知道先行动者的行为决策，因此为了更好地拟合和预测政府主导型土地流转中各方的行为选择收益，在本书中采用完全信息动态博弈的方法对土地流转博弈进行分析。在已有研究基础之上，本书构建一个企业、政府以及农民三方博弈的完全信息动态博弈模型，试图更清晰地描绘出土地流转过程不同利益主体的行为选择和支付情况。通过计算子博弈精炼纳什均衡，找到社会最优化均衡以及影响三方行为选择的关键性因素，并通过对关键性因素进行政策干预，从而达到保护农民权益的根本目的。

一、完全信息动态博弈

完全信息指的是博弈双方都清楚对方所面临的情况，动态博弈指的是博弈双方有顺序地依次采取博弈行动。在完全信息动态博弈中，博弈方依次行动，每个行动者对博弈所有参与者的特征、支付函数以及策略选择都有准确认识，且后行动者能够观察到前面行动者的行动，并选择相应行动，实现自身收益最大化。动态博弈的关键问题是“置信问题”，先行动者的行为选择取决于后行动者的威胁是否可信。在动态博弈中，并不是所有的纳什均衡都是子博弈精炼纳什均衡，只有不包含不可置信威胁的均衡才是子博弈精炼纳什均衡。逆向归纳法是求解子博弈精炼纳什均衡最简便的方法。从后往前归纳，每一个行动者的最优选择都是在上一个行动者的选择基础上做出来的，同时，上一个行动者在做出最优决策时，能够预测到后行动者对其每一个行动所作出的反应，假设：参与者 1 从行动集 A 中选择行动 a_1；参与者 2 在观察到参与者选择 a_1 以后，从行动集 B 中选择行动 b_1；参与者 1 和参与者 2 的收益分别为 U_1（a_1，b_2）和 U_2（a_1，b_2）。用逆向归纳法求解博弈均衡：在参与者 1 选择 a_1 的情况下，参与者 2 面临的决策问题是：假设对 A 中的每一个可选择的行动 a_1，参与者 2 的最优化问题只有唯一解，用 R_2（a_1）表示，这就是行动者 2 对行动者 1 的反应函数。但由于参与者 1 也能够预测到行动者 2 的反应函数，因此，在第一阶段博弈中，参与者 1 的决策问题是：假设最优化解为 a^*，则是这一博弈的均衡解。由于参与者 1 的行动选择是基于参与者 2 最优化行动基础上做出来的，因此该求解过程已经排除了不可置信威胁。

二、理论模型与博弈分析

（一）基础博弈模型

假设在集体性土地流转过程中，博弈的参与者主要有：企业、基层政府与村委会以及农民。假设所有参与主体是理性的且各个参与者的收益函数是共同知识。在政府主导型土地流转中，一般都是由政府招商引资，引导企业进行规模化经营，或者是企业先有投资意愿主动联系地方政府，再通过政府和村委会协同推动土地流转，以减少企业与农民的沟通协商成本，并提高流转成功率。但无论是哪种形式，都是先由政府与企业达成初步流转意向，再由基层政府和村委会主导推动地方土地流转。因此，在博弈过程中，先由企业和政府作出行为选择，农户再做决策。在博弈过程中，企业 F、政府 G 以及农户 H 均采取两种策略。企业 F 采取“贿赂政府”和“不贿赂政府”两种行动策略，策略集为｛贿赂 F_1，不贿赂 F_2｝；政府 G 采取“接受贿赂”和“拒绝贿赂”，假设一旦政府接受贿赂，其在推进土地流转过程中，就会偏向于企业，与企业合谋，损害农民权益。其策略集合为｛接受贿赂 G_1，不接受贿赂 G_2｝；对于农户来说，如果政府接受贿赂，那么农户可以选择“反抗”或者“忍气吞声”，其策略集为｛反抗 H_1，不反抗 H_2｝。

1. 假设企业选择“不贿赂”政府所得收益为 A，贿赂政府则需要支付 b 的贿赂成本，但同时会额外得到 a 的收益，为了简化博弈分析，假定 $a>b$。

2. 当政府没有接受企业贿赂时，其收益为 B，如果其接受企业贿赂，会得到额外收益 b。

3. 当政府拒绝企业贿赂时，农户收益为 E；一旦政府接受企业贿赂，农户就会遭受 e 的损失，如果此时农户选择“忍气吞声”，则农户收益为 $E-e$；如果农户选择反抗，无论反抗成功与否，都需要付出反抗成本 c。假设农户反抗成功的概率为 P，失败的概率为 $1-P$。农民反抗成功后企业和政府付出的成本 d_1，d_2。政府主导型土地流转中三方博弈的博弈树如图 4.4 所示。

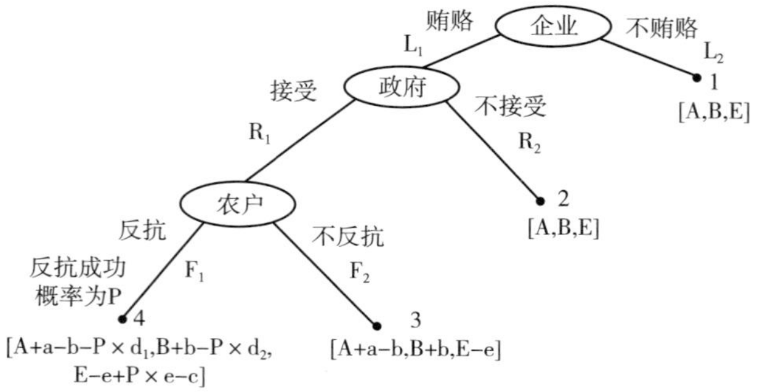

图 4.4　土地流转过程中，企业、基层政府及农户博弈树图

其中，当企业选择贿赂，政府接受贿赂，且农户选择反抗时，

企业的预期收益为 $W1=P\times(A+a-b-d_1)+(1-P)\times(A+a-b)=A+a-b-P\times d_1$。

政府的预期收益为 $W2=P\times(B+b-d_2)+(1-P)\times(B+b)=B+b-P\times d_2$。

农户的预期收益为 $W3 = P \times (E - c) + (1 - P) \times (E - e - c) = E - e + P \times e - c$。

（二）土地流转博弈

从第三阶段农户的选择开始逆向归纳博弈均衡，农户选择反抗与否，取决于每种选择给其带来的预期收益。

1. 如果 $E - e + p \times e - c > E - e$，农户面临的选择是“反抗”或者“不反抗”，“反抗”的预期收益为 $E - e + p \times e - c$，“不反抗”的预期收益为 $E - e$，于是“反抗”是最优选择；那么逆向归纳到第二阶段，政府预测一旦博弈进入第三阶段，农户一定会选择反抗，此时，其便会在接受贿赂预期收益和不接受贿赂的预期收益为之间进行比较。如果选择“接受贿赂”，博弈进入第三阶段，预期收益为 $B + b - P \times d_2$；如果选择“不接受贿赂”，则博弈就在第二阶段结束，其收益为 B。如果 $B + b - P \times d_2 > B$，当地政府选择“接受贿赂”；在第一阶段，企业预测政府总是会选择“接受贿赂”，企业选择“贿赂”的预期收益为 $A + a - b - P \times d_1$，“不贿赂”的收益为 A。

如果 $A + a - b - P \times d_1 > A$ 时，企业选择“贿赂”地方政府。此时，当 $E - e + p \times e - c > E - e$，$B + b - P \times d_2 > B$，且 $A + a - b - P \times d_1 > A$ 时，博弈到达 F_1，三方的均衡选择是｛贿赂，接受，反抗｝。此时，尽管农户选择反抗，其预期收益 $E - e + P \times e - c < E$，因此只要政府接受贿赂，农户权益都会受损。

2. 如果 $E - e + p \times e - c > E - e$，$B + b - P \times d_2 > B$，$A + a - b - P \times d_1 < A$ 时，博弈在第三阶段时，农户总是会选择“反抗”，在第二阶段，政府总是会选择“接受贿赂”；但是在第一阶段，如果企业预测到在第二阶段政府选择“接受贿赂”，第三阶段农户选择“反抗”的情况下，其在第一阶段的选择 L_2 收益为 A，选择 L_1 的收益为 $A + a - b - P \times d_1$，因此企业会在第一阶段选择 L_2，从而结束博弈。此时，农民权益未受损。

3. 如果 $E - e + p \times e - c > E - e$，$B + b - P \times d_2 < B$ 时，在第三节阶段，农户选择 F_1，当地方政府在知道农民总是选择“反抗”时，在第二阶段，政府预测一旦博弈进入第三阶段，则农户一定会选择 F_1，此时政府收益为 $B + b - P \times d_2$，选择 R_2 的收益为 B，因此 R_2 为最优决策。再考虑企业行为，如果企业在知道农户总是“反抗”，政府不“接受贿赂”的情况下，企业的选择不会影响最终三方的收益。此时均衡解为｛贿赂，不接受，反抗｝或｛不贿赂，不接受，反抗｝，此时农户权益未受损。

4. 当 $E - e + p \times e - c < E - e$ 时，地方政府和企业知道农民总是会选择不反

抗，此时，由于 $B+b>B$，因此政府总是会选择接受贿赂，对企业来说，由于 $A+a-b>A$，因此也总是会选择贿赂当地政府。因此均衡解为｛贿赂，接受贿赂，不反抗｝，农民权益受损。

不论农民反抗与否，只有当政府接受贿赂的收益小于其不接受贿赂时的预期收益（即 $B+b-P\times d_2<B$）或者企业贿赂政府的收益小于其不贿赂政府的收益时（即 $A+a-b-P\times d_1<A$），农民权益才能得到保护。然而，在现实的土地流转博弈中，我们观测到的均衡通常是（企业贿赂、政府接受贿赂、农民不反抗）。从博弈本身来看原因在于农民的知识文化水平低，法律意识和维权意识薄弱，当其权益受到侵害时，不知道怎么维护自身的合法权益，在加之农民表达诉求和上访渠道狭窄，更多的农户由于担心反抗后被村委会为难，由此导致反抗成功的概率低且反抗成本高昂。当 P 趋近于 0 时，农民反抗对政府和企业的预期收益影响可以忽略不计，而企业选择贿赂和政府接受贿赂能够实现其自身利益最大化。因此，在现实的政府主导型土地流转中，经常达成的均衡是｛贿赂，接受贿赂，不反抗｝，农民权益总是容易受到侵害。另外，尽管在部分地区农户因权益受损额 e 较大而进行反抗，但由于农户反抗成功概率低，且合谋带给企业和政府的额外收入 a 和 b 十分巨大，相关监督惩罚措施不完善，因此合谋所承担的风险和成本较低，因此，部分地方政府在明知农户可能会反抗的情况下依旧会选择与企业合谋，从而达到｛贿赂，接受，反抗｝的均衡，此时农户权益依旧受损。通过企业、政府以及农户三方的博弈分析，更好地解释了为什么在政府主导型土地流转中，农户权益通常受到损害。

（三）纳入监督机制的土地流转博弈分析

在基础模型之上，加入了监督机制，进一步分析监督机制如何影响博弈参与者的收益与选择。假设审查机构以 P_1 的概率对政府机构进行审查，如果当地政府被审查出接受企业贿赂与企业合谋，则给予企业一定数额的罚款 f_1，对政府官员进行惩罚，记作 f_2。土地流转博弈树图如图 4.5 所示。

将监督机制纳入土地流转的博弈中之后，企业、政府以及农户的收益矩阵发生变化。均衡分析与基础模型中的分析思路一样，可以通过逆向归纳法找出博弈均衡。很明显，相比基础博弈中三方的收益分配，当纳入监督机制以后，增加了企业和政府合谋的风险，提高了合谋成本，而农户的预期收益增加。这说明监督机制的纳入可在一定程度上抑制企业和政府的合谋行为，进而保护农民权益，但监督机制能够在多大程度上保护农民权益取决于审查概率，如果具备了完善的监督机制，并且实施了严格监督，则审查概率 P 越大，那么当农民选择反抗时，政府越有可能选择不接受贿赂，企业也越倾向于不贿赂政府，农民权益得到保护。

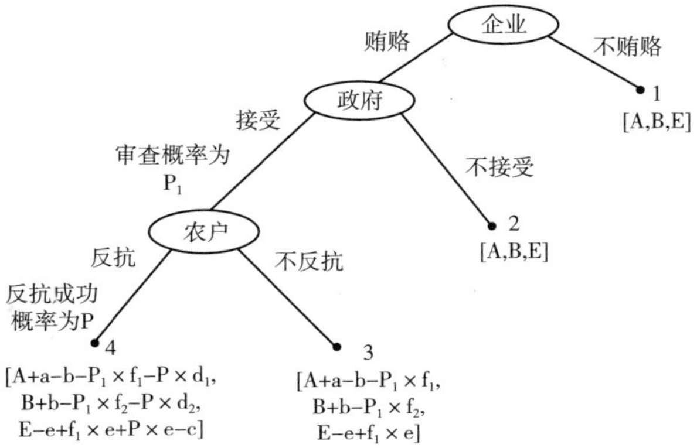

图 4.5　纳入监督机制的土地流转博弈树

在土地流转博弈中，博弈均衡随各个参与者博弈收益的改变而移动，因此可以通过改变博弈参与者的收益而引导博弈到达社会最优化均衡。只有当 $A+a-b-P_1\times f_1-P\times d_1<A$ 或者 $B+b-P_1\times f_2-P\times d_2<B$，企业没有动力去贿赂政府，或者政府没有动力接受贿赂时，农民权益才能得到保护。只能通过改变各个参与者的收益分配的角度着手，促进博弈达到社会最优化均衡，才能从根本上保护农民的流转权益。

三、农民权益受损原因分析

在现实的土地流转博弈中，博弈均衡通常是企业选择贿赂政府，政府接受贿赂并与企业合谋，而农户选择不反抗；或者企业和政府合谋，农户进行抗争。但是不管农户反抗与否，政府和企业都会选择合谋，损害农民权益。但是如何解释这一现象，分析农民权益受损的主要原因，还需要从博弈过程入手，分析影响博弈均衡达成的主要因素。影响博弈参与者收益的主要因素有：审查概率 P_1、农民反抗成功概率 P、企业与政府合谋被审查的处罚成本 f_1、地方政府被审查所支付的处罚 f_2、农民反抗所付出的成本 c、农民反抗成功后企业和政府需要付出的成本 d_1 和 d_2、政府接受贿赂导致农民权益受损 e。其中，P、e、c、f_1 的值决定农户在遭受损害时是否会反抗；P、d_1、P_1、f_1 的值决定企业是否采取贿赂政府的策略；而 P、d_2、P_1、f_2决定政府是否接受企业贿赂。由此可见，农民权益受损的原因可归纳如下。

（一）产权制度设计不合理，产权主体不清，责权不明

《中华人民共和国土地管理法》第二章第十条规定，农民集体所有的土地依法属于村农民集体所有的，由村集体经济组织或者村民委员会经营、管理；已经分别属于村内两个以上农村集体经济组织的农民集体所有的，由村内各该农村集体经济组织或者村民小组经营、管理。在初始的产权设计中，农村土地所有权归村农民集体所有，农民拥有承包经营权。但自人民公社解体，集体经济崩盘以后，“集体”的概念便随之虚化，“什么是集体”“谁能代表农民集体”“谁来行使土地权利”“谁是农村土地的真正所有者”等问题随之涌现，然而现行法律和制度却并没有给出明确的规定和解答，集体成员也无法确定自己在集体土地中的权利份额，由此导致了集体土地产权虚化。在产权实施过程中，产权主体界定不清，权责义务不明，从而产生了土地产权公域，留下大量的“寻租”空间。在法律上土地所有权归集体成员公共拥有，但是概念化的主体很难实施具体的土地事宜，因此土地的实际处置权往往被地方政府和村委会所垄断。产权的不合理设计为地方政府、村委会以及企业合谋压低土地流转价格、侵害农民权益留下操作空间。

（二）缺乏有效的监督机制，内外部监管不力

部分地区由于缺乏有效的监督机制，当地监管部门对政府主导型土地流转的监督不够，导致政府“寻租”风险和成本大大降低。特别是在一些偏远地区，行政监管薄弱、监管成本高昂，土地流转往往由“地方政府和村委会说了算”，农民缺乏参与权和表达诉求的权利。村委会作为农民自发性自治组织，其具有法律所赋予的监督权，理应对地方政府和企业的流转行为进行监督。然而，由于村委会的多重代理身份使其行为具有多目标性，其不仅是村民自发形成的自治组织，肩负保护村民财产权利的目标和内部监督的职能，其也是政府在基层组织中的代理人，因此必须完成政府提高流转率的目标；再者村干部作为经济个体，其目标是实现个人或者家庭利益最大化。因此，维护集体成员的财产权利并不是村委会的唯一目标，当上级命令、个人利益与农民权益发生冲突时，其行为和选择很难完全从保护农民权益的角度出发。村委会由农民选举产生的内部自治组织，是村民会议的组织者和召集者，当保护农民权益不再是其唯一目标时，那么通过

其来实现内部监督也变得更加不可能。因此，在政府主导型土地流转过程中，依靠内部监督难以实现。集体性土地流转本就是由政府主导与推动，部分地方政府将土地规模化经营上升为政策目标时，往往会过分追求流转规模和效率，忽视土地流转的合法性和规范性。内外部监督的“失灵”，审查概率 P_1 大大降低，导致土地流转过程中，地方政府、村委会以及企业的“寻租”风险和成本大大降低，农民权益更易遭受损失。

其次，除了内外部监督“失灵”以外，还存在处罚力度不够、激励不足等问题。由于在政府主导型土地流转中，地方政府的多个部门和村委会都参与其中，当出现农民反抗或是被上级政府核查，容易出现“官官相护”“串通一气”的现象，对相关实情隐瞒不报，从而导致侵害农民权益事件往往不了了之，对涉事官员和村干部也只是稍作惩戒，“寻租”成本 d_1、d_2、f_1 和 f_2 较低，因此，地方官员和村委会在明知农户会反抗的情况下依旧会选择强制流转和企业串谋压低流转价格。

（三）农民维权成本高昂，维权成功率低

大多数农民文化素养低，法律意识薄弱，思想陈旧落后，不知道如何维护自己的合法权益，当其权益受到侵害时，往往因胆小怕事而选择“忍气吞声”“息事宁人”；农村基层法律援助体系的缺失，使农民通过法律来维护自己合法权益的经济成本高昂，在一定程度上打击了农民维权的积极性；农民个体维权力量小，维权成本高，又缺乏有效的集体维权组织，集体维权意识差，导致维权成功率 P 较低。在维权成本高昂且成功率低的情况下，当其权益受损时，其往往选择退让和顺从。

对农民而言，土地不仅具有经济价值，更具备社会保障功能。因此，各地政府在响应中央号召、积极推进土地流转、促进土地集约化、规模化经营程度的同时，更应该坚持依法流转、公平自愿的原则，切实保护农民的利益。本书从完全信息动态博弈的角度对政府主导型土地流转进行分析，发现在现实的流转博弈中，均衡总是｛企业贿赂，政府接受贿赂，农民不反抗｝，这一均衡结果严重损害了农民的权益。而通过提高审查概率，加大惩处力度、提高农民维权成功率、降低维权成本等手段能够改变流转博弈中各个参与者的收益函数，最终引导博弈均衡达到社会最优化均衡，从而保护农民权益。

第五章 损害农民权益的实证分析

第四章从理论的角度探讨了流转过程中农民权益受损的产权逻辑，本章基于理论分析，利用现实案例对农民权益受损的情况进行检验。首先，以《中国法院年度案例（土地纠纷）》中的司法案例作为研究样本，从产权的公共领域视角出发，一方面考察我国农地流转纠纷的产生路径与治理结果；另一方面也通过案例间的比较分析探讨其共性和异质性，得到农民权益受损的一般性规律。其次，利用农村调研数据，使用描述性统计分析的方法对农地流转现状进行详细分析，并进一步归纳农户权益损害的现实特征。

第一节 农民权益损害的典型案例研究

农地流转是实现农村土地资源配置优化的主要手段，在我国城市化、农业现代化以及农户兼业化程度加深的时代背景下，农村土地流转的需求与规模持续上升（廖洪乐，2012；黄枫等，2015）。“十二五”期间，全国土地经营权流转面积由2010年的1.87亿亩增加到2015年的4.47亿亩，年均增长19.1%，占家庭承包耕地面积的比重由14.7%提高到33.3%。但同在“十二五”时期各级仲裁委员会累计受理农村土地纠纷案件中，土地流转纠纷的数量从2010年的6.44万件上升到2015年11万件，占比由29%上升到32.6%[①]。流转纠纷上升的背后是日益严重的土地权益冲突，快速增长的土地流转市场迫切需要有效的治理。因此，土地纠纷有何特征、有什么产生原因、如何有效治理，这些问题都需要得到持续的研究与关注。

我国土地流转纠纷研究多以分析纠纷原因作为切入点，具体的切入视角包括以下几个方面：其一，产权认知冲突。黄鹏进（2014）认为我国农村土地产权制

① 农业部农村经济体制与经营管理司，农业部农村合作经营管理总站．中国农村经营管理统计年报．中国农业出版社，2015.

度存在公有产权、私有产权、家业产权三种规则的冲突，加之村干部角色错位（谢琳、罗必良，2013）、农户产权幻觉（陈胜祥，2010）等流转主体的产权认知问题，构成了地权冲突与流转纠纷的主要来源。其二，契约不完全。我国农地流转契约普遍缺乏规范性、正式性与完整性，农户之间的流转更多的是一种“关系型契约”，在价格幻觉、利益诱导、专用性风险等影响下，不完全契约极不稳定并容易引发纠纷（罗必良、刘茜，2013；汪吉庶等，2014）。其三，产权边界模糊。我国农村土地产权在各主体——尤其是集体组织与农户之间的边界并不清晰，导致土地流转中权责不明进而产生利益冲突（黄祖辉、王鹏，2008）。在产权模糊理论中，巴泽尔（1997）曾提出“公共领域”概念，对产权模糊问题做出了进一步解构，该理论在研究我国农地征用（肖屹、钱忠好，2005）、农地流转（罗必良，2011）、宅基地制度（李宁等，2014）等问题中得到充分应用与拓展。除以上视角外，学者也从国家农业政策的突然变化（唐启光、王伟，2008）、资本下乡带来的产权演变（周敏等，2015）、流转政策执行偏差（张建等，2017）等方面考察过农地流转纠纷的原因。

随着我国农村土地相关的法治建设迅速推进，从司法角度进行研究的文献逐渐增多，一部分文献着重讨论农地流转的法理依据与法律理论，另一部分文献则引入司法案例，为考察流转纠纷增添了新的研究样本。在这些研究中，亓宗宝、史建民（2008）分析了某市两级法院审结的9个农地流转纠纷案例，发现纠纷主要由流转不规范与土地回收行为引起，法院判决对原告诉求的支持率更高，但判决执行困难。汪青松（2012）则通过410份流转纠纷的司法裁判文书，分析了主体、形式、内容等要件数据所反映的司法制度效果。李广德（2017）和武亦文、杨勇（2017）同样采用司法裁判文书为样本，前者指出在当前流转纠纷的司法治理中，缺乏相应的类型构造；后者讨论了现行法律对土地承包经营权处分限制的不合理性。

从以上文献可见，司法案例为研究农地流转纠纷上提供了新的样本，但是分析方法多采用产权经济学尤其是公共领域理论，在我国农地流转纠纷成因方面提供了一套成熟的理论分析体系。结合两者优势，本章考虑以《中国法院年度案例（土地纠纷）》中的司法案例作为研究样本，从产权的公共领域视角另辟蹊径，考察我国农地流转纠纷的产生路径与治理结果。重点讨论以下三个问题：第一，归纳我国农地流转纠纷的特征与类型；第二，从公共领域解释农地流转纠纷产生；第三，什么方法能够有效治理土地流转纠纷。此外，所选用的《中国法院年度案例（土地纠纷）》为各地区法院的司法案例集，由中国法制出版社出版，从

2012 年开始每年出版一本，到本章写作时出版至 2017 年度，共 6 本案例集。其中材料不仅包含法院裁判文书的基本内容，也介绍案情背景、合约内容、法官评语等具体“前因后果”，优点兼具裁判文书数据的广泛性、针对性和客观性，也具备从产权与公共领域角度进行深入分析的基本条件，是实现本章研究目的的适宜样本。

遵循以上思路，本节的结构有以下安排：第一部分为引言。第二部分为案例信息说明，包括选择原则与统计描述。第三部分，首先对公共领域问题进行识别，将案例初步划分为公共领域与非公共领域两大类型，其次讨论非公共领域类型的典型案例并厘清纠纷原因。第四部分，专门讨论公共领域类型纠纷及其典型案例与纠纷原因。第五部分，分析司法判决对产权配置影响，根据不同原因给出对流转纠纷的产权治理建议。第六部分为简要的结论。

一、案例信息

本章选用 2012 ~ 2017 年《中国法院年度案例（土地纠纷）》系列书籍中的法院判例作为案例分析的资料来源，并按照以下两个原则进行筛选：第一，诉讼标的物为农业用地，部分案例中涉及宅基地（房屋）与土地一同流转，本章只统计了与土地相关的信息；第二，纠纷主体之间为土地流转关系，包括转包、转让、出租、互换与承包。其中承包关系主要涉及两类案件：一类为土地集体流转，土地流入方与流出方（村集体）实际为土地承包关系；另一类为农户向集体承包额外土地进行经营的案例。根据以上原则，本章从目前 6 本《中国法院年度案例（土地纠纷）》的 296 例样本中，筛选出符合条件的案例共计 56 例，表 5.1 为所选案例基本信息描述。

表 5.1 案例基本信息

项目	说明
时间	流转时间，17 例发生在 2000 年以前，39 例在 2000 年后。 纠纷时间，均在 2000 年之后，其中 2010 年后有 41 例
地区	北京、重庆、云南、福建、广东、广西、海南、河北、河南、黑龙江、湖北、湖南、吉林、江苏、辽宁、山东、四川、新疆
流转主体	农村集体经济组织、个体农户、农业大户、农业企业、其他主体
流转标的	耕地、园地、林地、荒坡、养殖水面
法律依据	农村土地承包法、土地管理法、物权法、合同法、民法通则、诉讼法

本章所选用的案例中，流转时间发生最早在1984年，最近为2013年，2000年以前流转的案件为17例，占30.4%，2000年以后为39例，占69.6%。发生纠纷时间最早在2004年，最近为2015年，纠纷产生于2010年后的案例为41例。案件判决时间依书籍年度顺序分布于2010~2015年。案例地区涉及全国18个省区市，各区位均有覆盖。从流转主体与流转标的来看，流转双方的身份以个体农户、农业大户为主，其次为农村集体经济组织与农业企业，个别案例涉及当地农业研究所、个体工商户、建筑公司等其他主体。流转标的物包括耕地、园地、林地（经济林）、荒坡与养殖水面等绝大部分农业用地类型。在法律依据上，除作为程序法的《民事诉讼法》外，法院判决农地流转纠纷适用最多的法律为《土地管理法》《农村土地承包法》《合同法》与《物权法》，有一例案件使用了《民法通则》。虽然我国在2007年颁布了《物权法》，但在本章流转纠纷案例中，2013年后《物权法》才开始作为判决依据出现。综合来看，样本的时间跨度较大，但大多集中在2010年后，同时所涵盖的地区、流转主体、流转标的与法律依据比较完整，在研究上能够保证良好的普遍性与时效性。

二、公共领域问题识别

（一）公共领域的识别

公共领域（Public Domain）概念来源于巴泽尔的产权思想体系，他认为交易的实质是资产属性在交易者之间的转让，当测量和监督（界定）资产属性的成本超过评估的价值时，这种资产属性就会被弃于公共领域。而公共领域内的属性是有价值且处于未被持有的状态，他人就可能企图攫取这部分价值。公共领域是交易中权益侵害与合同纠纷的重要源头，但同时也存在公共领域以外的权益冲突，因此本节的首要任务是对所选案例是否属于公共领域问题进行识别。

公共领域问题的识别方法需要遵从公共领域概念的基本定义，从巴泽尔的论述来看，公共领域是由交易中没有界定的产权形成，即没有在合约（包括口头协议）中规定的权益划分、责任分配等，而合约界定清晰的产权则不属于公共领域范畴。同时考虑到司法案例识别的可操作性，我们以“被告引起纠纷的行为是否违反双方合约规定”作为识别公共领域问题的唯一依据。具体而言，如果被告引起纠纷的行为未违反合约规定，即为公共领域类型；如果被告行为违反合约规定而引起的纠纷（包括不彻底违约），则为非公共领域类型。

根据以上识别方法，我们逐一考察了56例案例的合约内容与纠纷原因，识别结果如表 5.2 所示。

表 5.2 农地流转纠纷类型识别

纠纷类型	数量	占比	纠纷行为	口头合约数量
公共领域	39	69.6%	经营行为不当、更改合同、改变土地用途	13
非公共领域	17	30.4%	拖欠租金、拒交租金、未履行义务、提前解约	0

在本章的 56 例案例中，公共领域类型纠纷有 39 例，占全部案例的 69.6%，纠纷行为包括经营行为不当、要求更改合同、擅自改变土地用途等。非公共领域类型纠纷 17 例，占全部案例的 30.4%，纠纷行为包括拒交或少交租金、拖欠租金（属于未彻底违约）、未履行非金钱义务、提前解约等。其中，缔约方式为口头合约的案例有 13 例，均属于公共领域类型，口头合约由于内容简单、约束困难，更容易在产权模糊区域产生流转纠纷。

（二）典型案例：非公共领域类型纠纷

从纠纷的产生来看，两种纠纷类型的最大区别在于，公共领域类型纠纷的是合约内“有争议”的产权区域，非公共领域类型的纠纷则“无争议”。当然，所谓“无争议”仅就合约条款而言，非公共领域纠纷的争议往往发生在合约条款以外。例如，在部分纠纷案例中，被告对其违约进行抗辩时，理由通常是原告的某些行为侵害了其权益，违约则是为了对抗这种行为，这类案例在本章案例中共有 6 例，占非公共领域类型纠纷的 35.3%。

案例编号 1421① 的案件原名“四川省成都市新津县永商镇七星村第八村民小组诉天贝投资有限公司土地承包经营权转包合同案”。2009 年，七星村第八村民小组（原告）与天贝公司（被告）签订了土地流转合同，将原告 208.88 亩集体土地流转给被告，用于农林产业化项目开发。合约履行 2 年，期间被告仅在第一年进行经营并支付当年租金。到 2011 年，原告向被告要求支付后续流转租金无果，向四川省新津县人民法院提起诉讼，主张解除双方流转合同，被告支付应付的土地流转费。庭审中，被告辩诉未付租金的原因之一为：当地人民政府行政不作为，当初的有关政策和优惠都没有兑现和落实。但法院审理认为被告的抗辩理由不成立，判决解除合同，被告将流转的集体土地退还原告，并支付土地流

① 案例编号 1421 表示该案例载于 2014 年度的《中国法院年度案例（土地纠纷）》中，书内编号为 21，下同。

转费。

从被告的陈述来看，以原告为代表的地方政府未兑现优惠政策，违背了双方缔约的真实意愿，成为其违约的理由之一。相比被告出于自身利益或其他原因违反合约的纠纷，该类案例有原告存在过失的争议，但争议内容不受原本合约约束，也不属于法院审理范畴，被告所做出的“消极抵抗”确实违反了合约，与公共领域类型案例有所区别。

三、公共领域类型纠纷原因分解

（一）公共领域内部不同纠纷原因

农村土地流转纠纷中，存在大量被告行为没有直接违反合约规定，但双方依然产生权益冲突进而引发纠纷的案例，这些纠纷涉及的产权处于合约中的公共领域，因而此类案例属于公共领域类型纠纷。在本章的56例样本案例中，公共领域类型纠纷数量为39例，所占比例接近七成，可以说农地产权的公共领域问题是引发流转权益冲突与纠纷的主要原因。

在公共领域类型的案例中，引发纠纷行为有着不同原因，我们考察该类案例的合约背景与合约内容后，将纠纷原因区别为三种，分别为产权界定模糊、产权价值变化、合约内违反法律，三种纠纷原因的案例数量与特征如表5.3所示。

表5.3　　　　公共领域内权益纠纷的类型

纠纷原因	数量	占比	纠纷行为
产权界定模糊	14	35.9%	经营行为不当、土地质量不合
产权价值变化	15	38.5%	增加租金、收回土地
合约内违反法律	10	25.6%	流转程序不当、改变土地用途

三种纠纷原因的区别标准如下：

1. 产权界定模糊，指被告行为处在合约未界定或含义模糊区域引起的纠纷，相比其他两种原因，该类型流转纠纷中产权价值大体没有变化，被告行为也没有违反法律。具体纠纷行为包括土地流入方经营行为不当、流转土地质量（面积）与合约不符等。该类案例数量为14例，占公共领域类型纠纷35.9%。

2. 产权价值变化，指被告行为没有违反合约，也没有直接引起纠纷，但由于外部条件变化，如农业政策调整、农地设施增修、土地价值提升等，导致原告认为合约显失公平而引发纠纷。具体纠纷行为包括流出方要求提前返还土地、增加流转租金。该类案例数量为 15 例，占公共领域类型纠纷 38.5%。

3. 合约内违反法律，指被告行为没有违反合约内容，但合约本身或被告经营行为违反法律而引起的纠纷。具体纠纷行为包括改变土地的用途、流转程序或流转对象不合法等。该类案例数量为 10 例，占公共领域类型纠纷 25.6%。需要说明的是，该类纠纷与产权界定模糊引起的部分纠纷容易混淆，因为合约内的违法经营行为也都处于未界定区域，但纠纷来源有很大区别，本章以被告行为是否确实违法作为区别标准，如果仅仅是原告认为被告行为违法但未得法院支持，属于产权界定模糊，法院裁定确实违法则属于合约内违反法律。

（二）典型案例：产权界定模糊

案例编号 1302 的案件原名“王崇寿诉王德才、石秀娟农业承包合同案”。2007 年 6 月，王崇寿（原告）与王德才、石秀娟（被告）签订《芒果地承包合同经营管理协议书》将一块芒果地转让给被告承包经营管理，该芒果园有大小芒果树 1 710 株，承包期限 10 年，租金每年 8 000 元。合同中有具体规定：被告在承包期间需要改种必须经原告同意。合约履行 4 年，被告共向原告交付 4 年承包金 32 000 元，期间被告先后将 650 株芒果树通过芽接方式改接其他品种，在经营中有 12 株芒果树死亡。2011 年，原告认为被告嫁接行为违反当初签订的协议，提出当时合同条款中“改种（zhǒng，第三声）”意为改变作物品种，原告遂向海南省第二中级人民法院提起诉讼，主张解除其与被告签订的芒果地承包合同，判令被告赔偿经济损失 11 482 元。法院审理认为，双方缔约时的真实意思应是“改种（zhòng，第四声）”意为改为其他作物，不包括嫁接改良，而果树死亡属于正常范围，已经补种，没有不妥之处。因此判决驳回原告诉讼请求，合约继续履行。

产权界定模糊是典型的公共领域类型纠纷，流转合约存在产权未界定或界定不清晰，容易导致合约执行中流转双方权益边界发生冲突，在本章案例中比较突出的两种问题是：流转前土地信息与流转后经营行为，如土地流出方未告知土地前几年种植情况，导致流入方经营受损，以及上述案例双方在“改种（zhǒng）”还是“改种（zhòng）”上的分歧。该案例的另一个特殊之处在于，被告引起纠纷的经营行为在原合约中已有规定，但交易双方仍然对这一条款存有异议，可见现实合约中，在交易成本与有限理性的影响下，产权不完全界定是一种常态。

（三）典型案例：产权价值变化

案例编号 1620 的案件原名“田烈亭诉田荣健土地承包经营权转包合同案”。

2001 年 6 月，田烈亭（原告）与田荣健（被告）签订转包合同书，将原告承包地中的 7.07 亩及枣树 44 棵转包给被告耕种。合同具体约定：原告不收取流转租金，但土地交纳费（包括费改税后缴税）都由被告负责缴纳，承包期限到下一次分地。合约签订后共履行 5 年，2006 年国家取消了农业税，被告不再负担相关土地费用，原告为此提起解除合同之诉，经一审、二审判决，驳回了原告要求解除合同的诉讼请求。原告为此向山东省无棣县人民法院提起合同变更之诉。法院审理后，根据情势变更原则支持原告的新诉求，判决如下：原告与被告继续履行 2001 年 6 月 1 日签订的土地、枣树转包合同。被告自 2015 年起每年向原告交纳承包费 490.83 元，于每年的 3 月 1 日前支付。另知，原告所属的宋什村在 2001 年度“三提五统”征收标准为人均 163.61 元（夏秋合计）。

合约签订后，产权界定的收益与成本并非一成不变，产权价值发生变化，交易者会相应地改变原先的决定，如放弃或重新占有某些产权（巴泽尔，1997）。在该案例中，原流转合同虽然界定了流转期限、流转租金与税费负担等细节，但合同签订时，农业还需要缴纳赋税，经营土地的净收益与负担大致相抵，因而原告没有收取租金。到 2006 年后农业税取消使农地经营净收益提高，原告才产生强烈解除或变更原合同权益界定状态的诉求。此外，土地交易价格上涨、滴灌设施安装以及土地流出方失去非农工作等，也是产权价值变化进而引起纠纷的原因，可以说，这类合同受制于有限理性，对于产权未来的价值变化缺少预防性的界定。

（四）典型案例：合约内违反法律

案例编号 1506 的案件原名“龙开积、龙景爱诉黎合明土地承包经营权互换合同案”。2011 年 1 月，龙开积、龙景爱（原告）与黎合明（被告）由于双方部分责任田距对方房屋更近，于是商定在各自责任田中划出面积约 0.2 亩进行互换，双方没有签订书面合同，也没有将互换责任田事宜报发包方备案。合同无其他具体约定，但被告告知了修建猪栏的意愿。合约履行 8 个月，期间原告在互换取得的土地上种植水稻，被告在互换取得的土地上修建了一口沼气池。2011 年 8 月，被告拖运砖和沙石准备修建猪栏时原告反悔，对被告修建猪栏进行阻拦，产生纠纷。原告向湖南省绥宁县人民法院提起诉讼，主张解除双方互换合同。法院根据《土地承包法》的相关规定认为，协议内容违反了不能改变土地农业用途的强制性规定，判决原、被告的责任田互换合同为无效协议。

合约应是在法律允许的范围内对双方的权益做更具体划分，但实际案例中，不少流转主体的行为没有违反合约内容，却违反了相关法律。这种“合约超越法律”现象在我国农地经营与流转中显得尤为突出，其原因被学者归纳为“土地所有权幻觉”或“产权认知错觉”，指的是农民实际上没有土地的法律所有权，却认为自己拥有某种土地所有权的一种心理错觉（陈胜祥，2010）。在土地流转案例中，这种错位集中体现在流转程序与经营行为两个方面，对此我国在法律上有明确约束，包括互换仅限同一集体经济组织内部成员之间、农地对外流转须经村民会议三分之二以上代表同意、农村土地承包经营权流转不得改变土地的农业用途等①。然而流转主体往往认为土地所有权就属于自己，任意处置土地，导致大量与法律相冲突的流转纠纷产生。

四、司法裁判与纠纷治理

在本章的案例中，原告向法院提起诉讼，其主张根据合约履行状态大致可分为四类：第一类，原告认为合约已经无法履行（被告违约、合约无效、地价变化等），要求解除合约，部分附带赔偿损失要求。第二类，原告认为被告不履行合约义务或单方面解除合约，要求认定合约有效、继续履约。第三类，原告认为土地价格已经变化，要求变更合同。前三类主张的合约仍在履行中。第四类，主张的合约已结束，但原告认为被告未完成合约义务（拖欠租金、隐瞒土地质量等），要求赔偿损失。相应的，根据法院是否支持原告主张，司法裁判结果可分为：支持、驳回和部分支持三种。依照本章对纠纷类型及纠纷原因的划分，各类案例的司法裁判结果如表 5.4 所示。

表 5.4　　司法裁判结果

纠纷类型	纠纷原因	支持主张	驳回主张	部分支持	合计
非公共领域	原告行为不当	4	2	0	6
	原告行为无关	6	4	1	11
公共领域	产权界定模糊	4	9	2	15
	产权价值变化	1	10	4	15
	合约内违反法律	7	1	2	10

① 详见《中华人民共和国农村土地承包法》第四十条、第四十一条，《中华人民共和国土地管理法》第十五条，《中华人民共和国农村土地承包法》第三十三条，《中华人民共和国物权法》第一百二十八条。

（一）纠纷类型层面比较

非公共领域类型纠纷法院支持、驳回、部分支持原告主张的案例比例为 10：6：1，公共领域类型纠纷为 12：20：8。其中，非公共领域的纠纷由于被告行为违反合约，法院判决依据较为明确，因此该类案例法院支持原告主张的比例较高，部分支持比例极低。而公共领域纠纷中，被告行为并未违反合约，法院往往需要反复斟酌合约内容与双方订约时的真实意愿来判断，因此，该类案例的原告主张获得支持较少，部分支持数量较非公共领域类型纠纷更高。

（二）纠纷原因层面比较

在非公共领域类型纠纷中，两种纠纷原因的判决结果差异较小，如前分析，原告是否有过失并不会影响法院对被告违约行为的判定。在产权界定模糊引起的纠纷中，被告行为对原告权益的侵害程度难以确认，原告主张被驳回居多，需要注意的是，法院判决没有忽视公共领域内的权益，对于侵权较明显的案件，法院都给予原告支持或部分支持。在产权价值变化引起的纠纷中，原告提出解除或变更合同的主张实际有违契约精神，因此大多被法院驳回，但国家农业政策变化，尤其是农业税取消引起的土地经营利润变化，法院会依据“情势变更原则”支持或部分支持原告。在合约内被告违反法律的案件中，原告主张基本都得到法院支持或部分支持，唯一被驳回案件的判决依据是“双方权利义务已终结”。

总体而言，各案例中法院的判决都给出了相应的法律依据，但对农地流转纠纷的治理却不能称之为有效，原因有二：一是诉讼规则导致治理成本高昂，二是对产权模糊的裁判能力有限。具体表现如编号 1620 与 1743 的两则案例所记，其中 1620 案例前面已做分析，原告为了达到增加土地租金的目的，前两次提起解除合同的诉讼均被驳回，第三次提出更改合同的主张才得到法院支持。在编号 1743 案例中，原、被告双方承租前没有对土地质量（作物轮作情况）进行界定，导致原告种植 30 亩西瓜患上枯萎病而产生损失，原告因此提起诉讼要求被告赔偿，一审法院认为被告没有违反合约，西瓜枯萎病与被告没有直接因果关系，驳回了原告诉讼请求，二审法院认为被告提供的土地有瑕疵，双方均有责任，支持了原告的部分请求，“酌情”判决被告承担 40% 的赔偿责任。可以看到，如果作为优化土地权益配置的手段，司法诉讼的成本显得过于高昂，而面对产权模糊问题，法院裁判也只能采取“各打五十大板”的折中判决。

五、总结与讨论

本章采用我国农村土地流转纠纷的司法案例为研究样本，没有从法律角度进行分析，而是从产权的公共领域视角另辟蹊径，考察了我国农地流转纠纷的产生路径与司法治理。研究表明：（1）在纠纷产生路径上，农地流转纠纷根据被告是否违约，划分为非公共领域类型与公共领域类型纠纷，农地产权的公共领域是造成流转纠纷的主要源头。公共领域类型纠纷可区别出三种原因，即产权界定模糊、产权价值变化、合约内违反法律。（2）在司法治理结果上，法院对被告是否违法、是否违约的案件支持原告主张较多、判决明确，对产权界定模糊、产权价值变化的判决驳回原告主张较多、裁判较为折中。

法律与法院裁判的治理能力有限，引导农村土地产权规范流转需要结合合约与司法进行双重治理。在合约治理阶段，应当规范与充实合约内容，根据各地区流转实践、不同流转类型，向农户提供对应的“农地流转书面合同模板”，明确流转程序与法律限制，界定经营行为与双方责任，标明土地信息与流转价格。在合约约束失效后，以司法裁判（或第三方机构仲裁）纠正违约与违法行为，为对应案件提供司法判例，加深法律规则与契约精神对广大交易者的影响，以双重保障实现土地流转的有效治理。

第二节　农民权益损害程度的经验性实证分析

一、调查样本基本情况

从受访问的农户基本情况和职业分布（见表 5.5 和表 5.6）来看，从事农业生产经营的农户具有以下几个基本特征：一是受访农户中，有 2/3 职业为纯农业或以农为主兼业，这说明在农地集中的区域，仍有半数以上农户在从事传统农业，土地仍然是农民赖以生存的基本保障。二是从事农业生产活动的人主要是中老年农民。近年来，随着大量青年农民外出务工、无种植技能的原因，在农地上进行农业生产经营的大多数为中老年农民。从受访者年龄来看，4 个样本县受访农户的平均年龄为 54.62 岁。三是平均受教育程度较低。这主要是因为从事农业生产活动的受访者多数没有上完小学，而读完初中、高中甚至大学毕业的年轻人大多外出务工。从调查样本来看，受访者的平均受教育时间仅为4.64年，4个样本县的受访者平均受教育时间均未超过6年。作为农业生产经营的主力军，七成已婚农民没有上完小学。四是平均家庭规模不大。4个样本县平均家庭规模为5.03人。

表5.5 调查样本基本情况

样本县	平均年龄（岁）	平均受教育年限（年）	平均家庭规模（人）	家庭平均有承包地（块）	家庭平均承包面积（亩）
湄潭县	58.48	5.74	4.69	8.78	4.04
正安县	52.16	4.13	4.61	10.46	6.84
长顺县	53.77	4.73	5.45	9.84	7.15
惠水县	55.93	4.48	5.25	8.48	5.00
合计	54.62	4.64	5.03	9.49	6.00

表5.6 调查样本职业分布

职业	人数	比例
纯农业	276	47.92
以农为主兼业	80	13.89
非农为主兼业	46	7.99
非农业	107	18.58
失业	67	11.63

从受访农户权益的情况来看，4个样本县的受访农户承包耕地情况符合贵州“地无三尺平”的规律，受访农户平均承包了9.49块耕地，但平均承包面积只有6亩。2017年，受访农户平均投入生产经营资金4 284.72元，平均种植纯利润为8 029.19元，平均种植产量为2 072.25千克。

二、农户流转土地行为

（一）农户流转土地规模

在所调查的559户有效样本中，共有493户农户转出土地，占农户总数的88.19%，共转出土地1 912.92亩，占总耕地面积的55.37%。土地转出户平均转出3.88亩。66户农户转入土地，占农户总数的11.81%，共转入土地2 164.84亩，平均每户转入土地32.80亩。转入规模大于转出规模，主要是访问的农户中有几户为种植大户，说明土地总体呈现“集中”趋势，如表5.7和表5.8所示。

表 5.7 样本区域土地流转概况——转出土地

地区	土地面积（亩）	占全部耕地面积比例（%）	农户数量（户）	占全部农户数量比例（%）	平均面积（亩）
湄潭县	113.16	30.78	65	71.43	1.74
正安县	542.6	47.21	128	76.19	4.24
长顺县	794.62	67.76	153	93.29	5.19
惠水县	462.54	60.45	147	96.08	3.15
合计	1 912.92	55.37	493	85.59	3.88

表 5.8 样本区域土地流转概况——转入土地

地区	土地面积（亩）	占全部转入面积比例（%）	农户数量（户）	占全部农户数量比例（%）	平均面积（亩）
湄潭县	105.12	4.86	19	20.88	5.53
正安县	1 975.72	91.26	35	20.83	56.45
长顺县	69	3.19	9	5.49	7.67
惠水县	15	0.69	3	1.96	5.00
合计	2 164.84	100.00	66	11.46	32.80

（二）农户流转土地的方式

在此次调研区域，土地流转的方式主要表现为租赁、转包、代耕、入股、赠送、转让等方式，调研中没有农户采取互换的方式流转土地。农户流转土地方式见表 5.9，其中，租赁方式流转土地的农户有 346 户，占总样本数的 61.90%，流转土地 1 942.82 亩，占总流转土地面积的 47.66%；转包方式流转土地的农户有 180 户，流转土地 2 029.999 亩；代耕方式流转土地的农户有 20 户，流转土地 55.4 亩；入股方式流转土地的农户有 6 户，流转土地 27.4 亩；赠送方式流转土地的农户有 3 户，流转土地 13 亩；转让方式流转土地的农户有 2 户，流转土地 3.7 亩。由此可以看出，在农户数量上，租赁方式居首位；在流转面积上，转包方式占比最高。

同时，农户流转土地的方式呈多样性，租赁是土地流转的主要方式，大约有 61.90% 的农户采取租赁方式流转了 47.66% 的土地；其次是转包和代耕，有 32.20% 的农户通过转包流转了 49.80% 的土地，有 3.58% 的农户通过代耕流转了 1.36% 的土地；采用入股、赠送、转让以及其他方式流转土地的很少，只有 2.33% 的农户通过这几种方式流转了 1.18% 的土地。

表 5.9 农户流转土地的方式

流转方式	流转农户		流转土地	
	数量（户）	所占比例（%）	面积（亩）	所占比例（%）
代耕	20	3.58	55.4	1.36
转包	180	32.20	2 029.999	49.80
转让	2	0.36	4	0.10
租赁	346	61.90	1 942.82	47.66
入股	6	1.07	27.4	0.67
赠送	3	0.54	13	0.32
其他	2	0.36	3.7	0.09
合计	559	100.00	4 076.319	100.00

（三）农户流转土地的年限分布

农户流转土地的年限，既体现了农户对流转土地经营权的使用年限，也体现了农户对流转土地的预期。流转时间长，说明转入方对流转土地有较好的预期；转入时间短，说明预期不足；没有约定流转年限，说明对流转土地没有预期。农户流转土地年限分布见表 5.10，从年限分布可以看出，38.10%的农户对流转土地没有约定年限，约定年限在 20 年以上的农户占 15.92%。从流转土地面积来看，有 46.37%的土地流转时没有约定年限，而流转年限在 20 年以上的土地，占流转土地总面积的 27.41%，在调研中我们发现这部分土地多是由规模经营的业主流转的。约定流转年限的农户中，较多（25.94%）农户选择流转土地年限介于 11～20 年，这部分农户流转了 15.13%的土地，说明大部分农户对流转土地的预期一般，既不过分寄希望于流转土地的收益，也不过分规避流转土地的风险。

表 5.10 农户流转土地的年限分布

流转年限	流转农户		流转土地	
	数量（户）	所占比例（%）	面积（亩）	所占比例（%）
没有约定年限	213	38.10	1 890.246	46.37
1～5 年	69	12.34	266.44	6.54
6～10 年	43	7.69	185.46	4.55
11～20 年	145	25.94	616.66	15.13
>20 年	89	15.92	1 117.513	27.41
合计	559	100.00	4 076.319	100.00

（四）农户流转土地的约定形式

农户流转土地的约定形式，既反映了农户流转土地行为的约束方式，又反映了土地承包经营权流转的规范化程度。在所调研的559户农户中（农户流转土地的约定形式见表5.11），有52.77%的农户流转土地未签订书面合同，仅进行口头协议，这部分农户流转的土地占总流转面积的54.15%，无论从农户数量还是流转土地面积上，选择口头协议的情形都大于签订书面合同，这说明农户流转土地对签订合同的重要性、必要性等问题认识不足。这也与农村社会形态、农民社会交往特征等因素有关，往往亲朋或熟人之间口头约定了流转土地，流转双方便认为不再需要签订书面合同的形式进行约束。

表5.11 农户流转土地的约定形式

流转约定方式	流转农户		流转土地	
	数量（户）	所占比例（%）	面积（亩）	所占比例（%）
口头协议	295	52.77	2 207.26	54.15
书面合同	264	47.23	1 869.059	45.85
合计	559	100.00	4 076.319	100.00

三、农户权益损害情况

结合《中华人民共和国物权法》《中华人民共和国土地管理法》《中华人民共和国农业法》《中华人民共和国农村土地承包法》等法律的相关条款规定，我们针对土地流转的相应权利义务要求和程序规则，对土地流转中的农户权益情况进行了调研和访谈。法律规定，"同等条件下，流转本集体土地有优先权"，农户权益损害情况见表5.12，74.6%的农户在土地流转中，享有或行使了本集体成员的优先权，25.4%的农户的优先流转权受到损害；仅有30.0%的农户对流转价格感到满意，70.0%的农户认为流转价格并未达到期望，如转入土地的农户觉得土地转出方出价过高，转出土地的农户觉得土地受让方出价过低，流转双方难以达成一致；超过半数（61.9%）的农户流转土地约定了确切期限，38.1%的农户流转土地未约定流转期限；47.2%的农户流转土地签订书面合同，半数以上（52.8%）的农户流转土地未签订书面合同；在对流转交易的决策权上，仅有25.9%的农户自主决定流转土地，74.1%的农户流转土地存在被迫或强制等非自主情形；仅有2.0%的农户在流转土地中获得了针对提高土地生产能力的投入补偿，几乎所有农户都未获得补偿，即所有农户流转土地时，不论土地质量如何，对土地的前期投入如何，流转价格一视同仁；土地流转中未发生纠纷的农户仅有22.3%，77.7%的农户在土地流转中都发生了纠纷；52.2%的农户在土地流转中的纠纷得到了处理和解决，仍有近半数（47.8%）的农户未能解决土地流转纠纷。

表5.12　　农户权益损害情况　　单位：%

权益指标	受访农户样本分布	
	是	否
在同等条件下，流转本集体土地有优先权	74.6	25.4
流转价格达到期望	30.0	70.0
流转期限确定	61.9	38.1
签订土地流转合同	47.2	52.8
自主决定流转土地	25.9	74.1
对提高土地生产能力的投入获得补偿	2.0	98.0
土地流转中未发生纠纷	22.3	77.7
处理土地流转纠纷	52.2	47.8

进一步地，为了更清晰深入地分析土地流转中农民权益的损害情况，本章将农民权益界定为由"基本权益"与"衍生权益"构成的权益束，其中，基本权益为基于土地承包经营权的对土地的占有权、使用权及收益权，衍生权益则是蕴含于土地权益之上的，对承包经营土地及土地流转程序的知情权、参与权、决策权与求偿权。从农民的基本权益（见表5.13）来看，调查区域内，半数以上农户承包的土地质量良好（51.52%、61.66%、54.77%），80.12%农户承包的土地进行过确权并颁证，体现了农民对集体土地占有权的实现。长顺县的样本农户承包土地质量普遍好于其他区域，正安县的样本农户承包土地质量最差；长顺县的样本农户承包土地确权颁证比例也高于其他区域，总体看来，长顺县的样本农民对集体土地占有权的受损程度最低。在对集体土地使用权方面，75.05%农民表示在同等条件下，流转本集体土地有优先权，体现农民对集体土地使用权的实现。长顺县的样本农民有86.93%认为在同等条件下，流转本集体土地有优先权，为各区域比例最高，其次是惠水县（85.71%）。湄潭县的样本农民仅46.15%，在同等条件下，流转本集体土地有优先权，表明湄潭县的农民集体土地使用权的受损程度最高。但在对农民集体土地收益权的调查中，只有30.02%农民认为土

地流转价格达到期望，32.86%的农民在土地流转中未发生纠纷，说明农民的土地收益权受损程度较高。其中，长顺县的样本农民仅13.73%认为流转价格达到期望，惠水县的样本农民仅11.56%在土地流转中未发生纠纷，为各区域最低，两地的农民集体土地收益权受损程度较高。

表5.13 农户基本权益损害情况 单位：%

权益类别	权益名称	权益指标	全样本	湄潭县	正安县	长顺县	惠水县
基本权益	占有权	土地肥沃	51.52	36.92	21.09	69.93	65.31
		土地平缓	61.66	47.69	48.44	80.39	59.86
		土地灌溉方便	54.77	40.00	18.75	77.12	69.39
		土地进行过确权并颁证	80.12	84.62	80.47	91.50	65.99
	使用权	同等条件下，流转本集体土地有优先权	75.05	46.15	63.28	86.93	85.71
	收益权	土地流转价格达到期望	30.02	30.77	35.94	13.73	41.50
		土地流转中未发生纠纷	32.86	32.31	48.44	40.52	11.56

从农民的衍生权益（见表5.14）来看，调查区域内，97.36%样本农民知道土地流转对象，61.66%样本农民了解土地流转对象的地缘关系，但仅31.24%农民与土地流转对象熟悉，其中，惠水县仅15.65%农民与土地流转对象熟悉，说明该区域大部分土地流转交易发生在陌生人之间；土地流转期限确定的有69.17%样本农民，体现农民在土地流转中的知情权受损程度不高。从农民在土地流转中的参与权来看，90.87%样本农民参与了土地流转交易谈判，但仅有52.54%农民签订了土地流转合同，这说明农民流转土地对签订合同的重要性、必要性等问题认识不足，认为不需要以签订书面合同的形式对土地流转交易行为进行约束，这也与农村社会形态、农民社会交往特征等因素有关。值得注意的是，在“主动发起土地流转交易”指标中，各区域农民权益受损程度均较高，其中长顺县只有0.65%的样本农民主动发起土地流转交易，全样本中仅4.67%，说明绝大多数土地流转交易都不是由农民主导的，至少不是农民自发的。流转土地后，18.86%的农民在土地受让方企业打工，这一较低的比例说明大部分农民流转土地后，并未能参与土地受让方的生产经营活动中。最后，只有19.47%农民对土地流转中的不合理之处提出异议，说明在农村的社会治理、集体管理中，农民的话语权不足，信息沟通渠道不通畅，对社会管理参与度非常低。上述分析表明，农民在土地流转中的参与权受损程度整体较高。

表 5.14　　农户衍生权益损害情况　　单位：%

权益类别	权益名称	权益指标	全样本	湄潭县	正安县	长顺县	惠水县
衍生权益	知情权	知道土地流转对象	97.36	96.92	97.66	96.08	98.64
		了解土地流转对象的地缘关系	61.66	81.54	89.84	43.79	46.94
		与土地流转对象熟悉	31.24	21.54	63.28	23.53	15.65
		土地流转期限确定	69.17	70.77	46.09	81.05	76.19
	参与权	参与土地流转交易谈判	90.87	95.38	98.44	83.66	89.80
		签订土地流转合同	52.54	61.54	14.84	64.05	69.39
		主动发起土地流转交易	4.67	7.69	10.16	0.65	2.72
		流转土地后，在土地受让方企业打工	18.86	12.31	22.66	30.07	6.80
		对土地流转中的不合理之处提出异议	19.47	23.08	18.75	15.69	22.45
	决策权	自主决定流转土地	51.52	50.77	69.53	36.60	51.70
		决定土地流转交易细节	10.14	38.46	15.63	1.31	2.04
	求偿权	土地流转合同中写明违约责任[a]	19.31	32.50	10.53	21.43	13.73
		处理土地流转纠纷[b]	43.50	52.27	65.15	31.87	37.69

注：a. 该指标中比例是用签订土地流转合同的农户数作为总数计算得出。
b. 该指标中比例是用发生土地流转纠纷的农户数作为总数计算得出。

从农民在土地流转中的决策权来看，51.52%农民能够自主决定流转土地，说明强制流转的情形仍然存在，但是，对土地流转交易细节的谈判中，只有10.14%农民能够参与决策，说明土地流转交易程序的规范性有待进一步提高，农民在土地流转中的决策权受损程度较高。从农民在土地流转中的求偿权来看，在签订土地流转合同的农民中，合同载明违约责任的仅占19.31%，大部分在土地流转中签订的合同对流转交易双方可能出现的违约行为缺乏约束。在发生土地流转纠纷的农民中，43.50%的农民得到了处理和解决，仍有超过半数农民未能解决土地流转纠纷，综合来看，农民在土地流转中的求偿权受损程度偏高。

综上所述，从农民的基本权益及衍生权益两个方面来看，土地流转中的农民权益损害程度总体偏高，农民的基本权益损害程度低于农民的衍生权益损害程度，表明在土地流转中，由法律赋予农民的对集体土地的承包经营权得到了部分保障，但由该项权利衍生出的，农民对承包经营土地及土地流转程序的知情权、参与权、决策权与求偿权基本未得以实现。

第六章 土地流转中的农民土地权益实现研究

在农地流转过程中，与对农民的权益损害相对应的是农民权益的实现。从我们的调查来看，农民的权益实现如何？这一章，在构建农民土地权益实现指数模型的基础上，通过对贵州 4 个县 10 个乡镇、25 个村寨的 576 户农户调查资料，运用计量模型，分析不同区域的农民土地权益实现程度及不同农民的主体性对土地权益实现程度的影响作用。

第一节 引言

乡村振兴战略的关键着力点在于农业规模经营，土地作为农业经营中最为重要的生产要素，其规模关系到农业经营效率。据农业农村部统计调查得出，2018 年我国共 2.52 亿农户参与家庭承包经营，承包经营耕地 15.93 亿亩，77.3% 的农户经营耕地不足 10 亩[①]，表明目前土地细碎化的局面仍将继续维持较长一段时期，土地流转是有效配置生产要素、扩大农业生产经营规模的有力方式之一。全部承包农户的 28.7% 将承包耕地全部或部分转出，全国流转耕地面积约 5.39 亿亩，占全部承包地的 33.8%[②]。由此可见，土地流转正逐步发展成为农村产权交易的普遍现象。

伴随着大规模的土地流转交易，农民的土地权益实现问题日益显现，并成为学界、政界及舆论热议的焦点。在已有研究中，一是从土地制度及产权理论的视角探究农民土地权益实现的现状、方式。我国长期形成的城乡二元结构、社会保障体系失范、法律制度不健全及政府职能错位等制度瑕疵（柴振国、潘静，2009），导致农民权利萎缩、农民产权模糊及对农民保护力度不足。我国农村土

①② 农业农村部农村合作经济指导司，农业农村部政策与改革司．中国农村经营管理统计年报．中国农业出版社，2018.

地制度在产权方面存在着缺陷，土地产权权能不明晰、产权主体不明确、集体所有权虚化、农民的土地产权强度被弱化，导致了在土地流转过程中乡（镇）政府、村级基层组织对农民土地权益的侵害（许恒周、曲福田，2013；罗必良，2013；洪名勇、郑丽楠，2019），出现了租值耗散、农地产权制度正义缺陷、农地产权行为正义欠缺及农地产权程序正义模糊（杜明义，2011）。二是从政策执行及土地流转交易过程出发来研究农民土地权益实现问题。农地流转的政策执行偏差造成农民土地权益未能实现，其中，强制性政策执行剥夺农民土地流转自由选择权，附加式政策执行侵犯农民土地流转收益权，选择性政策执行排除农民知情权和参与权（张建、王敏、诸培新，2017）。伴随资本下乡，乡村社会形成资本和基层权力的利益链，企业家和政府组织人为制造了利益空间，侵害农民的财富保障安全和财富增值权益（过文俊，2006；陈荣卓、陈鹏，2013）。同时，政府治理的越位，利用行政权力干预并强迫农民进行非自愿土地流转，使农民对土地流转的自主决策权、参与知情权和对集体经济组织的监督权受到侵害。话语权对农民来说只是摆设，一副空壳，难以实现（许恒周、曲福田，2013；刘远熙，2011；刘娟，2017）。土地流转发生在私人之间，以口头协议为主，基层组织操作随意、混乱。签订书面合同的流转情形中，农民对土地流转合同的内容了解程度低，合同内容缺乏统一格式，合同主体错位，且没有备案登记，导致流转双方相关权、责、利界定不明确，因而改变租地期限、改变农地用途等侵犯农民土地权益的行为层出不穷（王利，2016）。部分农民依靠中介组织提供土地流转服务，信息渠道不通畅，土地流转价格低、土地补偿方式单一也是农民权益受损的重要因素（戴玉婷、胡曼丽、陈琳等，2011）。三是以实证研究或理论演绎的方式研究农民土地权益实现问题。已有文献进行实证分析的研究关注点较为分散，运用的计量模型和方法主要为 Logistic 回归模型、多元线性回归模型，测算征地过程中农民的知情权、参与权、处置权、收益权和社会保障权受损情况，分析征地纠纷的影响因素（侯江华，2015），讨论农地流转转入户和转出户家庭总收入的促进作用及对各类家庭收入的促进效应（钱忠好、王兴稳，2016），考察城镇化进程中失地农户的收入流动性，从家庭禀赋和风险冲击视角，分析失地农户收入流动性影响因素等（丁士军、杨晶、陈玉萍，2017）。也有研究运用微观经济学中的边际分析方法，将机会成本和交易费用等内容纳入考虑范围来考察土地流转对农民权益的影响（冯秀萍、林翊，2010）。对于农民土地权益的实现程度大多为定性研究，运用实证方法进行研究的成果较少。其中一部分采用经验性实证分析，即对调研数据进行描述性统计后分析农民土地权益受损的程度及成因。例如，测算得出政府和农民的土地收益分配比例严重失调，农地非农化中存在制度缺陷和法权不对等、政府“失灵”等因素（任辉、吴群，2011），测算农民在土地流转中补偿、知情情况、纠纷解决方式及对基层政府工作的满意程度等（戴玉婷、胡曼丽、陈琳等，2011）。

现有文献从社会学、经济学及法学等多学科借助产权结构、法律制度、社会保障、农户认知、政府治理等多角度探讨了土地流转中的农民土地权益实现问题，在一定程度上丰富和促进了农民土地权益实现问题的研究，但是对于该问题的研究需要进一步加强，关于农民土地权益的内涵尚未形成系统且一致的观点，缺乏对于农民土地权益概念的科学界定，对于农民土地权益的分配机制和联结机制研究欠缺，同时，关于该问题的实证研究也较为薄弱，对现阶段农村土地流转所出现的新情况及其对农民土地权益所产生的影响缺乏较为全面、系统的把握。鉴于此，本章拟结合现行法律的相关规定，以农民的主体性为研究视角，利用有序 Logistic 模型和农户调查数据，分析讨论在土地流转中农民土地权益的实现程度，并进一步讨论农民的主体性对于实现土地权益的影响情况，研究结果为深入认识土地流转中的农民主体性作用提供参考，同时对保障农民的土地权益具有现实意义。

第二节 理论分析与研究假说

一、理论分析

（一）农民土地权益的内涵界定

问题研究的起点在于对研究对象概念的清晰界定。现有成果对于农民土地权益的解释和界定可谓众说纷纭，各有侧重。广义上来看，农民土地权益是一个“权利束”，包含农民基于土地获得的经济权益、政治权益和社会权益，如农民对于土地的使用权、收益权，及由承包土地而获得的社会保障权、发展权等（刘艳梅，2008；李钢，2009；王卫国，2003）；狭义上，可以认为农民土地权益仅指农民基于土地获得的经济权益，主要包括因土地使用权而获得的土地收益权、土地处置权等（章伟国、刘红，2007；张安毅，2009；吴志刚，2012；冯宇、李政，2010；高静、王志章，2019）。现行法律明确规定了农民的土地承包经营权及其流转的权利义务规则和程序操作规则（李广德，2017）。结合我国《民法典》《土地管理法》《农村土地承包法》等法律法规的相关规定，本章将农民土地权益界定为由“基本权益”与“衍生权益”构成的权益束（详见表6.1），其中，基本权益为基于土地承包经营权对土地的占有权、使用权及收益权，衍生权益则是外嵌于基本权益之上的，为实现基本权益而享有的对承包经营土地及土地流转程序的知情权、参与权、决策权与求偿权。

表6.1　农民土地权益束

<table>
<tr><th>权益类别</th><th>权益名称</th><th>权益指标</th></tr>
<tr><td rowspan="7">基本权益</td><td rowspan="4">占有权</td><td>土地肥沃</td></tr>
<tr><td>土地平缓</td></tr>
<tr><td>土地灌溉方便</td></tr>
<tr><td>土地进行过确权并颁证</td></tr>
<tr><td>使用权</td><td>同等条件下，流转本集体土地有优先权</td></tr>
<tr><td rowspan="2">收益权</td><td>土地流转价格达到期望</td></tr>
<tr><td>土地流转中未发生纠纷</td></tr>
<tr><td rowspan="11">衍生权益</td><td rowspan="4">知情权</td><td>知道土地流转对象</td></tr>
<tr><td>了解土地流转对象的地缘关系</td></tr>
<tr><td>与土地流转对象熟悉</td></tr>
<tr><td>土地流转期限确定</td></tr>
<tr><td rowspan="5">参与权</td><td>参与土地流转交易谈判</td></tr>
<tr><td>签订土地流转合同</td></tr>
<tr><td>主动发起土地流转交易</td></tr>
<tr><td>流转土地后，在土地受让方企业打工</td></tr>
<tr><td>对土地流转中的不合理之处提出异议</td></tr>
<tr><td rowspan="2">决策权</td><td>自主决定流转土地</td></tr>
<tr><td>决定土地流转交易细节</td></tr>
</table>

（二）农民土地权益的实现机制

相关研究认为，农民土地权益的实现是农民个体、农民群体及农民组织所应该享有的各项土地权益得到全面尊重、落实和持续增进的状态，从运行、动力和协调三个层面构建农民土地权益的长效实现机制（刘刚，2012），具体措施包括对农地制度进行优化配置（宋晓丽、刘民培，2015）、创新土地经营体制机制（刘刚，2010）、完善新型农村社会养老保险制度（王祥军，2013）等。

结合已有研究，基于上述对农民土地权益的内涵界定，本章分析认为农民土地权益的实现主要结合现行法律规定，讨论土地流转中农民的自主权、互换权、入股权及补偿权等权利义务，以及流转一般规则、流转资格、流转费用与收益分配、流转合同要件、流转合同效力和转让的特殊规则等土地流转程序及相关主体流转行为是否符合法律规定。这些程序和行为等事实是客观发生的、有据可依的，是农民土地权益的客观实现机制。

另外，在土地流转交易中，农民认为"自身权益是否实现"也是衡量农民土地权益实现与否的角度之一，关于农户感知的研究认为，公平感知对农户农地转出满意度具有显著的正向作用（朱庆莹、陈银蓉、胡伟艳等，2019）。为体现土地流转交易过程中的农民主体性，本章将农户感知作为农民土地权益的主观实现机制。根据前述分析，本章对农民土地权益实现的考察将从客观实现和主观实现两个方面展开（详见图6.1）。

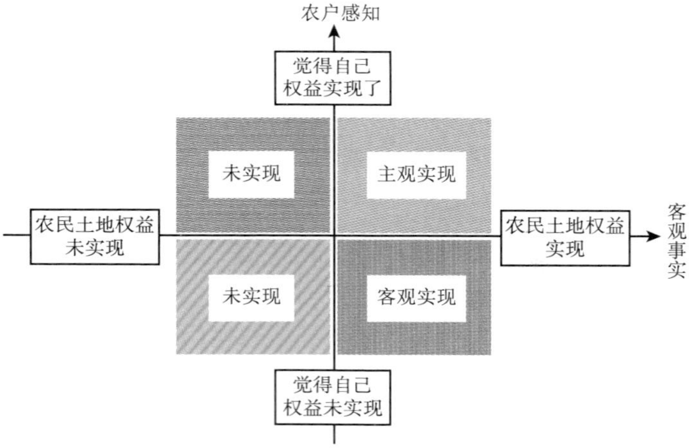

图6.1 农民土地权益的实现机制

二、研究假说

通过前述分析，我们对于土地流转现状及农民土地权益实现问题有了清晰直观的了解，如何更加有力地保障农民在土地流转中的土地权益是当下学术界及各级行政管理部门热议的话题。法律已经明确规定，土地承包经营权流转是农民的法定权利，土地承包经营权流转的主体是农民（于建嵘，2008），在实践中，土地流转程序和规则的制定必须遵循这一原则，尊重农民在土地承包经营权流转中的自主性（张涛，2010）。然而，由于产权缺陷、制度流失、政府缺位等诸多因素，土地流转过程中侵害农民土地权益的现象仍然存在。在整个土地流转决策机制中，农民被边缘化，农民基本不会对承包经营权的流转做出实际举动（吴越、兰婷，2015）。因此，保全农民在土地流转交易中的主体性，成为实现农民土地权益的首要前提。在此基础上，本章提出研究假设 H6－1：

H6－1：农民作为土地流转交易主体能够促进农民土地权益的实现。

在明确交易主体的基础上，土地流转交易对象间的沟通与谈判是促成土地流转交易的决定性因素。在实际运作中，村支两委和乡镇党委政府逐渐从土地流转交易的“中介”“代理”转变成为隐形主体，由于信息不对称、身份地位不对等等因素，农民无法对集体组织领导者的行为做出有效监督和约束（杨少垒、王丰，2010），常常形成“土地流转陷阱”（杜明义、赵曦，2009），农民被排斥在土地增值收益分配体系外，不能与买方平等谈判价格（于建嵘，2010），议价权、谈判权的缺失导致农民土地权益难以实现。基于以上分析，本章提出研究假设 H6－2：

H6－2：农民参与土地流转谈判过程能够促进农民土地权益的实现。

从土地流转参与主体的角度分析，另一个影响农民土地权益实现的因素是地方政府或村支两委的强制行为。农业行政主管部门放大行政指导的职能，造成公权力的“越位”（张涛，2010），农户土地承包经营权“被流转”现象屡见不鲜（吴越、兰婷，2015），农民无法自主决策土地流转交易，土地流转中农民的主体性被削弱，甚至被虚置，农民土地权益难以实现。基于以上分析，本章提出研究假设 H6－3：

H6－3：农民发起土地流转交易行为能够促进农民土地权益的实现。

第三节　数据来源

本章数据来源于“产权制度、农地流转与农民收益权益保护的路径研究”课题组于 2018 年 9～11 月组织的“土地流转与农民土地权益实现调查”，研究视角关注于土地流转中的农民土地权益，因而在选择调研区域时，首先，考虑土地连片、集中的地区，尤其重点考察当地的主要农作物产区；其次，为了尽可能多地调查到实际参与生产经营及土地流转的农户，选取的调研区域常住居民中以纯农业及以农为主兼业农户居多。基于上述原则，课题组最终选定贵州省湄潭、正安、长顺、惠水等四县进行实地调研，对农户主要采用问卷调查与访谈结合的方式，同时还对当地的村干部和部分乡镇农服中心相关工作人员进行了访谈。本次调查共收集了来自湄潭县高台镇、黄家坝镇、湄江镇，正安县和溪镇、桴焉镇，长顺县广顺镇、白云山镇，惠水县濛江街道、涟江街道、好花红镇共10个乡镇、25个村寨的576户农户的数据，其中，湄潭县91户、正安县168户、长顺县164户、惠水县153户，有效样本为493户。

第四节 土地流转中的农民土地权益实现程度测算

借鉴 Vani K. Borooah 的剥夺指数（Deprivation Index）（Borooah，2000）计算方法构造农民土地权益实现指数模型。

定义：权益实现条件（Rights－Implementation Condition，RIC）

假设存在 K 个权益实现条件，$k=1, \cdots, K$。令 I_{ik} 为第 i 个样本的权益实现条件，$I_{ik}=0, 1, 2$。即：

若 $I_{ik}=0$，则对第 i 个样本来说，该 RIC 未实现权益；

若 $I_{ik}=1$，对第 i 个样本来说，该 RIC 部分实现权益；

若 $I_{ik}=2$，对第 i 个样本来说，该 RIC 完全实现权益。

每个样本的权益实现指数（Degree of Rights－Implementation）用变量 D_i 来表示，D_i 取值越大代表越高的实现程度。因此，第 i 个样本的权益实现指数，用 D_i^* 表示为

$$D_i^* = \sum_{k=1}^{K} \alpha_k^* I_{ik} \tag{6.1}$$

其中，$\alpha_k^* > 0$ 是第 k 个 RIC 的权重，与样本独立。在此，将该权重 α_k^* 定义为该条件发生的概率，即 α_k^* 越大，表明某一 RIC 实现权益的可能性越大。

在实际应用中，权重 α_k^* 并不总是能够归一化。因此，需要将 α_k^* 进行标准化处理，即：

$$\alpha_k = \frac{\alpha_k^*}{\Omega} = \frac{\alpha_k^*}{\sum_{k=1}^{K} \alpha_k^*} \tag{6.2}$$

经式（6.2）处理后，$\sum_{k=1}^{K} \alpha_k = 1$。则第 i 个样本的权益实现指数 D_i 可以定义为：

$$D_i = D_i^* \Omega^{-1} = \left(\sum_{k=1}^{K} \alpha_k^* I_{ik} \right) \Omega^{-1} = \sum_{k=1}^{K} \alpha_k I_{ik} \tag{6.3}$$

在本章中，对农民土地权益实现的考察从客观实现和主观实现两个方面展开，用 Do_i 和 Ds_i 分别表示两种权益实现指数。权益客观实现指数 Do_i 为：

$$Do_i = \sum_{m=1}^{M} \alpha_m Io_{im} \tag{6.4}$$

权益主观实现指数 Ds_i 为：

$$Ds_i = \sum_{n=1}^{N} \alpha_n Is_{in} \tag{6.5}$$

其中，Io_{im}、Is_{in}分别为第 i 个样本的权益客观实现条件和权益主观实现条件；$M + N = K$。则样本 i 的土地权益实现指数也可表示为：

$$D_i = \varphi Do_i + \omega Ds_i \tag{6.6}$$

其中，φ、ω 分别为权益客观实现指数与权益主观实现指数的权重，以 Io_{im}、Is_{in}在总数中所占的比重来确定。

表 6.2、表 6.3 分别为农民土地权益客观实现条件及农民土地权益主观实现条件说明。对于各调查样本，任一条件下若农民土地权益未实现，则赋值为 0；若农民土地权益部分实现，则赋值为 1；若农民土地权益完全实现，则赋值为 2。

表 6.2　　农民土地权益客观实现条件（Io_{im}）

序号	条件描述	赋值
Io_i_1	同等条件下，流转本集体土地有优先权	否 =0，不知道 =1，是 =2
Io_i_2	转出的土地，土地确权时在谁的名下	转出对象 =0，不知道 =1，自己 =2
Io_i_3	年租金获益（=租金总收入 - 种植纯利润）	< -1 000 元 =0，-1 000 ~0 元 =1，>0 元 =2
Io_i_4	流转时对提高土地生产能力的投入进行补偿	否 =0，不知道 =1，是 =2
Io_i_5	土地流转有固定期限	否 =0，不知道 =1，是 =2
Io_i_6	签订土地流转合同	否 =0，不知道 =1，是 =2
Io_i_7	流转过程中，流转价格的决策者	交易对象 =0，交易双方 =1，受访农户 =2
Io_i_8	土地流转后，转入方未按照合同期限履约	是 =0，不知道 =1，否 =2
Io_i_9	土地流转后，转入方造成土地肥力下降	是 =0，不知道 =1，否 =2
Io_i_10	土地流转后，转入方未按期给付租金	是 =0，不知道 =1，否 =2

表 6.3　　农民土地权益主观实现条件（Is_{in}）

序号	条件描述	赋值
Is_i_1	流转价格符合预期	不符合 =0，较符合 =1，符合 =2
Is_i_2	流转过程中，有觉得不合理的地方	是，并且我很在意 =0，是，但无所谓 =1，否 =2
Is_i_3	流转过程中，对不合理的地方提出异议	否 =0，是，对方未采纳 =1，是，对方采纳 =2

续表

序号	条件描述	赋值
Is_i_4	对土地流转现状感到满意	不满意 =0，较不满意 =1，满意 =2
Is_i_5	土地流转降低家庭收入	明显降低 =0，稍微降低 =1，否 =2
Is_i_6	土地流转降低家庭生活质量	明显降低 =0，稍微降低 =1，否 =2
Is_i_7	认为土地流转中吃亏	是，并且我很在意 =0，是，但无所谓 =1，否 =2
Is_i_8	认为土地流转交易不公平	是，并且我很在意 =0，是，但无所谓 =1，否 =2
Is_i_9	认为土地流转决策过程未尊重自己意愿	是，并且我很在意 =0，是，但无所谓 =1，否 =2
Is_i_10	愿意按照当前方式继续流转土地	否 =0，无所谓 =1，是 =2
Is_i_10	愿意按照当前方式继续流转土地	否 =0，无所谓 =1，是 =2

根据上述土地权益实现条件，本章测算出了调查区域的农民土地权益实现指数 D_i、客观权益实现指数 Do_i 及主观权益实现指数 Ds_i。结合定义可知，若 $D_i=0$，则农民土地权益未实现；若 $0<D_i\leqslant1$，则农民土地权益部分实现；若 $1<D_i\leqslant2$，则农民土地权益基本实现（见表 6.4）。

表 6.4　不同区域农民土地权益客观实现指数（Do_i）

县域	乡镇	均值	标准差	最小值	最大值
湄潭县	高台镇	1.500	0.221	1.173	1.993
湄潭县	黄家坝镇	1.620	0.188	1.249	1.993
湄潭县	湄江镇	1.780	0.105	1.571	1.906
正安县	桴焉镇	1.460 *	0.220	0.738	1.995
正安县	和溪镇	1.550	0.258	1.052	1.991
长顺县	白云山镇	1.720	0.221	1.175	1.991
长顺县	广顺镇	1.690	0.220	1.049	1.991
惠水县	好花红镇	1.690	0.209	1.179	1.792
惠水县	涟江街道	1.800 ***	0.162	1.508	1.991
惠水县	濛江街道	1.620	0.209	1.145	1.995
全样本		1.620	0.229	1.049	1.995

注：表中标注 *、*** 的分别表示该项的最小值、最大值。

从农民土地权益的客观实现方面来看（见表 6.5），全样本的客观实现指数均值 1.620，最小值 1.049，最大值 1.995，表明农民土地权益的客观实现程度较高，即在土地流转过程中，交易流程要素在较大程度上符合法律法规的要求。其中，惠水县涟江街道的均值 1.800，为各区域最高，体现该区域的政策执行力度较大、政策实施效应较好。这与调研到的实际情况相符，惠水县涟江街道地势平坦开阔，土地连片集中，是该县主要的蔬菜、粮食作物产区，其土地流转市场发育颇具规模，对于土地流转价格、土地流转年限、土地流转合同签订等交易要素形成了一定的市场认可，土地流转程度较高。相较而言，正安县桴焉镇的均值1.460为农民土地权益客观实现程度最低的区域，同时，全样本中的最小值0.738也出现在该镇。通过调研了解到，该镇某村经由村委会联系，大部分土地集中流转给某私人老板建设蔬菜基地。经过三年的发展，该蔬菜基地基本处于无人看管的状态，土地杂草荒芜，其中的蔬菜果实无人采收，基本烂在地里。农民的土地流转租金一直拖欠迟迟未予支付，当地政府也尚未出面解决此事。该私人老板在土地流转交易中的违约行为导致该区域的农民土地权益客观实现程度较低。

表 6.5　　不同区域农民土地权益主观实现指数（Ds_i）

县域	乡镇	均值	标准差	最小值	最大值
湄潭县	高台镇	0.930	0.729	0.005	1.990
湄潭县	黄家坝镇	1.520	0.439	0.005	1.990
湄潭县	湄江镇	1.610 ***	0.364	0.488	1.990
正安县	桴焉镇	1.600	0.711	0.005	1.990
正安县	和溪镇	0.750 *	0.763	0.005	1.990
长顺县	白云山镇	1.210	0.576	0.101	1.990
长顺县	广顺镇	0.960	0.599	0.005	1.990
惠水县	好花红镇	1.190	0.606	0.086	1.990
惠水县	涟江街道	1.460	0.454	0.005	1.990
惠水县	濛江街道	0.970	0.836	0.005	1.990
全样本		1.130	0.695	0.005	1.990

注：表中标注 * 、 *** 的分别表示该项的最小值、最大值。

从农民土地权益的主观实现方面来看，全样本的主观实现指数均值1.130，最小值0.005，最大值1.990，表明农民土地权益的主观实现程度不高，且个体差异、区域差异较大，说明从农民的主观认知角度，土地权益未能充分实现。其中，正安县和溪镇的农民土地权益主观实现程度最低，为0.750，这与该区域发生较多土地流转违约事件有关。在该镇调研的2个村庄中，发生土地流转违约纠纷的有5起，均为村委会出面联系的企业集中流转，违约行为包括未签流转合同、拖欠租金、破坏土地等，导致该区域农民对土地流转交易过程及结果普遍感到不满意，未能实现土地权益。农民土地权益主观实现程度最高的为湄潭县湄江镇，该镇经由政府主导，引进了1个股份合作社、多个私人合作社开展土地流转交易，合作社的组织架构完整，开发了茶苗基地、食用菌种植、稻鱼稻虾共生等多个农业生产经营产业项目，在土地流转交易中，对于流转方案、交易细节等要素都号召农民积极参与协商，在土地流转程度较高的基础上，从客观方面实现了农民的土地权益，土地流转结果较好地符合农民的预期，农民的土地权益主观实现程度较高。

比较而言，农民土地权益的客观实现程度高于主观实现程度。因为土地权益的客观实现来源于农民及其他交易主体在土地流转交易中的行为选择，依据法律法规的要求依法、合规流转土地，有法可依，有据可查，各交易主体在较大程度上能够依法交易、履行约定，因而土地权益客观实现程度较高。而土地权益的主观实现是基于农民的教育水平、社会阅历等形成的对土地的产权认知。作为农民赖以生存的生产资本和生活保障，土地对于农民的重要性不言而喻。因而对于土地流转交易的要素诉求及价值判断符合甚至高于土地生产经营的实际产出。例如，对于土地流转租金、期限及流转土地的利用方式等方面，农民的认知和意愿可能高于或者超出实际，所以大多数感到土地流转租金“不划算”、流转交易“不公平”以及流转现状“不满意”。

总体来看，全样本的农民土地权益实现指数（见表6.6）均值为1.380，最小值0.570，最大值1.990，基本实现农民土地权益。分区域看，各乡镇的农民土地权益实现指数均大于0，均值均大于1，表明土地流转过程中，农民土地权益均在不同程度得以实现；区域因素对土地权益实现程度影响显著，湄潭县湄江镇的所有调查样本土地权益实现指数均大于1，表明该乡镇总体农民土地权益实现程度较高，正安县和溪镇的农民土地权益实现程度最低，这与各乡镇的乡村治理、流转程序、农民认知等因素有关。

表6.6 不同区域农民土地权益实现指数（D_i）

县域	乡镇	均值	标准差	最小值	最大值
湄潭县	高台镇	1.220	0.370	0.690	1.900
湄潭县	黄家坝镇	1.570	0.240	0.870	1.990
湄潭县	湄江镇	1.700***	0.161	1.150	1.950
正安县	桴焉镇	1.530	0.369	0.630	1.950
正安县	和溪镇	1.150*	0.429	0.580	1.900
长顺县	白云山镇	1.470	0.339	0.910	1.990
长顺县	广顺镇	1.320	0.300	0.750	1.950

续表

县域	乡镇	均值	标准差	最小值	最大值
惠水县	好花红镇	1.390	0.327	0.710	1.990
惠水县	涟江街道	1.630	0.261	0.940	1.990
惠水县	濛江街道	1.290	0.485	0.570	1.990
全样本		1.380	0.381	0.570	1.990

注：表中标注 *、*** 的分别表示该项的最小值、最大值。

第五节　计量模型和实证检验

一、变量选取

（一）被解释变量

本章将土地流转中的农民土地权益实现指数作为被解释变量。根据农民土地权益实现指数测算结果，把农民土地权益实现指数划分为3个层次，分别赋值1、2、3以表示农民土地权益实现程度逐步提升，样本在三个层次的分类内在地基于农民土地权益实现指数 D_i 的值以及“临界值” δ_1 和 δ_2，即：

$Y_i=1$，如果 $D_i\leqslant\delta_1$

$Y_i=2$，如果 $\delta_1\leqslant D_i\leqslant\delta_2$　　（6.7）

$Y_i=3$，如果 $D_i\geqslant\delta_2$

各样本在土地权益实现程度上的归类取决于样本的土地权益实现指数 D_i 与各临界值的关系。根据式（6.7）可知，样本的土地权益实现程度为：

$Y_i=1$，样本土地权益未实现

$Y_i=2$，样本土地权益部分实现　　（6.8）

$Y_i=3$，样本土地权益基本实现。

（二）核心解释变量

根据前面分析，本章中的核心解释变量为土地流转交易主体、土地流转谈判主体以及土地流转交易发起，分别对应研究假说中的影响因素。其中，土地流转交易主体变量表示土地流转的交易对象，土地流转谈判主体变量表示参与土地流转的谈判方，土地流转交易发起变量表示土地流转的交易途径。

（三）控制变量

本章选取了性别、年龄、受教育程度、职业作为反映受访农民个体特征的控制变量，选取家庭收入结构、家族中有人在城镇工作及家中有身体患重大疾病的人员作为反映农户家庭特征的控制变量（见表6.7）。

表6.7　变量的描述性统计

变量名称	变量含义	均值	标准差	最小值	最大值
土地流转交易主体	农户=1，其他=0	0.17	0.378	0	1
土地流转谈判主体	农户参与=1，其他=0	0.18	0.388	0	1
土地流转交易发起	农户发起=1，其他=0	0.05	0.211	0	1
性别	男=1，女=2	1.39	0.488	1	2
年龄	25岁以下=1，26~35岁=2，36~45岁=3，46~55岁=4，56~65岁=5，66~75岁=6，76岁以上=7	4.50	1.374	1	7
受教育程度	文盲=1，小学=2，初中=3，高中=4，高中以上=5	2.10	0.821	1	5
职业	纯农业=1，以农为主兼业=2，非农为主兼业=3，非农业=4，失业=5	2.45	1.516	1	5
家庭收入结构	纯务农收入=1，兼业收入=2，纯非农收入=3	2.27	0.614	1	3
家族中有人在城镇工作	是=1，否=0	0.23	0.423	0	1
家中有身体患重大疾病的人员	是=1，否=0	0.24	0.430	0	1

二、模型设定和说明

样本的土地权益实现程度 Y_i 是有序分类变量。鉴于此，线性模型会存在较大缺陷。考虑研究的变量类型及赋值特征，本章选择有序 Logistic 模型，分析各变量对农民土地权益实现程度的影响及其显著性。最终构建的有序 Logistic 模型为：

$$Y_i = \beta_0 + \sum_{s=1}^{S} \beta_s X_{is} + \varepsilon_i \tag{6.9}$$

其中，Y_i 为农民土地权益实现程度，X_{is}为各解释变量与控制变量，β_0 和 β_s 分别为常数项和解释变量的对应系数，ε_i 为随机干扰项。

三、实证结果及分析

本章采用 STATA 15.0 对土地流转中的农民土地权益实现程度及影响因素进行有序 Logistic 回归估计。估计结果如表 6.8 所示。

表 6.8　有序 Logistic 模型回归结果

变量	回归系数	Std. Err.	z	Sig.	[95% 置信区间]	
土地流转交易主体	0.352	0.156	2.260	0.024**	0.046	0.657
土地流转谈判主体	1.087	0.556	1.960	0.050*	-0.002	2.176
土地流转交易发起	0.857	0.409	2.100	0.036**	0.056	1.659
性别	-0.206	0.363	-0.570	0.571	-0.917	0.506
年龄	-0.203	0.121	-1.670	0.095*	-0.441	0.035
受教育程度	0.710	0.218	-3.250	0.001***	-1.138	-0.282
职业	-0.047	0.120	-0.390	0.693	-0.283	0.188
家庭收入结构	-0.229	0.308	-0.740	0.458	-0.833	0.376
家族中有人在城镇工作	-0.062	0.365	-0.170	0.865	-0.777	0.652
家中有身体患重大疾病的人员	-0.119	0.381	-0.310	0.755	-0.866	0.628
/cut1	1.466	1.748			-1.960	4.891
对数似然值	-148.485					
R^2	0.3855					

注：Sig. 值中 * 表示在 10% 水平下显著，** 表示在 5% 水平下显著，*** 表示在 1% 水平上显著。

由表 6.8 可知，核心解释变量土地流转交易主体统计量 Sig. 值（显著性水平）为 0.024，在 5% 水平下显著，回归系数为 0.352。这表明，农民作为土地流转交易主体对农民土地权益实现具有正向影响。保全农民在土地流转交易中的主体性，对于实现农民土地权益具有显著意义，假设 H6-1 成立。

土地流转谈判主体统计量显著性水平为 0.050，统计显著性水平为 10%，回归系数为 1.087。这表明农民作为土地流转交易的谈判主体对农民土地权益实现具有正向影响。农民参与土地流转谈判，凸显农民在土地流转交易谈判中的主体性，对于实现农民土地权益具有显著意义，假设 H6－2 成立。

土地流转交易发起统计量的显著性水平为 0.036，通过 5% 显著性水平下的检验，回归系数为 0.857。说明农民发起土地流转的交易行为对农民土地权益实现具有正向影响。农民主动发起土地流转交易，自主决策土地流转交易，对于实现农民土地权益具有显著意义，假设 H6－3 成立。

在控制变量中，年龄、受教育程度对于农民土地权益实现具有显著影响，其中，年龄变量的回归系数为－0.203，显著性水平为 10%，说明年龄越小，对农民土地权益实现影响越显著。这与农民认知、社会阅历等因素有关，中老年农民对政策的理解、对土地权益的认知受主观影响较多，权益主观实现程度较低。另外，这可能也与农村社会活动形态有关，农村的年轻人更少参与土地生产经营活动，对土地流转中的农民土地权益感知和认识不足。受教育程度变量的回归系数为 0.710，是唯一一个满足 1% 显著性水平的变量。说明农民受教育程度越高，对土地权益的认知程度越高，农民自身维权意识越强，农民土地权益实现程度越高。

第六节　研究结论与启示

一、研究结论

本章运用土地流转与农民土地权益实现情况的农户调查数据，统计分析了样本区域农民土地经营流转及土地权益实现情况。通过考察农民土地权益的客观与主观实现条件，构建农民土地权益实现指数，讨论不同区域的农民土地权益实现程度。运用有序 Logistic 模型，分析了农民土地权益实现程度的影响因素，并从农民的主体性视角分析实现农民土地权益的途径。研究发现：不同区域的农民土地权益实现指数均值为 1.38，各区域的农民土地权益均在不同程度得以实现；区域因素对土地权益实现程度影响显著，与农民认知、乡村治理、流转程序等因素有关；农民的主体性对于农民土地权益实现程度具有正向显著影响，农民作为土地流转的交易主体、参与土地流转的谈判以及主动发起土地流转交易均能显著促进农民土地权益的实现；年龄和受教育程度分别从负向和正向影响农民土地权益的实现。

二、政策启示

基于以上研究可得出以下启示：首先，土地流转中的农民土地权益虽在不同程度得以实现，但总体实现程度不高，乡镇党委政府及村支两委在开展大规模的集体性土地流转时，应设计合理的土地流转利益分配机制，避免强制流转、租金不合理、破坏流转土地等损害农民土地权益的行为；其次，关注土地流转交易中农民的主体性作用，现有法律对于农民在土地流转中的主体性地位已作出明确要求，乡镇党委政府及村支两委在政策执行过程中，注重保全农民在流转交易中的主体性，提倡农民自发流转行为；再次，根据法律规范和政策要求制订流转交易程序，提高农民在流转交易中的参与度，保障农民的知情权、参与权、决策权和求偿权；最后，注重农民学习能力的培养，提高农民对土地流转法律和规则的认知，在土地流转交易中自主参与、自主决策、自主监督，保障自身土地权益的实现。

第七章 农地流转对农民收入的影响

农地产权制度安排是我国农业经营制度体系的根基所在。20 世纪 70 年代末，以均分土地为主要特征的农村家庭联产承包责任制产生了良好的制度绩效，但是，随着经济社会的变迁，这样的土地分配方式已经不能契合当前的发展需求，分散承包造成的土地细碎化问题与现代农业规模经营之间的矛盾日益加剧，在“三权”分置的制度基础上逐步赋予农民相对完整的农地流转权利是解决这一问题的必经之路。随着中央政府的多方面推动，我国农地流转市场规模逐渐扩大，2017 年，全国 2.27 亿家庭承包经营农户中有 7 000 万农户流转出其承包耕地，共流转了 5.12 亿亩农地经营权，承包耕地总面积的 36.97%[①]。

即便如此，我国农地流转市场依然存在不健全、发育缓慢、地区差异显著等问题，陷入发展困境并存在“内卷化”特征，在农地产权集体所有的制度背景及国家大力推动农业规模经营的政策背景下，政府适度干预已成为解决农地流转市场“失灵”的重要力量，在促进农业发展方式转型、提高农民收入和推进农业现代化进程上有着积极作用。但是，基层政府对农地流转市场的干预也不可避免地出现了政府“失灵”的现象，在基层政府干预流转条件下，农户的农地流转决策不再仅仅基于家庭资源配置效率最大化，而是在基层政府主导下“强制”或者“半强制”地被动实现，引发了一系列损害农民土地权益的问题，如基层政府或村委会以行政权威、反复动员等方式迫使农户转出土地，强制推动农地流转，侵害农户自主流转权，剥夺农户对租金、流转期限、面积等交易要素的决策权，特别是当农地流转负责人利用土地所有权主体模糊不清、政治权利等因素进行权力“寻租”和套取国家农业补贴政策时，处于博弈弱者的农户权益受损似乎已成为必然。政府干预对农户自主流转权、交易要素决策权的影响最终体现在农户收益的变化上，现有研究主要对比了政府干预和市场主导两种不同模式农地

① 农业农村部农村合作经济指导司、农业农村部政策与改革司．中国农村经营管理统计年报（2017年）．中国农业出版社，2018．

流转的农户收入影响的差异，但结论不尽相同。彭代彦、吴扬杰（2009）利用中国综合社会调查（CGSS）2005 年抽样调查数据进行计量分析发现，如果农户在非农部门就业不具有比较优势，政府干预下的农地集中度会降低转出户家庭人均收入。与市场主导型农地流转相比，政府干预下的农地流转虽然有利于增加转出户的人均农地租金，却由于在降低农户农业生产效率的同时，并未提高非农劳动力资源配置效率，导致其人均农业收入和人均非农收入的降低，不利于其收入水平的提高（诸培新等，2015；张建等，2016）。而夏显力、贾书楠等（2018）利用关中—天水经济区农户调研数据研究发现，参与政府主导农地流转的转出户人均纯收入比参与市场主导农地流转的转出户高 1 555. 83 元，但比 2010 ~ 2015 年的人均纯收入增加值低 157. 4 元。

必须要明确的是，进入自主流转市场的农户大多本身具有流转意愿，多为家中无人种地或者农业劳动效率低的家庭，而在政府主导流转土地的过程中，收益权受损的主要群体是在非农部门就业不具有比较优势的转出户。对比自主流转与政府干预下农户收入的影响虽然有助于得出政府主导下的土地流转是否更利于农民增收，但无法回答政府干预是否损害了农户收益、损害程度如何问题，弄清这两个问题有助于更好地理解政府在农地流转市场中的角色定位、干预方式并提出完善政府职能的政策建议。本章基于贵州省四县的调研数据，实证研究农地经营权流转中政府作用对转出户收益权的影响，从农户参与流转前后的收入变化来衡量其收益权是否受损。

第一节　政府干预下的农地流转对农户收入的影响

农地流转对农户总收入的影响体现在土地报酬和劳动力报酬的综合变化上。土地报酬包括种农户以家庭为单位进行种植业生产获得的农业收入[①]和转出土地获得的租金收入；劳动力报酬为转出户家庭成员受雇于单位或个人提供劳动所获得的非农收入。政府干预会在一定程度上影响农户的流转决策，进而改变农户家庭的资源配置方式并影响其收入。

① 本书关注农地流转对转出户收入的影响，故农业收入只考虑与农地相关的种植收入，不考虑养殖收入和其他农业收入，种植收入指扣除种子、化肥、农机等生产成本后的利润。

一、对土地报酬的影响

缺乏农业劳动力或农业生产率较低的农户农业收入较少，政府干预让他们顺利转出农地的同时，获得不低于其农业收入的租金，土地报酬增加。不同政府干预类型对农业生产率高的家庭影响具有差异。一方面，间接干预下农户进行自主决策，交易只会发生在有利可图之时；另一方面，直接干预中涉及的转出户较多，不可避免地弱化了家庭异质性对价格的影响，租金通常相当于种植农作物的平均收益（焦长权、周飞舟，2016），农业生产率较高的家庭只能够接受对于他们来说可能“过低”的集体统一价，租金收入不一定能够补偿农业收入的减少，土地报酬变化方向尚不明确。

二、对劳动力报酬的影响

健全的农地流转市场可以有效促进农业劳动力向非农领域转移（De et al.，2014）。总体上，政府干预能够让农户顺利转出土地并实现到流转企业就近务工或外出务工，同时，长期稳定的合约关系以及政府提供的规范化合同管理和监督体系，也有利于农户“放心”离土务工，增加非农收入（诸培新等，2015）。值得关注的是，原本务农的劳动力是否有能力转移至非农领域就业是决定其非农收入的重要因素。农户家庭内部的分工通常是根据成员优势做出的最优分配结果，有能力的劳动力已投入收入较高的非农行业，而在非农部门就业不具有比较优势的老人和妇女则继续务农，实现家庭收入最大化，但政府在直接干预时根据地块情况无差别地选择参与流转农户的做法，无疑打破了这种分工上的平衡，其结果便是部分务农劳动力无法实现非农就业而陷入“失业”状态，家庭非农收入未必能够提高。

第二节 数据来源与描述性统计

一、数据来源

贵州省位于中国西部，是典型的深度贫困民族地区，山地和丘陵占贵州总面积的92.5%，可用于农业开发的土地资源较少，土地分散且细碎化严重，政府干预是解决“流转难”与“脱贫难”两大问题的重要手段。本章的数据源于课题组在2018年9～11月到长顺县、惠水县、湄潭县和正安县的问卷调研。首先，四县的农地流转市场都有政府干预特征，且社会经济发展水平以及农地资源禀赋特征在大范围内具有相似性，为本章提供了可用样本；其次，长顺县和正安县为国家级贫困县，湄潭县和惠水县分别于2017年和2019年退出国家贫困县，在贵州省具有一定代表性。

为保证数据的信度和效度，本章采取了以下措施：其一，使用随机抽样法，每个县抽取2～3个镇，每个镇抽取2～4个村进行农户问卷调查，保证样本的代表性；其二，正式调研之前，利用详细解释问卷内容、模拟调研等方式对调查员多次培训，保证调查员及问卷质量；其三，调研组在不事前通知农户、基层政府人员不在场的情况下，直接进入村庄随机寻找农户进行面对面访谈，保证调研信息的真实性。调研包括10个镇20个村，收集到有效的未流转户问卷119份，转出户问卷489份。问卷中设计了“农地流转时与谁进行谈判?”这一问题，谈判对象为村委会或者政府的农户受到政府的直接干预，对其余农户则以村为单位询问政府是否有促进农地流转市场的举措，若有则这个村的转出户视为受到政府的间接干预。直接干预下政府作用贯穿于流转始末，首先，代理农户搜寻和引进企业、合作社等农地需求方，代理转入方与众多农户谈判，降低交易成本，促成交易；其次，规范交易并解决纠纷，防止企业破坏耕地、为农户讨要被拖欠的租金、保障因规模经营“整合”的耕地在合约到期后能公平地“分配”到农户手中；最后，当企业等因经营不善无法继续履行合约，政府通过搜寻新的转入主体或者组建合作社“接手”流转耕地的方式，防止农户因交易异常终止而遭受损失。间接干预时政府主要发挥创造交易环境的作用，通过提供农产品销路或投入扶持资金等方式培育种植大户①，提高农地需求以激活流转市场，农户自行搜寻流转对象、达成交易并解决纠纷。基于此标准，样本中受到政府直接和间接干预的转出户分别为402户和67户，占比95.91%，另外，20个转出户未受到政府干预的影响。可见，样本区域的农地流转几乎等同于政府作用下的流转，可将农地流转的收入效应视为农地流转中政府作用对农户收入的影响。

① 正安县桴焉镇盛产烤烟，政府与烟草公司合作在四联村投资设立烤烟站，直接收购烟农加工好的烤烟，促使四联村和与之相邻的坪生村烤烟大户的产生，激活了农地流转市场；湄潭县黄家坝镇关堰村适宜香葱种植，政府因势利导组建香葱产业扶贫基地，鼓励农户扩大经营规模成为种植大户，自主流转市场得以形成，这三个村的转出户受到政府的间接干预，共计67户。

二、对农户收入的描述性统计分析

对比政府作用下的转出户与未流转户，未流转户的农业收入为 6 738.38 元，占总收入的 14.63%，对农业收入的依赖性更高，转出户虽然有租金收入作为补充，但土地报酬（3 745.05 元）仍低于未流转户；非农收入是农户家庭的主要收入来源，在转出户和未流转户的总收入中分别占比 92.05% 和 85.37%，转出户的非农收入更高；总体看来，转出户的总收入为 47 108.82 元，略高于未流转户（46 049.30 元）。与政府间接干预时相比，政府直接干预下农户的农业收入、租金收入和非农收入分别高出 827.21 元、1 970.09 元和 9 918.81 元，总收入更高。从转出户对收入变化的评价上看，有 43.15% 表示收入基本没有发生变化；有 48.87% 认为收入有所降低，其中，比例表示收入降幅明显且几乎为政府直接干预时的转出户；只有 2.98% 的农户有收入提高感知。鉴于每个农户家庭的劳动力和土地资源等禀赋情况不同，我们无法通过简单的对比来判定收入的变化，而农户评价具有较大的主观性，也不能作为其收入变化的可靠证据，政府干预下的农地流转对农民收入的影响效果还需要通过更为严谨的实证方法来进一步研究。

第三节　研究方法与变量选择

一、模型设定与研究方法

设定政府作用下的农地流转对转出户收入 y 影响的基本模型：

$$y = \alpha x + \beta D + \varepsilon \tag{7.1}$$

其中，考察政府作用对农户收入的影响时，D = 1 表示农户转出土地（处理组），否则取值为 0（对照组）①，对比不同干预形式的影响效果时，D = 1 和 D = 0 分别表示农户受到直接干预（处理组）和间接干预（对照组），x 为农户可观测的个体及家庭特征变量向量，α、β 为待估系数，ε 为残差项。

进一步考察参与政府主导农地流转对其收益权（收入）的影响，y_{i1} 为参与政府主导流转农户家庭 i 的收入，y_{i0} 表示这个农户家庭未参与流转时的收入，根

① 根据样本特征，将农地流转的收入效应视为农地流转中政府作用对农户收入的影响。

据 Rosenbaum 和 Rubin（1983）提出的处理效应，农户参与政府主导流转前后的收入差异可以表示为：

$$T_i = y_{i1} - y_{i0} \tag{7.2}$$

如$T_i \geq 0$，则表示农户参与流转后收入有所增加，收益权未受损；如$T_i < 0$则意味着农户收益权受损。一方面，在现实中不能同时观察到，缺少与实际情况相反的数据；另一方面，流转决策存在选择偏差（selectivity bias）。一方面，农户决策受到家庭状况的影响而非随机发生，具有自选择（self－selection）行为特征（陈飞和翟伟娟，2015），例如，富裕家庭由于不愿意耕种、没有农业劳动力等原因而转出土地，选择自己耕种的家庭多为劳动力不足、非农技能较弱的农户，他们的收入相对较低；另一方面，农户受到何种类型的干预与管理者决策有关，当政府直接干预时，是否流转还会受到政府规划和村集体动员的影响（张建等，2016），其具有管理选择（administrative selection）特征。用反事实因果推断分析框架减弱这种偏误的研究思路是：定义处理组的平均处理效应（Average Treatment Effect on the Treated，ATT）为农户在处理组条件下的收入y_1和对照组条件下的收入y_0之间的差值，即农户收入的变化，但现实中只能观察到y_1，y_0是不可观测的，存在“反事实缺失”问题，利用倾向得分匹配方法（Propensity Score Matching，PSM）构造实际缺失的数据来解决此问题并估计 ATT（Rosenbaum & Rubin，1983）。

首先，基于一系列非时变或发生在流转之前的协变量 x，使用 Logit 模型计算农户家庭进入处理组的条件概率，即“倾向得分（propensity score）”，表示为：

$$p(x) = Pr[D = 1 \mid x] \tag{7.3}$$

其次，为每个处理组的农户在对照组中匹配倾向得分近似的样本，构造一个统计对照组，保证他们在协变量 x 上分布相同（Rosenbaum，2002），通过匹配创造的随机试验条件，获得反事实结果y_0的替代值，我们可以直接得到农户在处理组条件下的收入 y_1和对照组条件下的收入 y_0，得到表示农户收入变化的平均处理效应：

$$ATT = E(y_1 \mid D=1) - E(y_0 \mid D=1) = E\{[E(y_1 \mid D=1, p(D=1 \mid x)) - E(y_o \mid D=0, p(D=1 \mid x))] \mid D=1\} \tag{7.4}$$

研究农地流转对农户收入影响的诸多分析也使用 Heckman 两阶段模型或工具变量来处理选择偏差问题，与之相比，PSM 既不需要事先确定函数形式、参数约束及误差项分布，也不需要解释变量的外生性以识别因果效应（陈飞和翟伟娟，2015；Heckman & Vytlacil，2007），尽管 PSM 未考虑的不可观测因素，即隐性偏差（hidden bias）可能导致的估计偏误问题（Rosenbaum & Rubin，1983），但在截面数据分析中，Heckman两阶段模型对模型设定及其合理性的强烈依赖、工具变量法中的弱工具变量所带来的限制要比PSM方法的变量选择问题更为严重（Guo & Fraser，2010；Jalan & Ravallion，2003）。另外，Kennedy（2004）也特别强调了Heckman模型存在较高共线性情况的表现比较差——甚至有害无益。除此之外，Guo和Fraser（2010）在不同情形下对比了四种方法对选择偏差修正的效果，包括OLS回归、PSM、由Heckman两阶段模型变形而来的Maddala干预效应模型、匹配估计量，结果表明，基于可观测因素的研究中，PSM模型表现最佳。因此，本章选择PSM方法处理选择偏差问题。

本章的稳健性检验如下：第一，虽然不同匹配方法对偏差和效率间的权衡不同（Caliendo & Kopeinig，2008），但结果应是渐进等价的，本章同时采用k近邻匹配（Nearest Neighbor Matching，NNM）、卡尺匹配（Caliper Matching，CM）和核匹配法（Kernel Based Matching，KBM）三种方法进行估算并比较结果；第二，如果匹配过程中遗漏了重要的不可观测因素而产生隐性偏差（Hidden bias）时，匹配结果的可信度是未知的，使用Rosenbaum边界敏感性检验（rosenbaum sensitivity test）来估计研究结果对隐性偏差的敏感度（Guo & Fraser，2010）。

二、变量选择

表7.1给出了实证分析中变量的具体说明和基本统计特征。在核心解释变量中，农户是否转出土地主要考察政府作用对农户收入的总体影响，政府干预形式主要对比不同作用形式间的影响效果。参照已有文献，根据调研情况选择同时影响农户转出土地和家庭收入的14个变量作为协变量，包括：第一，受访人年龄。本章受访人多为户主或其妻子，随着年龄的增加，劳动能力和创收能力逐渐下降，农户更容易转出土地。第二，劳动力特征变量。家庭规模表征劳动力数量，性别结构（相比较于女性，男性在人力资源积累和收入上处于更为有利的地位，调研中的受访人多为户主或其妻子，年龄在55岁左右，其子女的比例能够在一定程度上衡量家庭劳动力的性别结构，男孩数量较多表示男性劳动力占比大，其务农和务工能力都较强，可能带来更高的家庭收入，也会直接影响流转决策）、受教育和培训情况表征劳动力质量，数量和质量的提高都能够带来更多的家庭收入，而劳动力在农业和非农之间的分配决定家庭收入结构，通常，非农收入高于农业收入，非农劳动力占比更大的家庭更倾向于转出土地。第三，农地资源特征

变量。对于农业经营户，耕地的数量和质量与农业收入直接挂钩，确权有利于农户提高农业投资来获取更多的收入，他们通常流转意愿较弱，对于非农经营户，安全的产权环境和充足的耕地都可能促使农地转出，同时，高质量的耕地不仅可以带来更高的租金，也更容易被纳入政府直接干预的规划范围，使农户受到政府作用而作出流转决策。第四，地区虚拟变量。捕捉未观测到的区域经济和文化等特征对农户收入及流转决策的影响。

表 7.1 变量的描述性统计

变量	定义与赋值	转出户		未流转户	
		均值	标准差	均值	标准差
被解释变量					
土地报酬（land income）	农业收入（farm income）+租金收入（rent）（元）	3 745.05	3 288.46	6 738.38	6 567.20
非农收入（off－farm income）	流转企业雇工收入（tincome）+其他非农（oincome）（元）	43 363.77	37 941.04	39 310.92	28 982.44
总收入（total income）	土地资源报酬+非农收入（元）	47 108.82	38 450.66	46 049.30	30 462.93
核心解释变量					
是否转出土地	是=1；否=0	1	0	0	0
政府干预形式	直接干预=1；间接干预=0	0.82	0.38	—	—
协变量					
受访人年龄（age）	2018年受访人实际年龄（岁）	55.60	13.32	54.43	12.91
家庭规模（population）	家庭总人口（人）	5.09	2.07	5.28	1.60
劳动力性别结构（gender）	户主孩子男孩数量（人）	1.36	0.89	1.24	0.76
务农劳动占比（a－labor）	务农为主劳动力/家庭总人口	0.27	0.24	0.32	0.18
非农劳动力比（na－labor）	非农为主劳动力/家庭总人口	0.41	0.25	0.37	0.21
家庭教育（education）	初中以上学历劳动力/劳动力数量	0.50	0.30	0.55	0.26
农业技能培训（a－training）	是=1；否=0	0.03	0.18	0.08	0.28

续表

变量	定义与赋值	转出户		未流转户	
		均值	标准差	均值	标准差
非农技能培训（na - training）	是 =1；否 =0	0.06	0.24	0.06	0.24
土地承包经营权证（certification）	有 =1；无 =0	0.80	0.40	0.90	0.30
耕地面积（area）	家庭承包耕地面积（亩）	6.12	4.24	5.98	4.56
耕地质量（quality）	都是平地 =1；大部分平地 =2；一半是平地 =3；小部分是平地 =4；都不是平地 =5	2.31	1.12	2.15	1.18
湄潭（MT）	是 =1；否 =0	0.13	0.34	0.14	0.35
安顺（AS）	是 =1；否 =0	0.31	0.46	0.36	0.48
惠水（HS）	是 =1；否 =0	0.30	0.46	0.32	0.47

注：①受访人为户主或其妻子。②地区虚拟变量以正安县为参照组。

第四节 实证分析

一、倾向得分的估计与分析

倾向得分的估计结果如表 7.2 所示。在流转户与未流转户的结果中，农户是否在政府干预下的农地流转中转出土地与家庭人力资本特征高度相关，家庭规模越大意味着更多劳动力的存在，其中，务农劳动力数量和质量的提高都会降低农户转出土地的概率，年轻男性劳动力较多的家庭通常非农收入更高，倾向于转出土地；确权对农地转出具有显著的负向作用，一方面，政府干预没有减少“禀赋效应”对流转的抑制作用；另一方面，法律规定农地流转应尊重农户意愿，虽然政府在流转过程中损害农户自主流转权的现实案例有很多，但研究结果表明，确权工作让农户更清晰地认识到自己的土地权益，颁发土地承包经营权证在保障农民土地流转权益上有所成效，农地质量的系数为正但不显著，在一定程度上控制了政府对干预区域的选择偏差问题。在直接干预与间接干预的结果中，家庭规模较大且务农劳动力较多的家庭更容易因为村集体的影响而参与政府直接干预流转；由于样本区域流转市场发育滞后，有非农技能的农户想转出土地还存在困难，政府的直接干预能帮助他们顺利转出土地。总体上，Logit 模型中只有少数变量表现出对农户流转决策的显著影响，意味着选择偏差实际存在但偏差程度有限，即便如此，控制这些变量特征仍然能够有效地矫正偏差（Park & Wang, 2010），从而满足可忽略性假定，即流转决策与农户收入之间相互独立。

表 7.2　　　　Logit 模型的回归结果

变量	流转户与未流转户（1）		直接干预与间接干预（2）	
	系数	标准误	系数	标准误
age	0.007	0.009	0.023	0.017
gender	0.242 *	0.146	0.060	0.289
a – labor	–1.481 **	0.655	2.096 *	0.146
na – labor	–0.115	0.598	–0.066	0.979
population	–0.136 **	0.062	0.284 *	0.146
education	–0.350	0.379	0.148	0.709
a – training	–0.963 **	0.441	—	—
na – training	0.022	0.450	1.473 *	0.871
certification	–0.735 **	0.348	0.372	0.514
area	0.008	0.028	–0.037	0.037
quality	0.051	0.101	0.171	0.180
Constant	2.880 **	0.792	–3.603	1.557
Country dummy	Yes		No	
Pseudo R^2	0.047		0.093	
Log – likelihhod	–286.39		–78.328	
Observations	608		125	

注：①括号内数值为稳健标准误；**、* 分别表示在 5%、10% 的水平上显著。②进行不同政府干预形式的对比时，由于政府间接干预的样本分布异质性较强，选择样本分布较为均匀的正安县进行考察以保证样本可比性，不用控制地区虚拟变量，同时，参与农业技能培训的转出户数量太少，回归时去掉农业技能培训变量。

二、匹配质量

匹配质量是估计结果可靠的保证，本章通过共同支撑假设（common support condition）和平衡性假设（balancing hypothesis）来进行检验。共同支撑假设检验如图 7.1 所示，匹配时大多数观测值均在共同取值范围内（on support），考察政府的整体作用时，3 种匹配方法都在处理组损失了 8 个样本，在对照组没有损失样本；考察不同作用类型的影响时，k 近邻匹配、卡尺匹配和核匹配在处理组均损失了 1 个样本，在对照组分别损失了 3 个、4 个和 4 个样本。与所使用样本的总量相比较，只损失少量样本确保了处理组和对照组个体特征的相似性。

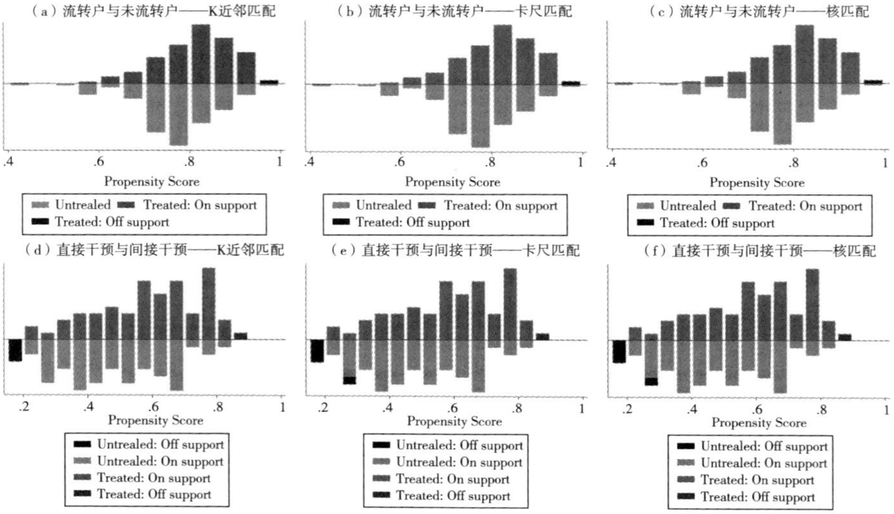

图 7.1 倾向得分共同支撑域条形图

平衡性检验结果如表 7.3～表 7.4 所示。表 7.3 显示了流转户与未流转户匹配前后协变量的平衡性检验结果，从匹配后的标准化偏差来看，除了务农劳动力占比、耕地质量和湄潭县的虚拟变量的偏差在 10% 左右以外，其他变量的偏差都缩小至 5% 左右（大部分在 5% 以内），匹配后的 t 检验结果均不显著。

表 7.3 匹配前后协变量的平衡性检验结果（流转户与未流转户）

变量	类型	均值		标准化偏差	标准化偏差变化	t 值
		处理组	对照组			
受访人年龄	匹配前	55.60	54.43	8.90		0.86
	匹配后	55.57	56.33	-5.80	35.10	-0.92
家庭劳动力性别结构	匹配前	1.36	1.24	15.40		1.44
	匹配后	1.35	1.32	3.40	77.80	0.53
务农劳动力占比	匹配前	0.27	0.32	-25.70		-2.32**
	匹配后	0.27	0.29	-10.10	60.70	-1.53

续表

变量	类型	均值		标准化偏差	标准化偏差变化	t 值
		处理组	对照组			
非农劳动力占比	匹配前	0.41	0.37	17.90		1.66 *
	匹配后	0.41	0.40	1.20	93.10	0.18
家庭规模	匹配前	5.09	5.28	-9.90		-0.90
	匹配后	5.12	5.06	3.30	66.50	0.52
家庭教育	匹配前	0.50	0.55	-15.40		-1.44
	匹配后	0.51	0.50	2.00	86.90	0.30
产权安全	匹配前	0.80	0.90	-27.50		-2.50 **
	匹配后	0.81	0.81	1.20	95.70	0.16
农业技能培训	匹配前	0.03	0.08	-21.90		-2.49 **
	匹配后	0.03	0.03	0.20	99.00	0.05
非农技能培训	匹配前	0.06	0.06	1.10		0.10
	匹配后	0.06	0.07	-2.40	126.30	-0.36
耕地面积	匹配前	6.12	5.97	3.50		0.35
	匹配后	6.13	5.89	5.50	-57.2	-0.84
耕地质量	匹配前	2.31	2.15	14.10		0.82
	匹配后	2.30	2.40	-8.70	38.30	1.40
湄潭	匹配前	0.13	0.14	-3.5		-0.34
	匹配后	0.12	0.18	-14.0	-303.60	-2.08 *
长顺	匹配前	0.31	0.36	-10.20		-1.01
	匹配后	0.32	0.29	6.60	-35.60	1.05
惠水	匹配前	0.30	0.32	-4.00		-0.40
	匹配后	0.30	0.28	5.60	-38.90	0.89

注：① ***、**、* 分别表示在 1%、5%、10% 的水平上显著；②本表为 k 近邻匹配结果，卡尺内匹配和核匹配的平衡性检验结果与此结果相似。

表 7.4 显示了直接干预组和间接干预组匹配前后协变量的平衡性检验结果，匹配后，家庭劳动力性别结构、家庭规模、耕地面积和耕地质量的标准化偏差分别是 7.90%、5.10%、10.20% 和 -10.90%，其余协变量的标准化偏差绝对值在 5% 以内，t 检验结果也表明了匹配后处理组和对照组的协变量间不存在系统性差异。

表 7.4　匹配前后协变量的平衡性检验结果（直接作用与间接作用）

变量	类型	均值		标准化偏差	标准化偏差变化	t 值
		处理组	对照组			
受访人年龄	匹配前	56.27	52.67	29.0		1.62
	匹配后	56.20	55.66	4.40	84.90	0.26
家庭劳动力性别结构	匹配前	1.28	1.14	20.20		1.12
	匹配后	1.29	1.23	7.90	61.00	0.45
务农劳动力占比	匹配前	0.27	0.20	34.1		1.19*
	匹配后	0.27	0.27	0.00	99.90	0.00
非农劳动力占比	匹配前	0.42	0.49	-28.70		1.60
	匹配后	0.42	0.42	0.60	98.00	0.04
家庭规模	匹配前	4.76	4.34	27.80		1.54
	匹配后	4.77	4.70	5.10	81.80	0.29
家庭教育	匹配前	0.46	0.45	5.5		0.30
	匹配后	0.46	0.46	-0.7	86.50	-0.04
产权安全	匹配前	0.84	0.78	15.10		0.84
	匹配后	0.83	0.83	0.00	100.00	0.00
非农技能培训	匹配前	0.12	0.03	32.0		1.75
	匹配后	0.11	0.10	1.40	95.50	0.07
耕地面积	匹配前	6.89	7.40	-9.20		-0.52
	匹配后	6.90	6.33	10.20	-10.50	0.62
耕地质量	匹配前	2.73	2.67	5.10		0.28
	匹配后	2.74	2.87	-10.9	-112.1	-0.64

注：①*表示在10%的水平上显著；②本表为k近邻匹配结果，卡尺内匹配和核匹配的平衡性检验结果与此结果相似。

表7.5显示了匹配前后模型整体的平衡性检验结果。两组样本在匹配后，模型的 $P-R^2$ 均下降到1%以内，协变量的标准化偏差减少到5%左右，偏误大幅降低；LR统计值由显著转为不显著，拒绝解释变量的联合显著性检验；B值小于25%，R值虽有小幅增加，但仍处于合理范围之内。无论是考察农地流转中政府作用的收入效应还是比较不同作用类型影响的差异，匹配后对照组中农户的个体指标的特征与处理组相似，无法再通过协变量判断农户是否进入处理组，满足平衡性假定。

表 7.5　匹配前后模型平衡性检验结果

处理组	对照组	匹配方法	$P-R^2$	LR chi2	Mean Bias	B	R
流转户	未流转户	Unmatched	0.048	28.69**	12.8	56.3*	1.26
		NNM	0.007	9.87	5.00	20.40	1.55
		CM	0.007	9.97	5.10	20.50	1.59
		KBM	0.009	11.34	5.00	21.80	1.32
直接作用	间接作用	Unmatched	0.093	15.99*	20.7	73.90*	0.94
		NNM	0.005	0.96	4.10	16.90	1.41
		CM	0.007	1.22	5.00	19.10	1.69
		KBM	0.007	1.35	4.70	20.10	1.99

注：①LR 统计值中 **、* 分别表示在 5%、10% 的水平上显著；②B > 25% 或者 R 值在区间［0.5，2］外标注 *，未标注 * 代表匹配比较成功。

三、计量结果与讨论

（一）政府干预下的农地流转对农户收入的影响

估计结果如表 7.6 所示。OLS 的结果有偏，PSM 中三种匹配方法得到的结果在方向和显著性上没有明显差异，对土地报酬估计结果的敏感性分析中，Γ 值最小为 3.0，最大为 4.2，表示由不可观测变量带来的隐性偏差基本上不会导致估计结果发生明显改变，估计结果较为稳健。使用 NNM 结果进行分析。

表 7.6　政府干预下的农地流转对农民收入影响的估计结果

方法	OLS	NNM	CM	KBM
Land income	-2 460.34***	-1 972.60**	-1 909.96**	-2 087.30***
Off-farm income	4 699.20	5 312.70	5 418.52	5 709.21
Total income	2 238.86	3 370.32	3 508.56	3 621.90
Exp. land income	-1 671.23***	-1 133.15	-1 100.73	-1 278.08
Exp. total income	3 027.98	4 179.55	4 317.78	4 431.13
Rosenbaum——land income	—	3.0	3.0	4.2

注：①***、** 分别表示在 1%、5% 的水平上显著。②Rosenbaum 为边界敏感性分析，表示结果在 10% 的水平上显著时的临界 Γ 值。③Exp. land income 为期望土地资源报酬，Exp. total income 为期望总收入。

在政府干预下转出土地的农户土地报酬显著降低了 1 972.60 元，尽管政府作用能够通过打破农地流转中封闭式、小规模的“道义理性”交易方式（黄增付，2016），并显化租金的经济价值，租金还是不能完全补偿农户放弃种植土地带来的损失。转出户的非农收入未显著提高，一方面，政府干预下形成的规模化流转能够为农户提供就近务工的机会，但转入企业所需人员相当有限，无法完全吸收由规模化农地流转释放出的大量劳动力，并且，以盈利为目的的企业会优先选择年轻、劳动生产率高的人员，大部分滞留在家务农的老年人基本无法达到务工门槛。调研资料显示，有 197 户农户表示转入方（企业、合作社）在达成交易时承诺为他们提供务工机会，真正实现务工的却只有 102 个家庭，平均收入为 3 133.53元/年，其中，有 48.04% 的农户收入在 1 600 元/年以下，这意味着只有 25.37% 的转出户真正得到了到流转企业务工的收入，其余农户想要得到更多的收入只能另谋出路。另一方面，受到劳动能力和就业机会的制约，有 60% 的转出户并未顺利转移至非农领域，他们目前的状态是继续务农或失业。特别地，调研组统计了当政府直接干预时转出户中原本务农人员的就业现状，数据显示，有 82 户失地又失业，占比 20.40%，有 177 户农户继续种植家中剩余土地或者转入他人的土地耕种，占比 44.03%，实现向非农转移的农户仅有 143 户，占比 35.57%，受到劳动能力、就业机会等因素的影响，只有少部分农户得以顺利转移至非农领域，更多的农户仍然继续务农或成为“闲散”人员。总体上，农户总收入有所增加，但在统计上不显著。

由于土地报酬的降低而非农务工收入却没能得到提高，许多农户（特别是当政府直接干预时参与流转的农户）认为交易“亏了”，觉得租金不足以弥补农户放弃自己种植土地所带来的损失，并提出了自己愿意接受的租金状态。在转出户中，有 88 户认为流转定价较为合理，占比 21.95%，有 313 户农户认为租金偏低，占比 77.86%，其中，有 131 户觉得流转定价非常低。从农户的期望租金与实际租金的差异上看，农户能够获得的耕田平均租金为 755.19 元/亩/年，土地平均租金为 462.15 元/亩/年，而耕田和土地的期望平均租金分别为 1 088.28 元/亩/年和 647.48 元/亩/年，分别高出实际租金 333.09 元和 185.33 元。尚旭东（2016）指出，农户会将承包权看作财产权下的以最高地力等级或较高经济作物预期收益进行核算，且在“被动”流转的前提下，在询价策略上占据道德和心理层面主动，并以此来要求更高的流转价格，为了检验这种说法是否合理，本章用农户的期望租金计算出他们的期望土地资源报酬和期望总收入，并再一次进行倾向得分匹配，结果发现，将租金提高到农户期望水平，期望土地报酬不再显著降低，期望总收入仍未显著提高，说明单纯提高租金不能有效促进农民增收，帮助劳动力在非农就业领域顺利就业更为重要。

（二）农地流转中不同政府干预形式对农户收入的影响

表 7.7 中的结果显示，OLS 的结果有偏，PSM 中使用不同匹配方法不会导致结果的不同；在敏感性分析中，土地报酬估计结果的 Γ 值在 1.6 左右，对隐性偏差敏感度不高，结果较为稳健，而农业收入的估计结果可能会因为不可观测变量发生改变，例如，政府干预政策的改变、干预中行政力量对农户决策的影响等，但这样的偏差不一定存在，对结果变化保持关注即可。使用 NNM 结果进行分析。

表 7.7　农地流转中不同政府干预形式对农户收入影响的估计结果

方法	OLS	NNM	CM	KBM
Land income	954.10***	1023.93***	969.50***	986.26***
Farm income	631.61**	753.16**	750.58**	767.39**
Rent	322.50**	270.77	218.91	218.88
Off - farm income	1920.77	5968.64	5323.18	5928.41
Tincome	317.83**	331.82	331.82	323.17
Oincome	1602.95	5636.82	4991.36	5605.89
Total income	2874.88	6992.56	6292.68	6914.67
Rosenbaum——land income	—	1.7	1.6	1.5
Rosenbaum——farm income	—	1.0	1.0	1.0

注：① ***、** 分别表示在 1%、5% 的水平上显著。②Rosenbaum 为 Rosenbaum 边界敏感性分析，表示结果在 10% 的水平上显著时的临界 Γ 值。

与间接干预相比，农户的土地报酬在直接干预下显著高出 1023.93 元，差异主要来自农业收入。具体而言，两种干预形式下农户的租金收入差异不大，政府的直接和间接干预都能够显化流转价格；政府直接干预时，由于土地转出先于劳动力转移，有 46.27% 的农户根据其比较优势选择继续务农；但政府间接干预时的土地转出通常发生在劳动力转移之后，继续务农的农户仅占 12.07%，因此，直接干预时农户的农业收入更高。非农收入的估计结果为正但不显著，两种干预形式对劳动力资源配置的影响差异不大，一方面，不管政府直接干预是引进的企业，还是间接干预时产生的种植大户，农户都能为之工作且收入水平相差不大；另一方面，两组农户的其他非农收入差异不明显。总体上，政府直接干预下农户总收入较高，但这种差异在统计上不显著。

第五节 研究结论与政策启示

一、研究结论

本章基于贵州省农户调研数据，利用倾向得分匹配方法对农地流转的收入效应进行研究，结果表明：第一，政府干预对转出户的增收效应不显著，转出户的租金收入未能完全补偿农业收入的减少，非农收入和总收入均未明显增加，部分原因在于是政府主导型流转的议价模式不利于参与户对租金的正常诉求，并且转入企业为他们提供就业机会的承诺兑现率不高；第二，即使租金提高到农户期望水平，转出户土地资源报酬不再显著减少，总收入仍未显著提高，仅依靠合理显化土地流转价格不足以促进农民增收，实现农户的非农就业更为重要；第三，与间接作用相比，直接作用下转出户的农业收入更高，原因是农户对农业种植的依赖性更强，但不同政府作用类型下农户的租金、非农收入和总收入的差异均不显著。

二、政策启示

提高农民收入是农地流转的政策目标之一，但在利用政府优势解决农地流转市场“失灵”的问题时，不可避免地发生了偏离政策目标的情况，政府主导下的农地流转并未提高农户的收入，导致转出户收益权受损，如何在现有的产权制度框架下更好地实现土地承包经营所有者增收是值得探讨的问题。本章的政策启示如下：第一，准确定位基层政府和村集体在农地流转过程中的角色，兼顾农户与下乡资本的利益，起到搭建流转交易平台的中介作用、规范并引导市场行为的监督作用、降低农地流转交易费用的辅助作用，是对市场机制中存在的短板进行补充，而非过度干预流转过程，在不扰乱市场规律的前提下构建良好的交易环境；第二，在具有集体规划性质的政府主导流转实施过程中，充分参考转出农户对于流转价格的诉求，在农户参与并了解流转情况、与农户积极商议和沟通的基础上，综合土地质量、产值等现实情况制订合理的流转价格和科学的流转方案；第三，均衡农户家庭与集体的利益，通过技术培训、增加就近务工岗位等方式，真正解决农户转出土地后的就业问题，避免转出户“失地又失业”，至少保证在非农部门就业不具有比较优势的农户收入能够适度提高；第四，建立农地流转监督体系，进一步规范流转中政府和村集体干部在流转政策实施中的行为，减少违规操作空间，同时，构建有效的农户诉求渠道，真正实现农户意见或建议能够受到重视并得到及时地处理和反馈。

第八章 保护农民农地流转收益权益的路径设计

土地是农业生产中最基本和最重要的生产资料，也是农民生产生活必不可少的资源。“三农”问题的核心是“农民问题”，农民问题的核心则是“土地问题”。在经济发展中，农民的土地权益保护问题一直是土地问题的核心。长期以来，土地肩负着农业生产以及社会保障的巨大责任，是农民最重要的财产。1984年，中央一号文件首次提出了“鼓励土地逐步向种田能手集中”。进入21世纪，随着户籍制度的放松，非农产业大发展带来了众多的非农就业机会，从而推动劳动力从农业部门向非农部门转移，人口流动速度加快，跨省、跨区域的劳动力增长加快，土地抛荒现象愈发严重。均田制下带来土地分配公平的同时也带来了土地经营的细碎化。随着农业经济的发展，小规模分散经营的模式极大地阻碍了科技进步和农业生产率的提高，并威胁到国家粮食生产安全。因此，众多学者提出，要通过土地流转逐步推进土地规模化、集约化经营，改变目前农地分散经营的格局。国家对土地流转从放松到支持，鼓励土地向家庭农场、专业大户以及合作社等集中。2008年《中共中央关于推进农村改革发展若干重大问题的决定》指出，现有土地承包关系要保持稳定并长久不变，要加强土地承包经营权流转管理和服务，建立健全土地承包经营权流转市场，按照依法自愿有偿原则，允许农民以转包、出租、互换、转让、股份合作等形式流转土地承包经营权，发展多种形式的适度规模经营。有条件的地方可以发展专业大户、家庭农场、农民专业合作社等规模经营主体。

但是，在大规模推进土地流转的过程中，或多或少地存在对农民权益的损害，达到一定程度的损害后农民就会抗争，抗争主要以纷争的形式体现。尤其是当土地流转转变成地方政府的政治任务、纳入政府绩效的考核体系之后，地方政府为了达到较高的政绩，在吸引投资的过程中，会损害农民自愿原则，有时候还会利用行政手段迫使农民流转土地。农民为了维护自己的合法权利常常会与政府抗争，加剧了社会矛盾。当前，媒体报道的多项损害农民土地权益的事件引起了社会各界以及政府的关注。农地流转纠纷集聚了农村社会风险，是一个不可回避且现实存在的重大社会问题。因此，对农民土地权益保护问题进行深入研究，寻求解决办法，探索适合中国国情的解决路径对推动农地有序流转、稳定农村社会经济、构建和谐社会具有重大的现实意义。

土地制度是农村经济制度体系中的最重要、最基础的制度。伴随着经济社会的变迁，土地制度改革一直在进行。现行土地制度中存在的最突出的问题在于产权主体不清，权责不清，产权公共域给相关利益主体留下了较大的“寻租”空间，强迫农民接受一些不平等的规定。因此，保护农民的土地权益，首先应从产权设计入手，完善农地产权制度设计；其次，农民权益受损的另一个关键原因在于，农民自身法律意识淡薄，对政府定位不准确，缺乏对相关法律法规以及土地政策的理解，因此，在完善农地产权制度设计的基础上还应该纠正农户的认知偏差，提高农户的维权意识和维权能力；再次，长期以来，农民处于社会底层，博弈能力弱，在与政府博弈的过程中，常常处于弱势地位，因此，提高农民的博弈能力是解决土地流转过程中农民权益受损的根本路径；最后，从政府角度来看，当权益受损达到一定的阈值时，农民就会奋起抗争，导致地方政府与农民的关系紧张，严重影响了政府权威和公信力，甚至引起社会动荡，影响政府绩效和政绩。因此，从地方政府的角度来看，应该调整思路，加强与农民的合作博弈，探索从非合作博弈走向合作的博弈的路径，由此实现政府和农户的双赢局面，既保护了农民权益，又维护了政府形象、权威以及公信力，对于促进社会和谐与稳定具有重大意义。

第一节 保护农民土地权益路径之一：完善农地产权制度设计

一、坚持土地集体所有性质不动摇

我国是社会主义公有制国家，坚持农村土地公有制是符合社会主义公有制国家基本国情的，是不可动摇的基本经济制度。生产资料公有是社会主义国家的基础和本质，土地作为最重要的生产资料，其在推动农业经济发展、提供社会保障、维护社会和谐稳定方面具有不可替代的作用，因此，土地的公有制维护了社会主义制度的基础。尽管众多国际经验表明，土地私有制是农地资源配置最优效率的形式，因为其产权边界最为清晰、最能保障农民的私有产权、最能形成有效的激励，从而有利于激励人们以可持续的方式利用土地资源。但是土地私有并不符合我国的所有制结构，动摇了农业经济公有制的基础，也存在农村土地兼并的风险，因此在我国土地私有并不可行。社会主义公有制，将土地的再分配权牢牢地把握在国家和集体手上，在某种程度上能够缩小社会贫富差距，避免土地投机主义的盛行，这符合社会主义国家的本质要求。因此，土地作为农业生产中最重要也是最基本的生产资料，应当实行社会主义公有制。农村土地集体所有不仅是农民的社会保障、农业经济集体所有的基础，还有利于抑制土地兼并、保障社会稳定的基础，而且同时能够有利于国家宏观调控和监管，在推动土地规模化经营、机械化生产、产业化运作、实现现代化农业产业结构调整方面具有重大意义。1982 年，中共中央批转《全国农村工作会议纪要》指出，我国农业必须坚持社会主义集体化的道路，土地等基本生产资料公有制是长期不变的，集体经济要建立生产责任制也是长期不变的。从 1978 年至今，从家庭联产承包责任制到“所有权、承包权、经营权三权分置”再到“新一轮土地确权改革”，多次的土地制度改革，围绕产权、土地生产而开展，但是基本的土地公有制度从未被动摇，社会主义公有制是社会主义初级阶段的基本经济制度，是社会主义国家的根本。

但是，产权公有不可避免地会导致产权的模糊化，这种虚设的土地产权制度使农民难以确定在集体土地中的权力和份额，产权边界不清晰带来的产权公共部分成为地方政府逐利的动机。这种产权制度为部分人改变土地用途、不尊重农户的意愿而强制性土地流转提供了政策保护伞，蔑视农民在土地流转中的主体地位，侵害了农民权益。因此，为了进一步保护农民的权益，我国土地政策改革的方向应是完善土地公有制，在坚持土地集体所有的基础上，将保护和明晰农民土地使用权作为改革重点，并进一步明确地方政府在推动地方土地流转中所扮演的角色、拥有的权利和承担的义务。

二、建立产权清晰、主体明确的土地制度

人类经济发展实践表明，产权明晰是稳定产权的基础，是产权所有者的根本保障。只有明晰稳定的产权才能产生稳定有效的激励，农业生产更是如此。然而在我国，由于相关法律法规的不健全导致了土地产权主体模糊，权利义务不明确，严重妨碍了土地资源的再配置和生产效率的提高。《宪法》第十条规定，农

村和城市郊区除由法律规定属于国家所有的以外，属于集体所有；宅基地和自留地、自留山，也属于集体所有。《土地管理法》第十条规定，农民集体所有的土地依法属于村农民集体所有的，由村集体经济组织或者村民委员会经营、管理；已经分别属于村内两个以上农村集体经济组织的农民集体所有的，由村内各该农村集体经济组织或者村民小组经营、管理；已经属于乡（镇）农民集体所有的，由乡（镇）农村集体经济组织经营、管理。根据以上规定，农村土地归农村集体所有，由集体经济组织或者村民委员会经营和管理。集体经济组织成员只拥有土地承包权和经营权，没有所有权和处分权。然而，法律没有回答“什么是集体?”“谁能代表集体?”“集体经济组织是什么?”以及“共有产权下，每个农民如何明晰自己在集体土地中的份额和权利?”等问题。集体产权主体模糊、法律地位不明确、权利义务不清等问题使农民的财产权利难以得到保障，集体所有权权能残缺和农民土地财产权的缺失，致使农民土地财产权不断遭到来自政府、村委会、企业等势力的剥夺和侵犯。

法律是土地制度中最关键的组成部分，决定了产权主体、规定了权利义务，因此，提高土地资源配置效率，保护农民权益的最根本路径还是在于建立健全以保护农民权益为中心的法律体系。法律体系的构建意味着一系列法律的重构与完善。对农民来说，土地是生产生活的来源，衣、食都依赖于土地，土地是农民最重要的财产，因此保护土地权益对农民的生产生活具有重大意义。农民权益受损的根源还在于产权界定不清、责权不明，产权公域为地方政府留下巨大的“寻租”空间。因此，应当进一步深化产权制度改革，落实土地确权工作，建立产权明晰、责权明确的农村土地产权制度。明确农民的土地权利，不仅要注重名义产权的完善，更应注重事实产权的保护。建立土地流转指导意见或者统一的政策文件，明确地方政府和村委会在土地流转过程中的权责，减少其自由裁量权，切实保护农民合法权益。首先，应从国家《宪法》开始，除了确认人权为基本权利以外，应该将农民土地权益作为公民私人财产权利纳入《宪法》基本权利的保护范围，以国家根本大法的形式确立农民土地权益保护的重要地位，将农民土地权益保护提升到国家《宪法》的高度，任何人都不得侵害农民权益。其次，针对当前农村集体土地产权主体模糊、农民权益受损的现状，除修改《宪法》以外，其他相关的法律如《土地管理法》《物权法》《农村土地承包法》中的相关规定也应被修改。建立产权明晰、主体明确的土地制度的基础是坚持土地公有制，在此基础上，明晰集体经济组织的相关权利，并解决“谁是集体?”“谁能代表集体?”“集体经济组织成员在集体土地中的权利和份额”等问题。由于全国各地集体经济组织建立和存在的情况不同，集体经济强弱不同，应根据各地区集体经济组织存在的情况，对集体经济强的地方，率先成立集体经济组织，由集体经济组织成员组成，并与村委会相区别，处理集体经济事务，拥有集体土地所有权，集体经济组织管理团队由村民大会选举产生，一年一任，可连选。延长承包期，土地产权长久不变，以此稳定农民的生产和投资预期，便于土地长期流转。

三、确立永久与可交易的农地承包权

土地是农民生产生活的来源与保障，因此土地承包经营权对农民具有重大意义，在家庭承包经营制度中具有基础性地位，稳定农地承包权就是稳定全国农民的收益预期，对促进社会公平与稳定具有重大意义。众多的实践经验表明，农民土地承包经营权的稳定关系到农业生产、社会生活的方方面面，稳定的产权能够带来稳定的土地投资激励，能够在一定程度上调动生产积极性。同时，受法律保护的产权，能够极大地提高产权的安全性，因此农村的土地承包关系要保持稳定并长久不变。2008 年，党的十七届三中全会通过的《中共中央关于推进农村改革发展若干问题的决定》指出，稳定和完善农村基本经济制度，富裕农民更加充分的土地承包经营权，现有承包关系要保持长久稳定不变。2013 年的中央一号文件强调“要强化对现有承包经营权的物权保护，做好集体土地所有权的登记颁证工作，将权属落实到法定行使所有权的集体组织”。2010 年中央一号文件指出“继续做好土地承包管理工作，全面落实承包地块面积、合同、证书”。2013 年中央一号文件更是明确指出“用五年时间基本完成农村土地承包经营权确权颁证工作，妥善解决农村土地四至不清、面积不准的问题”。但是确权颁证并不代表产权的稳定，一部分学者认为，在中国，农地确权并不一定会提高地权的稳定性，农地确权对地权稳定性的影响程度与土地调整经历有关（应瑞瑶，2013）。如果从某种程度上土地确权并不能带来产权的稳定，那么是否改革则需要重新考虑如何提高农户的土地产权的安全性，使其产权受法律保护，而不受地方政府的干预和强制？

《中华人民共和国土地承包法》规定，土地承包经营权人依法对其承包经营的耕地、林地和草地等享有占有、使用以及收益的权利。其中耕地的承包期为 30 年，草地承包期为 30 年至 50 年，承包期届满，由土地承包经营权人按照国家有关规定继续承包。目前法律规定的承包期限为 30 年，尽管在中央一号文件中强调承包权长久不变，但是并没有落实到法律文件中。通过赋予农民永久可交易的使用权不仅能够进一步稳定农地的土地预期，使其经济价值进一步提升，刺激对农地的长期投资，还能在某种程度上解决目前农村集体土地产权主体虚化的现象。基于农户永久且可交易的农地承包权，尽管土地所有权在集体，但是当使用权被永久化以后，所有权的权属相对不那么重要，因此能够极大地促进土地资源的有效配置。这既实现了在不动摇农村土地集体所有的公有制目标，又进一步明晰了土地产权，提高了资源的配置效率。更重要的是，永久可交易的农地承包权给农户带来的产权安全感，在一定程度上限制了地方政府和村集体的权利，增强了农户在土地流转过程中的博弈能力，从而保护农民的土地权益。

第二节　保护农民土地权益路径之二：矫正认知偏差

基于个人信念和知识的产权认知能够显著影响个人的行为选择，因而产权认知偏差会导致个体行为偏差。当相关利益主体间的信息和知识获取不对称以及产权认知不一致时，就会因为行为偏差产生行为冲突，由此导致非合作博弈的形成，造成一方甚至是双方利益受损。由于农民在利益博弈中通常处于绝对弱势地位，其流转权益极其容易受到侵害。相关研究表明，农民对耕地产权的认知以及外部环境会影响农地产权制度的实施效率，并影响土地流转意愿和行为（徐美银，2008）。农户作为“经济人”和“理性人”，基于家庭受益最大化原则，当面临流转决策时，会选择自己最有利的制度安排，会根据自身条件计算各种制度框架下的成本收益，比较效益大小，形成自己的制度偏好（许恒周，2013）。当然，地方政府和村集体作为相关利益主体，其本质也是“理性人”，因此，任何决策都是基于个人收益最大化，或者在个人绩效最大化的基础上做出来。当农民的利益目标和政府的利益目标不一致时，就会产生认知偏差。另外，农户对土地产权的认知与法律上的偏差会导致农户期望与行为的偏离，从而影响农户的土地流转行为（刘骏，2014）；其中，对土地承包经营权转让具有私有认知的农民更容易流转土地（许恒周，2012）；对流转权有较强偏好的农户土地流转行为较多，而对继承权具有较强私人控制欲的农户则更偏向于不流转土地（徐美银，2013）。总之，当农户认知偏离法律法规，则会影响农户的流转决策和判断，这也成为阻碍土地流转有序进行的重要原因。同时，当地方政府和农户对法律法规、对流转信息的认知出现偏差时，则容易导致流转纠纷与矛盾，从而加剧农村社会的不稳定。因此，矫正农户和相关利益主体的认知偏差是保护农民土地权益的重要路径和必然选择。矫正认知偏差，要明晰产权。对责任义务进行明确划分，有较少的政策模糊度，这样才能真正实现认知的一致。

一、因地制宜地推动农村土地确权颁证

应进一步落实农村土地承包经营权确权登记。目前仍有不少地区土地承包经营权颁证比例低，由此造成了农民所处的村庄产权环境不安全、农民产权安全认知偏差较大，严重影响了农村土地制度改革的绩效。为了进一步推动地方土地流转，提高规模化经营程度与农民正确的产权安全认知水平，促进农业生产发展，地方政府应加强新一轮的土地确权登记工作，保证确权到户、颁证到户和农村土地承包经营权证书发放全面覆盖，要赋予农民更加充分而有保障的土地承包经营权，稳定农村土地承包关系长久不变，不断提升农户农地产权的稳定性与可预期性。新一轮确权颁证旨在解决农户承包土地面积不准、四至不清等问题，为农户的土地承包权提供了法律保障。

新一轮土地承包确权工作，主要是在“三权分置”的基础上，进一步明确所有权，同时稳定承包权，进一步放活经营权，目的在于通过提高产权安全性来增加土地流转，从而实现规模化经营。在确权工作中，强化了农民对承包经营权的物权保护，是稳定农村承包关系最有效和最直接的办法，通过给农民颁发具有法律效力的土地权属证书，可以化解农民把土地流转出去若干年以后收不回来的担忧，减少农地流转的风险，从而侧面推进土地流转，实现土地向专业大户、家庭农业和农业企业的集中，实现土地规模化经营和农民增收（马德华，2015）。同时具有法律效力的土地权属证明，明确各家各户承包土地面积、位置，能够有效地减少土地流转过程中因土地边界不清晰、土地被侵占而发生的纠纷问题，提高了流转的稳定性和安全性。

二、加强对农地产权相关法律政策的宣传

农民农地产权认知并非一定与法律要求相符，有时候会出现于法律规定相悖的情况。当认知与现实出现偏差时，就容易产生行为偏差，因此应当充分重视对农民进行相关法律法规的宣传和执行，增进农民对国家土地政策的认知，确保农

民能够在自愿基础上自由选择流转交易对象，流转双方自由协商流转租金以及流转期限，减少其不必要的顾虑，降低交易费用，促进农地流转市场的发展。错误的产权安全认知不利于保证土地政策与农民认知的一致性，不利于国家土地政策的推行，为杜绝错误的产权认知在村庄内部的扩散和向村庄外部的蔓延，各地政府除执行中央相关土地政策外，还需要通过知识培训、专家讲座等途径将正确的土地产权信息传播给农民，弱化农民产权安全认知偏差，提高农民的认知能力和认知水平，有利于土地政策的执行和农民权益保护。

第三节　保护农民土地权益路径之三：改善博弈环境，提升农民博弈能力

农业部、中央农办、国土资源部、国家工商总局四部委 2015 年 4 月 24 日发布《关于加强对新型农业经营主体租赁农地监管和风险防范的意见》要求，坚持土地公有制性质不变、耕地红线不突破、农民利益不受损的“三条底线”，让农民成为土地流转和规模经营的积极参与者和真正受益者。在土地流转中，农民权益受损的一个重要原因是在政府主导型土地流转过程中，与政府和新型农业经营主体相比，农民行为能力较弱，为了维护自身权益往往采取有限理性的策略。因此，保护农民土地权益的重要路径在于改善博弈环境，提升农民的博弈能力。

一、建设农地流转中介平台，完善农地流转市场是改善博弈环境的基础

目前我国农村土地承包经营权流转市场正逐步发育，迫切要求建立农地流转中介平台。首先，在中国以家庭为单位的小农经济存在家庭分散经营和社会化大生产之间的矛盾，小农经济自身的局限性就决定了单个家庭的信息获取能力、利益博弈能力以及市场力量薄弱，需要发挥中介管理组织的功能，以促进农地流转的有序高效进行。其次，农地流转中农民权益在很大程度受限于市场机制没有发挥作用，无法实现市场对农地资源的有效配置。流转租金的生成并不是由市场决定的，而是由基层政府和新型农业主体决定的，且往往低于市场价格。农地流转市场的不完善，直接导致了流转价格无法由市场决定，农民权益受到损害。因

此，进一步完善农地流转市场是改善博弈环境的关键。土地承包经营权流转市场的发展就需要配套建设市场中介服务体系，包括土地流转咨询、流转价格评估、土地流转市场监管和仲裁等机构的建设，同时还应该相应地推动农地流转保险制度建设。关于农地流转中介服务机构的建设主要是在各个乡镇建立土地流转产权交易中心，有土地交易需求的农户或者新型农业经营主体可以到产权交易中心进行登记交易，并建立全国土地流转交易网络平台，实时更新农户和经营者信息，增加信息的有效性和透明度。加快建设农地流转中介组织，发挥流转中介组织在产权交易和农村土地权益中的重大作用，健全农村土地流转机制，搭建公平公开且规范的农村土地流转交易平台。

二、规范和完善农地流转补贴政策是改善博弈环境的关键举措

一般来说，地方政府出台土地流转补贴政策的目的是通过对农地流转进行补贴以吸引新型农业经营主体下乡投资，以提高农村土地流转市场规模，从而推动农业的集约化、规模化和现代化。地方政府的动机是想通过流转补贴来提高土地流转率，但是由于新型农业经营主体下乡具有较强追逐补贴政策红利的动机，而缺乏真正发展农业的企业家精神，资本下乡的动机在于如何套取国家补贴而非促进农业经营规模化，因此导致很多新型农业经营组织在套取地方政府流转补贴以后，并未按照合同进行农业生产经营，而是将土地闲置抛荒，拖欠农民租金，致使农民权益受损。因此地方政府进行流转补贴时，应转直接财政补贴为间接基础设施补贴，制订基础设施配套政策，鼓励新型农业经营主体在规模经营园区内投资兴建道路、水利、电力等基础设施，并对其基础设施建设给予一定的资金补助，并对达到一定规模的土地流转项目给予融资支持，以此来降低新型农业经营主体下乡具有较强追逐补贴政策红利的动机。

三、构建农地流转保证金制度是提高农户博弈能力的重要保障

在农地流转过程中，新型农业组织因经营不善无法按时支付农户租金，或者恶意拖欠租金、破坏农地的情况时有发生，农民权益遭受极大损失，严重影响了社会和谐与稳定。而单个农户在面对新型农业经营组织时，往往势单力薄，无法追讨拖欠租金。因此，新型农业经营主体在完成土地流转以后，为了预防拖欠农户租金、破坏耕地生产条件、非农化行为等新型农业经营主体的道德风险等问

题，应当建立保证金制度。在土地流转前，通过村民大会的形式，与新型农业经营主体的代表人根据土地流转规模、土地质量以及土地流转后土地的利用方式等协商决定保证金数额，该数额至少包括拖欠租金的补偿款、土地被破坏以后的复垦和修复费用。在土地流转前，新型农业经营主体应当将土地保证金交予村委会保管，以合同的形式确认双方的权利与义务。在发生租金拖欠、土地被破坏的情况下，村委会可以将保证金补偿给农户，并及时依据合约，收回土地，最大限度地保证农民权益不受损。

四、建立村级维权制度，加快培育农民利益团体是提高农民博弈能力的有效手段

以家庭为单位的小农经济天然具有分散性，当农民土地权益受到侵害时，如果农民以个人身份进行利益表达，往往效果不佳，且难以与基层政府和新型农业经营组织抗衡。因此亟须建立村级维权制度，同时加快培育农民利益团体。作为农民集体权力的代言人，在农户权力受到损害时，通过村组织集体行动表达，有助于降低农户维权的交易成本，维护村集体土地所有权地位，强化所有权意识，提升村集体凝聚力，形成村集体与农民之间的“命运共同体”。农民利益团体作为一种特殊的利益集团，其对社会的生产生活具有重大意义。目前西方发达国家的农民大多选择通过各类农民利益团体来进行利益表达，如日本的农业协同组织、农业委员会以及韩国的农协等农民利益团体在政府的支持和鼓励下，得到了很好的发展，并且能够通过农民利益组织为农民提供全方位服务，在农民权益受损时能够代表农民进行利益表达，极大地提高了农民的博弈能力，也保障了农民的根本利益。然而，在小农经济普遍发展的中国，家庭经营所具有的分散性，使在面对权益损害时，单个农户的博弈能力弱，因此需要加快培育能够代表农民共同意愿行使权利的农民利益团体，当农民权益受到损害时，通过利益团体表达利益诉求，能够极大地提高农民在市场竞争中的谈判力和博弈能力。根据我国目前农村的实际情况，现阶段主要通过大力发展农民合作经济组织、农业协会等来培育农民利益团体。另外，只有把农民能力发展嵌入现代农业发展过程中，才能真正保护农民权益，否则现代化农业发展必然是边缘化农民。因此，在提高农民博弈能力的过程中，重中之重必然是通过培育新型职业农民来提高农民的内生博弈能力，在推进九年制义务教育的同时大力发展职业教育，促进农民能力提升与转型发展，提高农民在农地流转中的博弈能力。

第四节 保护农民土地权益路径之四：从非合作博弈走向合作博弈

非合作博弈下的“囚徒”困境导致社会财富与个人财富都没有实现最大化。合作是人类发展的基础，农地流转博弈本质是一个社会财富增加下的“非零和”博弈，是提高农地价值的重要途径。非合作博弈农地流转的“囚徒”困境，本质上缺乏一个合作博弈的机制。非合作博弈关心的是参与者在博弈中如何行动及选择的策略，而合作博弈则注重博弈的结果，也就是合作博弈关注的是博弈结果能否带来双方利益的改善，在于如何将“蛋糕做大”。在合作成为社会化大趋势的背景之下，农地流转利益共同体的构建才是现实合作共赢，走出损害农民权益“囚徒”困境、化解农村风险、稳定社会的根本途径。

农地流转实现合作博弈，就必须达成有约束力的合作协议。例如，在“囚徒”困境中，为了保证博弈双方不会出卖对方以实现自身利益最大化，事前两个人可以通过签订有约束力的合约，其中包括威胁和承诺，使博弈参与者出卖对方的成本远远高于不出卖对方的成本，以此来保证合作博弈的达成。因此，根据合作博弈的基本思想，农地流转一定要具有外部稳定性，也就是农地流转合作一定能够带来持续的高回报，而且，这个回报一定要高于农民自耕的经济收益，才能够吸引农地流转博弈者的参与；实现“合作共赢”是建立村集体与农民之间的“命运共同体”的根本途径。通过合作使村集体和农民的预期都远远大于“非合作”情况下双方各自的收益，这是“合作博弈”的基础和目的。实现从“非合作博弈”向“合作博弈”的主要路径是通过建立合作博弈的“外部稳定性”机制和“内部稳定性”机制来实现。

一、实现合作博弈的外部稳定

合作博弈外部稳定性的本质在于通过合作实现更多的超额收益，使土地流转能够实现博弈双方利益最大化，简而言之，就是土地流转能够给博弈双方带来更多的收益。土地流转博弈存在的前提是：博弈双方都有动机参与博弈，在农地流转过程中，农民有动机转出土地的同时新型农业经营主体也有动力转入土地，土地流转交易才会成功，这是实现合作博弈的前提。因此，实现合作博弈外部稳定的路径在于如何推动土地流转，以及如何提高土地流转以后博弈参与者的收益。实现合作博弈外部稳定，首先应通过加速农村剩余劳动力的转移，发展多种形式的规模经营以及培育与发展新型农业经营主体等途径改善博弈外部环境。

加快农村剩余劳动力转移，拓宽农村劳动力的就业渠道，是进一步推动农村土地流转、实现合作博弈外部稳定的重要路径。一方面，实现农村剩余劳动力的转移应该开展农民培训工程，提高农民整体素质，以提高其非农就业能力。全面考虑并解决不同流转群体的长期就业问题，最大限度地保障农户的基本生活，为转出户调节可耕种土地等举措实现真正的农地流转多方共赢。将农民培训纳入地方政府考核标准中，通过举办各种农民工技校、职业技能专题培训班等手段提高农民非农就业的能力，使农民获得更多的生存技能，减少其对土地的依赖程度。同时鼓励发展乡镇企业，集体企业提高农村工业化以及城镇化水平，以吸纳更多的农村剩余劳动力实现就近务工，让更多的农民离开土地，以此实现农地的快速、有效流转。另一方面，实现农村剩余劳动顺利转移还需要打破体制障碍，在推进工业化、城镇化的过程中，兼顾效率与公平，充分保护农民的合法权益，打破户籍障碍，完善就业、住房、养老等社会保障措施，保护进城务工农民享受与城市居民同等的基本公共服务，如此，才能从根本上推动农村剩余劳动力的顺利转移。

现代农业发展迫切需要培育与发展新型农业经营主体，解决农业后继无人的问题。土地流转涉及双方，流转交易的达成除了需要土地供给方有足够动力流转土地外，还需要土地需求方有足够动力转入土地。农业比较利益低，只有通过培育新型农业经营主体，转变农业经营方式才能够不断提高农业生产的专业化、标准化、规模化和集约化经营水平，推动现代农业的发展。2017 年 6 月中共中央办公厅、国务院办公厅印发《关于加快构建政策体系 培育新型农业经营主体的意见》明确指出，到 2020 年，基本形成与世界贸易组织规则相衔接、与国家财力增长相适应的投入稳定增长机制和政策落实与绩效评估机制，构建框架完整、措施精准、机制有效的政策支持体系，不断提升新型农业经营主体适应市场能力和带动农民增收致富能力，进一步提高农业质量效益，促进现代农业发展。

2015 年中央一号文件指出，要坚持农民家庭经营主体地位，创新土地流转和规模经营方式，培育专业大户、家庭农场、农民专业合作社、产业化龙头企业等新型经营主体。积极发展多种形式的适度规模经营。发展农业规模经营要“适度”，不能盲目求大，强行推进。由于现代农业生产要素存在门槛效应，以家庭联产承包为核心的分散经营，产业结构单一，农户自耕方式下无法采用现代农业生产要素，无法提高劳动和土地生产力，实现农业现代化经营。只有将土地集中到新型农地经营主体中，才能充分发挥土地和新型农业经营主体的生产潜力。实现农业生产组织内部与外部分工，提高管理效率。农地流转适度规模经营效益下的超额回报，采用更优的生产活动、更优的生产要素，实现单位耕地面积收益高于农户自耕获得的收益，由此保证了合作博弈的外部稳定性。

二、实现合作博弈的内部稳定

农地流转外部稳定性本质在于合作下创造农业更大的“蛋糕”。但是，农业“蛋糕”的分配确是合作内部稳定性的关键。因此，实现合作博弈最关键的部分在于构建农地流转合作博弈的内在机制，实现内部稳定性。农地流转内部稳定性核心在于构建一个联盟，使联盟中每一个参与者都认为得到了公平对待，能够获得合作剩余中应该得到的回报。博弈的精髓在于寻找均衡，内部稳定性的实质就是“非合作博弈均衡”，只有博弈双方达到均衡点，在均衡状态下，双方的预期收益达到最大，因此各个博弈参与者才没有动机去改变该均衡。因此，实现合作博弈的内部稳定实际上是达到合作博弈的均衡。在现实的土地流转博弈中，农户、政府以及新型合作经营主体之间通常是非合作博弈，新型农业经营主体为了压低地价，在农地流转过程中获取更多的便利和“寻租”空间，通常会选择“贿赂”政府，而地方政府迫于规模流转的政治任务以及对更高政绩的追求，通常也会选择牺牲农民的土地权益以达到吸引新型农业经营主体的目的，以扩大土地流转规模。由于农民权益保护意识、维权意识薄弱、知识文化水平低，当其权益受到侵害时，不知道怎么维护自身的合法权益，在加之农民表达诉求和上访渠道狭窄，更多的农户由于担心反抗后被村委会为难，由此导致反抗成功的概率低且反抗成本高昂。因此，即便是其土地权益受到地方政府或者新型农业经营主体的侵害，也会选择忍气吞声。在现实的农地流转博弈中，非合作博弈的均衡通常是新型农业经营主体选择与政府合谋，损害农民权益，但是农民会选择不反抗。在非合作博弈中，博弈均衡通常会偏离社会化最优均衡点，农民权益受到损害。因此，在地方政府以及新型农业经营主体之间树立合作博弈的观念显得尤为重要。

第九章　实现农民权益保护路径面临的问题与对策建议

长期以来，农地流转过程中都存在对农民权益或多或少的损害，农民土地收益权益保护问题受到社会各界的广泛关注。理论界和实践界提出了众多解决农地流转过程中农民权益受损的策略与方法，然而，农民权益保护是一条艰辛且漫长的路途，在权益保护过程中，面临了众多的问题和阻碍。本章将在前面的基础上，探讨实现农民权益保护路径面临的问题，并有针对性地提出实现农民权益保护路径的对策建议，以期为推进农地流转、保护农民权益提供理论指导和现实参考。

第一节　实现农民权益保护路径面临的问题

多个中央一号文件强调“在土地流转的过程中要注重保护农民权益”并出台了相关的《物权法》《土地承包法》等法律以保护农民的合法权益。学术界也逐渐关注到农地流转过程农民权益保护问题。主要表现在一些地方政府为了追求农业规模化经营指标，不尊重农民自愿流转的原则，强迫或者千方百计“说服”承包户流转土地给村集体或者企业。在这种情况下，一部分具有较高农业生产能力的农户，以及以农业收入为主的农户被迫流转土地，而失去了原本家庭经营优势和主要收入来源，加大村内贫富差距。在对贵州省几个县城调查中发现，大规模的土地流转都是由基层政府主导，村委会配合实施。当土地流转主要通过村委会进行流转、由基层政府或者村委会与企业对接时，农户就无法直接与土地租赁企业商讨土地利用保护、土地租金的诉求，容易造成承包户与租赁户的信息不对称。

农民反映集体性土地流转的问题主要总结为以下方面：第一，土地流转租金低于周边村庄平均流转价格，农地使用权流转的定价随意，没有统一标准，也没有统一手续，这严重侵犯了农民的土地流转自主收益权。第二，在土地租金定价过程中，农民谈判权较弱，租金、租赁期限、土地用途都取决于承租方，而承包方缺少话语权。在对贵州省政府主导型土地流转的调研中发现，在政府主导型土地流转中，土地流转主要由基层政府和村委会代表村民出面与企业商谈土地租金、土地用途以及土地租赁时间。因此，在政府主导型土地流转中，农民的自主协商权容易遭到损害。第三，流转主体错位，流转合同不规范。在调查过程中，课题组发现某些地方存在村委会或者村经济合作社代替承包方签订土地流转协议以及流转合同签订不规范的情况。尽管大部分农户与企业间签订了书面流转合同，但是合同内容条款全部由企业设定，农户被动接受，没有谈判权。另外，有的农户即使签订了合同，合同内容过于简单，对双方的权利义务、违约责任、赔偿条款等缺乏明确具体的规定。有的合同未经管理机构审查、鉴证，这就为后续的土地纠纷埋下了隐患。由于对承租者资格审核不严格、不全面，风险管控较弱，给承租者留下套取政府扶持资金的空间。个别承租者在转入土地、各级政府补贴资金到位以后，并没有从事农业生产，而是将资金转做他用，也未能按时足额支付土地流转租金，导致土地抛荒现象严重，未能达到推进区域农业规模化经营的目标，严重影响了农民的土地收益。第四，在土地出租后，承租者破坏田埂边界，私自占地修路，非法转变土地利用用途，破坏种植条件，使农民土地难以恢复原貌。在土地流转合同中，往往没有约定土地租赁期满以后土地修复问题，没有提前交纳土地租赁保证金，或者只交纳不足额的保证金，没有形成规范的农地使用权流转制度，容易造成土地纠纷与矛盾，对农民的土地承包经营权，特别是对以农业生产为主的农户的承包经营权造成了损害。

在土地流转过程中，农民土地权益难以得到充分的保障，农民土地流转权益受损的原因具体可以归结为：

第一，土地市场不完善，缺乏良好的土地定价机制。土地流转补偿定价机制是农民土地流转利益的实现机制。我国土地流转定价机制的内在缺陷和不健全是导致土地流转过程中农民权益无法保障的重要原因（刘荣材，2010）。在当前的集体性土地流转过程中，基层政府和村委会在流转租金定价上占有绝对优势，而农民作为土地的承包者和要素主体其讨价还价的能力弱，土地承租企业或农场为了最大化自身收益，会尽可能压低土地流转租金，而农民只能被动接受既定的流转租金。土地租金是土地价值的体现，由于我国农村要素交易市场不完善，难以通过市场供求关系对土地租金进行定价。另外，土地质量参差不齐、大小不一，地理环境位置千差万别，因此很难在较大区域范围内形成统一的市场定价。目前农村土地流转租金定价缺乏有效、良好、合理的定价机制，难以体现土地的市场价值。

第二，农民利益团体的缺失，博弈能力较弱。一方面，中国传统的农业经济以小农经济为主，这就决定了单个农户家庭的信息获取能力、利益博弈能力以及市场力量薄弱，如果农户仅依靠自身谈判能力去争取更多土地流转收入，往往难以实现预期流转收益，因此需要发挥中介管理组织的功能，以促进农地流转的有序高效进行。另一方面，由于与单个农户谈判成本太高，当农业企业、农业合作社以及经营大户有转入土地意向时，并不愿意与单个农户直接谈判。在中国由于农民利益团体的缺失，当新型农业经营主体有流转意愿时，往往通过基层政府或者村委会与农户沟通。在某些情况下，政府行政人员、村委会干部的个人利益目标并不一定与农户目标相一致，因此就导致农民在土地流转过程中权益受损。代表农民权益集团的缺失，使农户在土地流转经营谈判不得不依靠政府或村委会，而自身谈判议价能力弱。

第三，流转程序不规范，土地流转备案登记制度不完善。《中国农村经营管理统计年报》资料显示，2015 年全国土地流转纠纷总共 109 717 件，其中农户与农户之间的土地流转纠纷有 86 897 件，占比约 79%，土地流转纠纷大多发生在农户与农户之间。农户间的土地流转大多是自发、私下进行的，由于缺乏对农地流转程序和相关法律法规的正确认识，为了节省土地流转交易费用，农户之间的土地流转大多以口头协议为主，缺乏法律依据。在现实操作中，即便农户签订了书面合同，条款简单，流转双方责权不明确，缺乏规范性，容易产生流转纠纷。农业经营需要承担市场和自然的双重风险，当转入者出现经营不善、亏损等情况时，则会出现毁约或未按时交纳土地租金，另外，随着土地价值的增加，租金协商也容易导致流转纠纷不断。流转双方纠纷不断容易给双方造成利益流失，从而损害双方土地权益。当前乡镇基层政府大多没有建立农村土地流转的备案和变更登记制度，因此大多数的农村土地流转都缺乏正式备案登记和经营权变更登记，因此当双方利益出现不一致时，容易产生纠纷，这是农户权益受损的重要原因。

第四，产权制度设计不合理，产权主体不明晰。制度经济学认为产权作为一组权利束，由众多权利束组成，具有排他性、可让渡性等。产权的明晰关系到产权的效率和产权强度，在市场经济中，明晰的产权是提高资源配置效率的基础。产权越完整，越明晰，产权强度越大，就越能实现产权的市场价值。在初始的产权设计中，农村土地所有权归村农民集体所有，将土地承包到户，使农民拥有承包经营权，分享土地经营的部分收益，打破原有集体经济中收益均分的格局，以激励土地生产者的积极性。但是随着社会经济的发展，土地的财产性质进一步得到凸显，土地价值不断增长，其对农民也愈发重要，但是土地产权的不完整和不清晰使土地价值无法完整实现。在产权制度中，农民只拥有承包权，农村土地所有权归集体所有，那么“谁代表集体”“如何行使集体土地的所有权”等问题使土地产权模糊，留下了利益博弈的空间。模糊的产权主体使地方政府能够通过其行政力量干预土地产权价值的实现，也就为地方政府或者村干部干预农户土地流转，强迫农民进行土地流转留下了制度空间。正是由于这种不清晰的土地产权才使单个农民在利益博弈中处于弱势地位，土地权益极易受到侵害。当产权处于不清晰状态时，各利益主体就会为了各自的利益并利用自身的优势，在模糊的产权中为自己争取最大的利益。因此，产权制度设计不合理是土地权益流失的根本原因。

第五，缺乏有效的监督机制，内外部监管不力。部分地区由于缺乏有效的监督机制，当地监管部门对政府主导型土地流转的监督不够，导致政府“寻租”风险和成本大大降低。特别是在一些偏远地区，行政监管薄弱、监管成本高昂，土地流转往往由“地方政府和村委会说了算”，农民缺乏参与权和表达诉求的权利。村委会作为农民自发性自治组织，其具有法律所赋予的监督权，理应对地方政府和企业的流转行为进行监督。然而，由于村委会的多重代理身份使其行为具有多目标性，其不仅是村民自发形成的自治组织，肩负保护村民财产权利的目标和内部监督的职能，也是政府在基层组织中的代理人，因此必须完成政府提高流转率的目标；再者村干部作为经济个体，其目标是实现个人或者家庭利益最大化。因此，维护集体成员的财产权利并不是村委会的唯一目标，当上级命令、个人利益与农民权益发生冲突时，其行为和选择很难完全从保护农民权益的角度出发。村委会由农民选举产生的内部自治组织，是村民会议的组织者和召集者，当保护农民权益不再是其唯一目标时，那么通过其来实现内部监督也变得更加不可能。在土地流转谈判过程中，由于单个农户的谈判权力较弱，因此作为土地流转的推动者和主导者，基层政府和村委会便承担了土地交易的谈判任务。在推进土地流转过程中，由于政府官员、村委会工作人员、农户以及新型经营主体通常难以一致，一旦新型经营主体向基层政府或者村委会“寻租”并达成“合谋”，其流转决定就无法与农民的根本利益达成一致，流转租金的定价权等就掌握在承租者手中。因此，在政府主导型土地流转过程中，依靠内部监督难以实现。集体性土地流转本就是由政府主导与推动，部分地方政府将土地规模化经营上升为政策目标时，往往会过分追求流转规模和效率，忽视土地流转的合法性和规范性。内外部监督的“失灵”，审查概率降低，导致土地流转过程中地方政府、村委会以及企业的“寻租”风险和成本大大降低，农民权益更易遭受损失。另外，除了内外部监督“失灵”以外，还存在处罚力度不够、激励不足等问题。

第二节　实现农民权益保护路径的建议

推进规模经营的前提是实现土地有序高效的流转。土地流转是涉及农业经济发展的重要议题，是国家政府高度关注的领域，多个中央一号文件涉及和强调土地流转问题。2015 年 5 月 25 日，习近平总书记和李克强总理对如何推进农地流转作出了重要批示，习近平总书记强调：“土地流转和多种形式规模经营是发展现代农业的必由之路，也是农村改革的基本方向”，随后，李克强总理谈及“规范有序探索和推进土地流转，发展多种形式的适度规模经营”。他们着重强调土地流转程序的规范有序性，土地经营权流转应该建立在农户自愿的情况下，不得损害农民权益。其意在保护农民的土地权益、增加社会公平感。土地是农民安身立命的根本保障，保障土地权益就是保障农民的根本权益，那么，如何应对土地流转纠纷、如何减少土地集体流转中的侵权现象、如何在推进土地集约化规模化经营的同时保障“农民权益不受损害”是一个值得深思和探讨的问题。因此，针对当前土地流转中存在的现实问题、矛盾与纠纷，非常有必要提出相对应的解决方案和政策建议，这对于降低土地流转的风险、保障农民根本权益、促进社会公平和稳定具有重大意义。

一、健全土地承包经营权流转市场，在自愿基础上依法有序推动土地流转

要素市场的残缺是中国土地市场的典型特征。目前由于农村土地流转交易不完善，土地流转价格市场不统一，要素流转市场受阻，交易费用高昂，导致了中国农村土地的规模化流转就必须依靠地方政府和基层村委会的力量和优势。通过村集体“作保”能够减少农户的鉴别和协商成本，对于农业企业和专业大户来说，依靠村集体统一进行流转能够减少信息搜寻成本。但在这种模式下，容易导

致农业企业和政府“合谋”，以压低农民地价，强迫农民进行土地流转的情况。当前大规模土地流转过分依赖地方政府的主要原因还是在土地承包经营权流转市场不健全，没有建立完善的市场化运作机制，没有形成统一规范的土地流转市场，流转中介组织较少，流转信息传播渠道不畅，土地流转的对象和范围选择余地小（刘远熙，2011）。土地转出者和转入者之间信息容易不对称，因此，为了提高农村土地利用率、增加农民的经济效益，必须建立健全农村土地流转市场（卢智增，2015）。由于土地经营权流转市场的不完善，缺少市场定价机制，土地租金难以由市场决定以形成统一的市场定价。因此，保护农户土地权益一方面应健全土地承包经营全流转市场，建立土地流转市场定价机制，并因地制宜地建立多元化的流转价格体系，通过土地流转价格来调节土地的利用结构，根据市场供求、宏观经济运行状况等条件对土地租金进行实时调整；另一方面，应建立农地技术经济评估组织，以便保证土地流转的价格和土地用途的经济合理性，促进土地资源的合理分配（刘远熙，2011）。

土地相关法律法规以及多个中央一号文件都着重强调在土地流转应当建立在农户自愿的原则之上。因此，不管是在整村推进规模化经营过程中还是在引导农户间土地流转的过程中，都应该保护农民的自主选择权。政府以及企业应该尊重农民的个人意愿，不能为了自己的利益强迫农民对土地进行流转。政府以及相关人员要对农民进行正确的引导，对流转土地的整个流程中涉及的利益关系都要告知农民，不能以少服众的方式以及威胁的手段让其同意自己的决定（许金，2018）。在农地流转过程中，应兼顾转入户和转出户的利益，真正尊重农户土地转出的意愿，农户选择以何种方式进行承包经营权流转，流转给谁，流转多久，流转的租金价格等，完全应当由农户自主选择，地方政府和村集体不能干涉甚至采取违背农户意愿、损害农民权益的强制性办法。赋予农户在流转价格、期限等交易要素上的谈判权和决策权，杜绝农地流转政策实施偏差，对流转过程实施有效监督，才能有效保护农地流转过程中农民的土地权益。

另外，根据《中华人民共和国土地管理法》《中华人民共和国农村土地承包法》的相关规定，农村土地承包经营权流转需要满足一定的程序设置方为有效。但在实际操作中，流转方或是贪图便利、省事，或是主观存在侵害农民利益的动机，往往简化农地流转程序，导致农户权益受损。因而，农地流转过程中保护农民权益，需要规范农地流转程序，遵循自愿原则，经过流转主体协商，达成一致流转意愿后，签订流转合同，并在合同中载明相关流转事项及违约原则，由农民集体认可后确认流转事实。

二、增强农民自身博弈能力，从非合作博弈走向合作博弈

保护农民土地权益，应遵循提高农户自身博弈能力的路径。但博弈能力是综合能力的体现。目前，我国农民受教育水平较低、科技文化素质较差、法律意识淡薄、法律素质较低。因此，提升农户博弈能力是一个复杂且漫长的过程，不仅要提升农户的经济能力、社会地位、文化素养，还应该提升农户的认知水平，从不同维度提升农民的综合素质和博弈能力。

首先，应矫正土地流转过程中的认知偏差。加强基层干部和农户对农村土地制度的学习，让基层干部划清土地流转中政府和市场的边界，严格将政府权力界定在市场机制培育、土地流转服务、流转风险防范等方面，让农户明确认识并行使自己在农地流转过程中应有的权利，在保障农户权益的同时，宣传农地流转和规模经营的目的，让农户正确认识农地流转。“认知偏差”的另一个重要原因是政府与农户间，农户与农户间以及农户与企业间信息的不对称，由此导致双方间的沟通不顺畅。认知主导行为、认知的偏差则会行为偏差，导致双方的行为选择偏离社会最优化均衡。解决认知偏差的重要途径是：加强政策宣传和信息传播，力求土地流转所有参与者的信息达到对称。

其次，加大农村法制宣传，实施普法教育，进一步落实九年义务教育。不仅要提高农民的知识文化水平、维权意识和自我保护意识，还要提高执法人员的法律素养以及基层官员和村干部的守法意识，引导土地流转依法有序进行。定期在农村地区开设法律讲堂，由村委会组织，以村民大会的形式宣传法律常识，让农民真正理解法律赋予他们的权利，特别是关于土地流转的一系列法律政策。进一步提高农民的认知能力，让其了解当权益受到侵害时，可以通过哪些途径合法维权，增强农民的自主意识，鼓励农民自主参与村级公共事务管理，依法表达利益诉求，通过合法途径维护自身的土地权益。另外，加强对基层官员和村干部的法制教育工作，规范其执法行为，提高其依法办事的意识和水平。加快农村基层法制援助体系的建设，畅通农民表达权益的途径，拓宽农民权益保护的渠道。优化信访系统和媒体监督系统，在各个乡镇设立独立于地方政府的信访办公室，集中处理农民的诉求，充分发挥其外部监督的职能，切实保护农民权益。同时，应当充分发挥媒体监督的作用，设立网络媒体反应中心，及时跟踪曝光侵害农民权益事件，以此约束地方政府和村委会的违法行为。

最后，健全和完善农村社会保障体系，维护农民土地权益。长期以来，土地

是农民安身立命的根本保障，其不仅担负农业经济生产的重任，而且还肩负社会保障的功能。在社会保障缺失的情况下，土地生产就是农民最主要的生活来源，能够成为农民养老的重要的保障，因此土地是农民最重要的社会保障。农村社会保障的缺失是导致农地流转率较低的重要原因，建立健全农村社会保障体系能够从根本上改变中国养儿防老、土地养老的模式，弱化农民对土地生产的依赖，从而对于促进土地流转、保护农民权益具有重大意义。农村社会保障体系的建立是一个复杂长期的过程，并不能一蹴而就。除了要完善农村基本公共服务设施外，还应当建立健全农村医疗、养老、失业以及最低生活保障制度。建立健全农村社会保障体系的前提是建立稳定的资金来源。在条件允许的地方，可以建立“以地换保”的制度，既促进了土地流转，又提高了农村社会保障水平。

三、以农民权益保护为出发点完善我国现行的农村土地制度

尽管在《中华人民共和国农村土地承包法》中明确了土地流转的自愿公平原则，但是并没有详细展开对相关利益主体的行为进行规范和引导。目前也没有专门且具体的法律法规对土地流转程序、土地流转中双方的权责义务和土地流转中地方政府和村集体的权利边界、应该扮演的角色，以及具体的操作细则进行规定和阐述。这就导致了地方政府在推进土地适度规模经营中权利不受管制和监管，留下了巨大的“寻租”空间，并出现地方政府或者村集体为了政府政绩或者个人私利，利用政府职权和优势，强迫农民转让土地或接受不平等的土地流转条款，从而侵害农民权益的现象。目前，对于农村土地的流转过程中所出现的各种矛盾和纠纷，一个重要原因在于缺乏相关的法律法规对地方政府和村集体的行为进行监管和规范。

针对此问题，尽管多个中央一号极力强调要抓紧完善相关的法律法规，例如，2009 年中央一号文件指出：“抓紧修订、完善相关法律法规和政策，赋予农民更加充分的土地承包经营权”；2010 年中央一号文件再一次强调“完善农村土地承包法律法规和政策，加快制定具体办法”。但是在现实操作中，并没有将中央一号文件精神落实到位，农村土地流转的程序依旧缺乏可参考的意见指导，地方政府和村集体的权利也没有完全被规范和监督，特别是在西部欠发达地区，土地被强迫流转的现象更加明显。

现阶段，我国《农村土地承包法》《土地管理法》以及《民法典》等法律法规都对农村承包经营权流转的基本原则、流转对象、期限、流转方式和流转程序

等方面做出了相关规定，但是对比现有法律法规可以看出，现行立法依旧存在很多缺陷，需要进一步完善。因此，应该制订规范合理的土地流转格式，明确土地流转双方以及政府、村集体的权利和义务。为了进一步监督地方政府和村集体的行为，凡通过集体统一进行土地流转，应该由村集体和基层政府对本次土地流转背书，并签订具有法律效用且公平合理的土地流转合同，并报上级政府。将土地流转的满意度评价纳入政府的绩效考核中，增加农村土地流转中农民的博弈和议价能力，保护农民的土地权益。探索各种解决农村土地流转纠纷的措施，使农地流转有法可依、有法必依，为保障农地流转过程中农民的土地权益提供法律保障，以推动农地流转的有序高效进行。

四、规范土地流转程序，建立健全农村土地流转机制

目前，我国绝大部分地方尚未建立完善的农用地有偿流转制度，流转程序不规范，农户间土地流转的自发性、随意性、盲目性大。当前，土地流转的中介组织相当匮乏，土地流转机制不完善，农村社区服务功能滞后，这种情况严重制约了土地交易市场的发展。相比工业和服务业，农业的弱质性及其比较收益的低下，致使种植大户、农业企业数量不多，土地需求不足，这严重影响了土地流转的速度、规模和效益，不利于土地资源的优化配置。促进农村土地经营权有序流转，保障农民在土地流转中的各项权益，不仅要培育和完善土地交易市场，还需要规范土地流转程序，签订正式土地交易合同，合同内容应当合理合法、公平公开，内容明确具体，而且应当在土地承包保证金以及土地复垦修复费用上作出合理的规定，以保障农户的长远利益。另外，无序的土地流转中介组织难以适应现代农业信息化的要求。尽管部分政府在土地流转中介服务组织方面作出了许多探索，但由于中介组织缺乏规范，运作程序缺少秩序，土地流转主体之间信息难以对称，土地供求双方信息流动受阻，土地流转半径受限，因此成效也不太显著。由于土地流转中介组织的缺乏，大规模的土地流转就必须依靠基层政府，亟须建立一个国家土地宏观调控与土地微观市场化运作相结合的土地流转机制，进一步完善中介服务组织，形成“土地流出—中介服务组织—土地流入”的土地流转机制。

五、建立健全监督处罚机制，强化内外部监督职能

建立农地流转项目审批制度、项目实施全程监督制度、项目责任追究制度，

对违反规定在农地流转项目中造成农地荒废、损害、不作为等问题的，追究项目负责人的经济和行政责任，从机制上促使项目负责人进行合理规划，树立一定的自觉性和责任感。建立健全监督核查机制，对土地流转行为进行全面跟踪监督审查。一方面，强化村委会内部监督职能，赋予农民更多的参与权和知情权。在进行集体性土地流转时，村委会应及时组织村民和企业代表人召开村民大会，让农民直接参与土地流转过程，直接与企业代表人协商土地流转价格、流转期限等，赋予农民更多的谈判权、参与权和知情权，确保农地在农民自愿的基础上依法流转，保护农民的根本权益，而不是所有流转事宜都由政府和企业私下决定，农户只能被动接受。及时公开土地流转政策、进程、协议等内容，增加流转过程的透明度。另一方面，充分发挥上级政府的外部监督职能，不定时暗中对流转农户进行访问和满意度调查，宏观把控流转过程，各部门相互监督，并充分发挥信访部门的监督作用。

除了完善监督审核机制以外，还应该实施严格处罚制度，严厉惩罚土地流转过程中损害农民权益的行为。在土地流转博弈中，政府和企业通常选择“合谋”而损害农民权益的一个主要原因是违法流转土地的风险和惩罚力度较小，因此无法对相关干部形成有效的“威胁”。因此，应当制订详细的流转政策执行意见，将土地流转中农民以及各级政府的权责以文件的形式明确下来，明确政府主导型土地流转中，地方官员和村干部“哪些能做，哪些不能做”，实施严格处罚制度，提高违法成本，引导基层干部依法流转土地，将农民权益保护作为政府工作的重中之重。

当然，单纯只建立健全监督处罚机制，而放松对制度执行的监管是不够的。只有提高执法力度才能真正落实监督处罚机制。当前，尽管党中央、国务院三令五申地强调要保护农地流转中农民的土地权益，但是利用自身优势，损害农民权益以达到个人政绩目标以及牟取私利的现象却屡禁不止。因此，单纯地完善顶层制度设计是远远不够的，只有提高执行力度，将政策落实到位、究责到人，才能真正实现农民权益的保护。

参考文献

[1] 安海燕，洪名勇. 农户和农业主体对土地承包经营权抵押贷款政策的态度 [J]. 西北农林科技大学学报（社会科学版），2016，16（02）：21－28.

[2] 巴泽尔. 产权的经济分析 [M]. 上海：三联书店，1997.

[3] 包宗顺，徐志明，高珊，等. 农村土地流转的区域差异与影响因素——以江苏省为例 [J]. 中国农村经济，2009（04）：23－30，47.

[4] 财政部财政科学研究所北京财政学会联合课题组：贾康，赵福昌，唐在富，程瑜，陈龙，龙小燕. 首都新型城镇化进程中保障农民权益的基本原则、总体思路及政策建议 [J]. 经济研究参考，2015c（21）：37－45.

[5] 曹瑞芬，张安录. 中部地区农地流转经济效益分析——基于湖北省27个村313户农户的调查 [J]. 中国土地科学，2015，29（09）：66－72.

[6] 曾福生. 农地产权认知状况与流转行为牵扯：湘省398户农户样本 [J]. 改革，2012（04）：69－73.

[7] 柴振国，潘静. 土地承包经营权出资中农民权益保护研究 [J]. 河北法学，2009（09）：40－47.

[8] 陈丹，陈柳钦. 新时期农村土地纠纷的类型、根源及其治理 [J]. 河北经贸大学学报，2011，32（06）：71－78.

[9] 陈飞，翟伟娟. 农户行为视角下农地流转诱因及其福利效应研究 [J]. 经济研究，2015，50（10）：163－177.

[10] 陈青. 我国农村土地流转现状、问题及对策研究 [J]. 农村经济与科技，2011（07）：138－139.

[11] 陈荣卓，陈鹏. 现代农业进程中的农民土地权益保障机制建设——基于豫中L市涉农企业参与农地流转的调查 [J]. 华中农业大学学报（社会科学版），2013（05）：55－60.

[12] 陈彤. 论农村土地流转市场化的权益分配机制 [J]. 福建论坛（人文社会科学版），2013（10）：32－37.

[13] 陈锡文. 关于我国农村的村民自治制度和土地制度的几个问题 [J]. 经济社会体制比较, 2001 (05): 13-19.

[14] 陈永桃, 陈英, 马婷婷. 农民农地产权认知的影响因素分析 [J]. 干旱区资源与环境, 2017, 31 (02): 25-31.

[15] 程诚, 王奕轩, 边燕杰. 中国劳动力市场中的性别收入差异: 一个社会资本的解释 [J]. 人口研究, 2015, 39 (02): 3-16.

[16] 程令国, 张晔, 刘志彪. 农地确权促进了中国农村土地的流转吗? [J]. 管理世界, 2016 (01): 88-98.

[17] 仇童伟, 石晓平, 马贤磊. 农地流转经历、产权安全认知对农地流转市场潜在需求的影响研究——以江西省丘陵地区为例 [J]. 资源科学, 2015, 37 (04): 645-653.

[18] 戴玉婷, 胡曼丽, 陈琳, 章祝环. 农村土地承包经营权流转中农民权益维护的实证研究——基于流转主体的视角 [J]. 劳动保障世界 (理论版), 2011a (08): 42-45.

[19] 丁士军, 杨晶, 陈玉萍. 基于流动性视角的失地农户收入变化分析——来自襄阳和昆明的证据 [J]. 中国农村观察, 2017 (01): 29-40.

[20] 董国礼, 李里, 任纪萍. 产权代理分析下的土地流转模式及经济绩效 [J]. 社会学研究, 2009, 24 (01): 25-63, 243.

[21] 杜明义. 城乡统筹发展中农地产权正义与农民土地权益保护 [J]. 现代经济探讨, 2011 (06): 20-24.

[22] 杜明义. 城乡统筹发展中农地资本化与农民土地权益保护 [J]. 湖北社会科学, 2012 (03): 100-103.

[23] 杜明义, 赵曦. 农地租值耗散与农民土地权益保护 [J]. 贵州社会科学, 2009 (01): 89-94.

[24] 杜挺, 朱道林, 张立新, 等. 河南省耕地流转价格空间分异及形成机制分析 [J]. 农业工程学报, 2016, 32 (20): 250-258.

[25] 范辉, 刘卫东, 张恒义. 基于利益相关者理论的失地农民土地权益保护研究 [J]. 地域研究与开发, 2016 (04): 137-142.

[26] 冯秀萍, 林翊. 论我国农地使用权流转中的农民权益保护 [J]. 哈尔滨商业大学学报 (社会科学版), 2010 (04): 80-84.

[27] 冯宇, 李政. 改革开放以来农民土地权益变迁过程考察 [J]. 财贸研究, 2010 (02): 46-51.

[28] 冯振东，霍丽，邵传林．中国农村土地流转问题研究述评［J］．西北大学学报（哲学社会科学版），2010（02）：23－29．

[29] 弗兰克·艾利思．农民经济学——农民家庭农业和农业发展［M］．胡景北，译，上海：上海人民出版社，2006．

[30] 付江涛，纪月清，胡浩．新一轮承包地确权登记颁证是否促进了农户的土地流转——来自江苏省3县（市、区）的经验证据［J］．南京农业大学学报（社会科学版），2016，16（01）：105－113，165．

[31] 盖庆恩，朱喜，程名望，等．土地资源配置不当与劳动生产率［J］．经济研究，2017，52（05）：117－130．

[32] 高佳，宋戈．产权认知及外部环境对农户土地流转行为影响模型分析［J］．农业工程学报，2017，33（05）：248－256．

[33] 高静，王志章．土地转出农户的权益保护研究：满意度及策略应对［J］．中国软科学，2019（04）：79－87．

[34] 过文俊．工业化、城市化不能以损害农地权益为代价［J］．调研世界，2006（10）：41－42．

[35] 韩洁，薛桂霞．农民专业合作社利润分配机制研究——以浙江省临海市翼龙农产品合作社为案例［J］．农业经济问题，2007（s1）：148－152．

[36] 何建华，于建嵘．城市化进程中的农民权益保护问题［J］．华中师范大学学报（人文社会科学版），2005，44（02）：19－23．

[37] 洪名勇，龚丽娟．“三资转换”与农地产权制度改革——基于贵州凤岗县改革的调查与思考［J］．农村经济，2015（02）：47－51．

[38] 洪名勇，龚丽娟．农地流转口头契约自我履约机制的实证研究［J］．农业经济问题，2015，36（08）：13－20，110．

[39] 洪名勇，龚丽娟，洪霓．农地流转农户契约选择及机制的实证研究——来自贵州省三个县的经验证据［J］．中国土地科学，2016，30（03）：12－19．

[40] 洪名勇，施国庆．欠发达地区农地重要性与农地产权：农民的认知——基于贵州省的调查分析［J］．农业经济问题，2007（05）：35－43，111．

[41] 洪名勇，王珊，吴昭洋．基于空间依赖性视角的农地流转影响因素分析［J］．农业现代化研究，2019，40（05）：830－840．

[42] 洪名勇，郑丽楠．农地流转中农民权益损害——基于巴泽尔产权理论的经济分析［J］．河北经贸大学学报，2019，40（01）：14－20．

[43] 洪名勇．论马克思的土地产权理论［J］．经济学家，1998，1（01）：

29－34.

［44］洪名勇．信任、空间距离与农地流转契约选择研究［J］．江西财经大学学报，2017（01）：81－90.

［45］洪名勇．制度经济学［M］．北京：中国经济出版社，2012.

［46］洪名勇．巴泽尔产权不完全理论探析［J］．河北经贸大学学报，2016，37（01）：33－36，85.

［47］侯江华．城镇化进程中被征地农民的权益损害与征地纠纷——基于全国31省被征地农户的调查［J］．西北农林科技大学学报（社会科学版），2015（03）：1－8.

［48］胡建锋．我国农民土地权益保护问题探析［J］．法制与社会，2015（32）：172－173.

［49］黄季焜，马恒运．差在经营规模上——中国主要农产品生产成本国际比较［J］．国际贸易，2000（04）：41－44.

［50］黄季焜，冀县卿．农地使用权确权与农户对农地的长期投资［J］．管理世界，2012，（09）：76－81，99，187－188.

［51］黄鹏进．农村土地产权认知的三重维度及其内在冲突——理解当前农村地权冲突的一个中层视角［J］．中国农村观察，2014（06）：14－24，94.

［52］黄鹏进．农村土地权属认知中的差序化圈层结构［J］．湖北社会科学，2018（09）：36－45.

［53］黄伟．农地流转中对农民权益保护的个案调查［J］．经济纵横，2010（06）：88－92.

［54］黄延信，张海阳，李伟毅，刘强．农村土地流转状况调查与思考［J］．农业经济问题，2011（05）：4－9.

［55］黄增付．农民土地转出中的道义理性选择及现实困境——以核心产粮区典型村庄为例［J］．农业经济问题，2016，37（07）：81－89，111－112.

［56］黄忠怀，邱佳敏．政府干预土地集中流转：条件、策略与风险［J］．中国农村观察，2016（02）：34－44，95.

［57］黄祖辉，王朋．农村土地流转：现状、问题及对策——兼论土地流转对现代农业发展的影响［J］．浙江大学学报（人文社会科学版），2008（02）：38－47.

［58］霍有光，沈红梅．利益博弈视域下农村征地冲突与化解路径［J］．农村经济，2015（09）：3－8.

［59］焦长权，周飞舟．“资本下乡”与村庄的再造［J］．中国社会科学，2016（01）：100－116，205－206．

［60］晋洪涛，史清华．农村土地权属：农民的“非集体化”认知与根源——基于河南的调查［J］．农业经济问题，2011，32（01）：7－12，110．

［61］柯炼，黎翠梅，汪小勤，李英，陈地强．土地流转政策对地区农民收入的影响研究——来自湖南省的经验证据［J］．中国土地科学，2019，33（08）：53－62．

［62］柯小兵，何高潮．我国土地征收制度的博弈路径选择分析［J］．资源与产业，2006（04）：45－50．

［63］匡远配，陆钰凤．我国农地流转“内卷化”陷阱及其出路［J］．农业经济问题，2018（09）：33－43．

［64］李钢．农地流转与农民权益保护的制度安排［J］．财经科学，2009（03）：85－90．

［65］李庚．农村土地流转的空间差异及成因分析——以陕西关中三县为例［J］．人文地理，2012，27（01）：102－106．

［66］李广德．农地流转纠纷的类型构造与司法治理——基于承包经营权纠纷案件的实证展开［J］．山东社会科学，2017（04）：110－115．

［67］李虎平．农村土地流转中农民权益的损失及保护——基于甘肃陇西县的调查［J］．中国农业信息，2017（19）：11－14．

［68］李庆海，李锐，王兆华．农户土地租赁行为及其福利效果［J］．经济学（季刊），2012，11（01）：269－288．

［69］李新功．失地农民利益损失原因及保障措施探析［J］．当代经济研究，2005（06）：59－62．

［70］李长健，张伟．农民土地权益的利益结构与利益机制研究——基于农村社区的发展［J］．华中农业大学学报（社会科学版），2016（01）：1－7，128．

［71］梁伟，袁堂明．失地农民权益流失探析［J］．农业经济，2003（11）：27－29．

［72］梁亚荣，张梦琳．土地承包中农民权利意识的审视——基于江苏省的实证研究［J］．中国农村观察，2007（05）：49－56．

［73］林卿，刘小锋．经济发展进程中农民土地权益状况研究——以福建省A县为调查案例［J］．东南学术，2011（03）：37－47．

［74］林文声，王志刚，王美阳．农地确权、要素配置与农业生产效率——

基于中国劳动力动态调查的实证分析［J］. 中国农村经济，2018（08）：64－82.

［75］刘本荣，李清立，官贵钊. 化解农村土地纠纷 保障农民合法权益——东方市农村土地确权登记的实践与启示［J］. 海南人大，2012（11）：47－48.

［76］刘远熙. 论土地流转与农民土地权益的保护［J］. 农村经济，2011（04）：53－56.

［77］刘承芳，何雨轩，罗仁福，张林秀. 农户认知和农地产权安全性对农地流转的影响［J］. 经济经纬，2017，34（02）：31－36.

［78］刘鸿渊. 农地集体流转的农民收入增长效应研究——以政府主导下的农地流转模式为例［J］. 农村经济，2010（07）：57－61.

［79］刘惠芹. 农村妇女土地权益保护的困境与对策探析［J］. 农业经济，2018（08）：89－91.

［80］刘娟. 浅析农村土地流转中的农民经济权益法律保障问题［J］. 法制博览，2017（06）：113－114.

［81］刘俊清. 农村土地承包经营权流转纠纷司法裁判的实证分析——以 Cz 市两级法院裁判文书为视角［J］. 常州工学院学报（社科版），2016，34（02）：87－92.

［82］刘骏，杨莹莹. 虚拟控制权、土地制度路径依赖与农户土地流转：土地产权残缺性下的行为分析［J］. 农村经济，2014（07）：38－43.

［83］刘鹏凌，李靖，栾敬东. 农民对农地制度改革的认知——基于安徽省农户调查资料分析［J］. 中国农村经济，2005（07）：44－50.

［84］刘晓宇，张林秀. 农村土地产权稳定性与劳动力转移关系分析［J］. 中国农村经济，2008（02）：29－39.

［85］刘一明，罗必良，郑燕丽. 产权认知、行为能力与农地流转签约行为——基于全国 890 个农户的抽样调查［J］. 华中农业大学学报（社会科学版），2013（05）：23－28.

［86］刘艳梅. 农民土地权益保护存在的问题及对策分析［J］. 河北法学，2008，26（11）：107－110.

［87］刘刚. 农民土地权益实现的长效机制探究［J］. 河北师范大学学报（哲学社会科学版），2012，35（04）：45－49.

［88］刘刚. 论农业经营体制机制创新——基于实现农民土地权益的视角［J］. 经济问题，2010（01）：77－80.

［89］卢智增. 农村土地流转中农民权益保护问题研究——以广西龙州县为

例［J］. 贵州民族研究，2015，36（11）：40－43.

［90］陆道平，钟伟军. 农村土地流转中的地方政府与农民的互动机制研究［M］. 北京：清华大学出版社，2012.

［91］陆道平. 农村土地流转中的地方政府与农民互动机制研究［M］. 北京：清华大学出版社，2012.

［92］罗必良，胡新艳. 中国农业经营制度：挑战、转型与创新——长江学者、华南农业大学博士生导师罗必良教授访谈［J］. 社会科学家，2015（05）：3－6，161.

［93］罗必良. 产权强度与农民的土地权益：一个引论［J］. 华中农业大学学报（社会科学版），2013（05）：1－6.

［94］骆永民，樊丽明. 土地：农民增收的保障还是阻碍？［J］. 经济研究，2015，50（08）：146－161.

［95］马德华. 关于农村土地承包经营权确权登记颁证工作的实践与思考——以泸州市龙马潭区为例［J］. 经济研究导刊，2015（20）：51－52.

［96］马瑞，柳海燕，栾江. 中国农地流转交易行为及区域差异——基于农户视角的实地调查分析［J］. 经济研究参考，2016（35）：67－73.

［97］马瑞，柳海燕，徐志刚. 农地流转滞缓：经济激励不足还是外部市场条件约束？——对4省600户农户2005～2008年期间农地转入行为的分析［J］. 中国农村经济，2011（11）：36－48.

［98］马婷婷，陈英. 农民农地产权认知研究：概念界定、量表开发和效度检验［J］. 干旱区资源与环境，2015，29（12）：37－43.

［99］马贤磊，仇童伟，钱忠好. 农地产权安全性与农地流转市场的农户参与——基于江苏、湖北、广西、黑龙江四省（区）调查数据的实证分析［J］. 中国农村经济，2015（02）：22－37.

［100］马贤磊，仇童伟，钱忠好. 农地流转中的政府作用：裁判员抑或运动员——基于苏、鄂、桂、黑四省（区）农户农地流转满意度的实证分析［J］. 经济学家，2016（11）：83－89.

［101］马晓河，崔红志. 建立土地流转制度，促进区域农业生产规模化经营［J］. 管理世界，2002（11）：63－77.

［102］冒佩华，徐骥，贺小丹，周亚虹. 农地经营权流转与农民劳动生产率提高：理论与实证［J］. 经济研究，2015b，50（11）：161－176.

［103］冒佩华，徐骥. 农地制度、土地经营权流转与农民收入增长［J］.

管理世界，2015a（05）：63－74，88.

［104］梅东海．社会转型期的中国农民土地意识——浙、鄂、渝三地调查报告［J］．中国农村观察，2007（01）：36－46，81.

［105］彭代彦，吴扬杰．农地集中与农民增收关系的实证检验［J］．中国农村经济，2009（04）：17－22.

［106］彭素，罗必良．基于农户视角的农民土地权益保护机制研究［J］．财贸研究，2013，24（06）：27－35.

［107］钱龙．新一轮确权是否必然促进土地流转？——来自浙黔渝三县（市、区）的经验证据［J］．山西农业大学学报（社会科学版），2018，17（03）：7－14.

［108］钱耀才．我国农村土地规模化经营的现状及对策［J］．农村经济，2003（02）：61－62.

［109］钱忠好，冀县卿．中国农地流转现状及其政策改进——基于江苏、广西、湖北、黑龙江四省（区）调查数据的分析［J］．管理世界，2016（02）：71－81.

［110］钱忠好，王兴稳．农地流转何以促进农户收入增加——基于苏、桂、鄂、黑四省（区）农户调查数据的实证分析［J］．中国农村经济，2016，（10）：39－50.

［111］钱忠好，肖屹，曲福田．农民土地产权认知、土地征用意愿与征地制度改革——基于江西省鹰潭市的实证研究［J］．中国农村经济，2007（01）：28－35.

［112］钱忠好．非农就业是否必然导致农地流转——基于家庭内部分工的理论分析及其对中国农户兼业化的解释［J］．中国农村经济，2008（10）：13－21.

［113］钱忠好．农村土地承包经营权产权残缺与市场流转困境：理论与政策分析［J］．管理世界，2002（06）：35－45.

［114］任辉，吴群．农地非农化过程中土地收益分配分析［J］．国土资源科技管理，2011，28（03）：41－45.

［115］荣振华．三权分置法律构建过程中农村妇女土地权益保障之反思与构建［J/OL］．当代经济理，2019（04）：39－45.

［116］尚旭东，常倩，王士权．政府主导农地流转的价格机制及政策效应研究［J］．中国人口·资源与环境，2016，26（08）：116－124.

［117］申云，朱述斌，邓莹，等．农地使用权流转价格的影响因素分析——来自于农户和区域水平的经验［J］．中国农村观察，2012（03）：2－17，25，95.

［118］史清华，卓建伟．农村土地权属：农民的认同与法律的规定［J］．

管理世界，2009（01）：89－96.

[119] 史卫民．农村土地承包纠纷：特点、类型及其解决［J］．理论探索，2010a（01）：121－125.

[120] 史卫民．农村土地纠纷的主要类型与发展趋势［J］．现代经济探讨，2010b（01）：68－71.

[121] 孙新华．土地流转与农户家计：两种流转模式的比较——基于江西省T村的实证调查［J］．贵州社会科学，2012（04）：77－83.

[122] 汤谨铭，朱俊峰．农户认知对农地制度变迁的影响及作用机制——基于重庆市的实证研究［J］．农业经济问题，2013，34（07）：71－77，111－112.

[123] 田先红，陈玲．“阶层地权”：农村地权配置的一个分析框架［J］．管理世界，2013（09）：69－88.

[124] 汪吉庶，胡赛全，于晓虹．土地流转纠纷中的承包地互换机制：来自浙江C县经验的启示［J］．中国土地科学，2014，28（12）：10－15.

[125] 王德福，桂华．大规模农地流转的经济与社会后果分析——基于皖南林村的考察［J］．华南农业大学学报（社会科学版），2011，10（02）：13－22.

[126] 王德应，董玉芳．农民土地产权保护若干问题探讨［J］．农业经济问题，2005（07）：49－52，80.

[127] 王凯，张文秀，黄友财．农户的农地产权认知调查结果分析——以成都城乡统筹试验区为例［J］．中国农业资源与区划，2010，31（05）：46－50.

[128] 王利．完善土地流转机制　保障农民合法权益［J］．吉林农业，2016（01）：69.

[129] 王佩恩，林丽，刘新平．塔城地区农村土地流转纠纷解决的策略分析［J］．新疆农业科学，2015，52（08）：1563－1568.

[130] 王珊，洪名勇，钱文荣．农地流转中的政府作用与农户收入——基于贵州省608户农户调查的实证分析［J］．中国土地科学，2020，34（03）：39－48.

[131] 王珊，洪名勇，吴昭洋，何玉凤．不同农地经营权流转方式的空间依赖性分析［J］．中国土地科学，2018，32（08）：44－51.

[132] 王卫国．中国土地权利研究［M］．北京：中国政法大学出版社，1997.

[133] 王祥军．新型农村社会养老保险法律制度完善研究——以农民土地权益实现为视角［J］．江淮论坛，2013（06）：127－131.

[134] 卫兴华．科学把握生产力与生产关系研究中的唯物史观——兼评“生产关系决定生产力论”和“唯生产力标准论”［J］．清华政治经济学报，

2014，2（01）：3－25.

［135］魏欣，王育才．完善征地制度 保护失地农民权益［J］．西北农林科技大学学报（社会科学版），2008（06）：1－4.

［136］吴爱娣，夏显力，翟黎明，赵健．关中—天水经济区政府主导型农地流转对转出户非农就业的影响——基于DID模型的实证分析［J］．中国土地科学，2018，32（02）：12－18.

［137］吴志刚．基本权利：保障农民土地权益的新视角［J］．中国土地科学，2012，26（11）：9－14.

［138］吴越，兰婷．农村土地承包经营权流转瓶颈分析——以农民的主体性为分析视角［J］．农村经济，2015（07）：30－34.

［139］夏显力，贾书楠，蔡洁，贾亚娟．农地流转中转出户的福利效应——基于政府主导与市场主导两种模式的比较分析［J］．西北农林科技大学学报（社会科学版），2018，18（02）：79－85.

［140］肖屹，钱忠好．交易费用、产权公共域与农地征用中农民土地权益侵害［J］．农业经济问题，2005（09）：58－63.

［141］肖屹，曲福田，钱忠好，等．土地征用中农民土地权益受损程度研究——以江苏省为例［J］．农业经济问题，2008，29（003）：77－83.

［142］肖屹，钱忠好，曲福田．基于农民产权认知的中国征地制度改革研究——来自江苏南京的数据［J］．江海学刊，2008（01）：70－75，238.

［143］肖屹，钱忠好，曲福田．农民土地产权认知与征地制度改革研究——基于江苏、江西两省401户农民的调查研究［J］．经济体制改革，2009（01）：81－86.

［144］谢琳，罗必良．土地所有权认知与流转纠纷——基于村干部的问卷调查［J］．中国农村观察，2013（01）：2－10，20，90.

［145］熊万胜．小农地权的不稳定性：从地权规则确定性的视角——关于1867—2008年间栗村的地权纠纷史的素描［J］．社会学研究，2009（01）：1－24.

［146］徐美银，钱忠好．农民认知视角下的中国农地制度变迁——基于拓扑模型的分析［J］．农业经济问题，2008（05）：61－67，111.

［147］徐美银．农民阶层分化、产权偏好差异与土地流转意愿——基于江苏省泰州市387户农户的实证分析［J］．社会科学，2013（01）：56－66.

［148］徐旭，蒋文华，应风其．农地产权：农民的认知与意愿——对浙江农户的调查［J］．中国农村经济，2002（12）：36－43.

[149] 徐旭. 基于农民权益保障的农地市场化流转研究 [D]. 成都: 四川农业大学, 2009: 24.

[150] 徐元明. 土地流转与农民权益保障机制的创新——江苏省农村土地流转的调查 [J]. 现代经济探讨, 2008 (01): 34 - 38.

[151] 许恒周, 曲福田. 农村土地流转与农民权益保障 [J]. 农村经济, 2007 (04): 29 - 31.

[152] 许恒周, 郭玉燕, 石淑芹. 农民分化对农户农地流转意愿的影响分析——基于结构方程模型的估计 [J]. 中国土地科学, 2012, 26 (08): 74 - 79.

[153] 许恒周, 郭忠兴. 农村土地流转影响因素的理论与实证研究——基于农民阶层分化与产权偏好的视角 [J]. 中国人口. 资源与环境, 2011, 21 (03): 94 - 98.

[154] 许恒周, 石淑芹. 农民分化对农户农地流转意愿的影响研究 [J]. 中国人口. 资源与环境, 2012, 22 (09): 90 - 96.

[155] 许金. 农村土地流转中农民权益的保护问题研究 [J]. 农村经济与科技, 2018, 29 (03): 205 - 206.

[156] 许经勇. 我国农村土地产权制度改革的回顾与前瞻——形成有利于保障农民合法权益的土地产权制度 [J]. 经济学动态, 2008 (07): 68 - 72.

[157] 许英. 论深化征地制度改革的路径选择与优化——基于公平与效率双重价值目标的考量 [J]. 河北法学, 2012, 30 (01): 88 - 94.

[158] 闫飞霞. 关于农村土地纠纷的类型、成因及对策分析 [J]. 现代农业科技, 2008 (07): 221 - 223.

[159] 阎占定, 黄伦平. 民族地区农村土地流转中农民权益保护研究 [J]. 中南民族大学学报 (人文社会科学版), 2016 (06): 140 - 144.

[160] 杨海东, 许淑芬. 农村土地确权中的妇女权益保障问题研究——以合肥市为例 [J]. 安徽农学通报, 2018, 24 (06): 14 - 16.

[161] 杨学成, 赵瑞莹, 岳书铭. 农村土地关系思考——基于 1995 ~ 2008 年三次山东农户调查 [J]. 管理世界, 2008 (07): 53 - 61.

[162] 杨昭熙, 杨钢桥. 农地细碎化对农户农地流转决策的影响研究 [J]. 中国土地科学, 2017, 31 (04): 33 - 42, 79.

[163] 杨子, 马贤磊, 诸培新, 马东. 土地流转与农民收入变化研究 [J]. 中国人口·资源与环境, 2017, 27 (05): 111 - 120.

[164] 杨少垒, 王丰. 土地承包经营权流转中的农民利益保护研究——基于

流转参与主体的视角 [J]. 科学社会主义, 2010 (03): 121-124.

[165] 姚洋. 集体决策下的诱导性制度变迁——中国农村地权稳定性演化的实证分析 [J]. 中国农村观察, 2000 (02): 11-19.

[166] 易燕, 李峣. 论少数民族农村离婚妇女的土地权益保护 [J]. 贵州民族研究, 2014, 35 (06): 23-26.

[167] 尹朝华. 农民对农地产权认知及意愿的实证分析——基于赣、浙、桂三地546份农户的问卷调查 [J]. 中国房地产, 2011 (10): 56-61.

[168] 余青华. 东营市农村土地承包经营权流转纠纷调查与思考 [J]. 中国农业信息, 2016 (02): 13-14.

[169] 俞海, 黄季焜, Scott Rozelle, Loren Brandt, 张林秀. 地权稳定性、土地流转与农地资源持续利用 [J]. 经济研究, 2003 (09): 82-91, 95.

[170] 于建嵘. 土地承包经营权流转的主体是农民 [J]. 中国经贸导刊, 2008 (23): 25.

[171] 臧俊梅, 王万茂, 陈茵茵. 农地非农化中土地增值分配与失地农民权益保障研究——基于农地发展权视角的分析 [J]. 农业经济问题, 2008 (02): 80-85.

[172] 翟黎明, 夏显力, 吴爱娣. 政府不同介入场景下农地流转对农户生计资本的影响——基于PSM-DID的计量分析 [J]. 中国农村经济, 2017 (02): 2-15.

[173] 张建, 王敏, 诸培新. 农地流转政策执行偏差与农民土地权益保护——以江苏省某传统农业大县S县为例 [J]. 南京农业大学学报 (社会科学版), 2017 (02): 82-91.

[174] 张建, 诸培新. 不同农地流转模式对农业生产效率的影响分析——以江苏省四县为例 [J]. 资源科学, 2017, 39 (04): 629-640.

[175] 张建, 诸培新, 王敏. 政府干预农地流转: 农户收入及资源配置效率 [J]. 中国人口·资源与境, 2016, 26 (06): 75-83.

[176] 张静. 土地使用规则的不确定: 一个解释框架 [J]. 中国社会科学, 2003 (01): 113-124.

[177] 张俊文. 中国不动产法研究 (第4卷) [M]. 北京: 法律出版社, 2004.

[178] 张兰, 冯淑怡, 曲福田. 农地流转区域差异及其成因分析——以江苏省为例 [J]. 中国土地科学, 2014, 28 (05): 73-80.

[179] 张兰, 冯淑怡, 陆华良, 曲福田. 农地不同流转去向对转出户收入的影响——来自江苏省的证据 [J]. 中国农村观察, 2017 (05): 116-129.

[180] 张领，成晨．土地规模化经营的改革之路——基于农民“乡－城”流动模式的分析［J］．农村经济，2013（05）：31－34．

[181] 张鸣鸣．新型农业经营体系和农业现代化——“新型农业经营体系和农业现代化研讨会暨第九届全国农经网络大会”综述［J］．中国农村经济，2013（12）：84－88．

[182] 张学敏．我国离农农民承包地退出补偿的构成与计量［J］．西部论坛，2014，24（05）：40－45．

[183] 张安毅．中国农民土地权益保护路径分析［J］．中国土地科学，2009，23（08）：13－17．

[184] 张涛．土地承包经营权流转主体法律问题研究［J］．成都行政学院学报，2010（02）：47－49．

[185] 朱庆莹，陈银蓉，胡伟艳，等．参照依赖、公平感知与农户农地转出满意度［J］．中国土地科学，2019，33（10）：84－92．

[186] 章伟国，刘红．关于农民土地权益若干问题的思考［J］．复旦学报（社会科学版），2007（04）：118－123．

[187] 周诚．论我国土地产权构成［C］．庆祝中国土地学会成立二十周年．2000：1－6．

[188] 诸培新，张建，张志林．农地流转对农户收入影响研究——对政府主导与农户主导型农地流转的比较分析［J］．中国土地科学，2015，29（11）：70－77．

[189] Alchian A A. Some economics of property rights［J］. IL Politico，1965，30（04）：816－829.

[190] Anselin，L.，Bera，A. K. Spatial Dependence in Linear Regression Models with an Introduction to Spatial Econometrics. In：Ullah A. and Giles D. E. A.，Eds.，Handbook of Applied Economic Statistics，Marcel Dekker，New York，1998.

[191] Besley T. Property Rights and Investment Incentives：Theory and Evidence from Ghana［J］. Journal of Political Economy，1995，103（05）：903－937.

[192] Borooah V K. Targeting Social Need：Why are Deprivation Levels in Northern Ireland Higher for Catholics than for Protestants?［J］. Journal of Social Policy，2000，29（02）：281－301.

[193] Caliendo，M.，Kopeinig，S.，Some practical guidance for the implementation of propensity score matching［J］. Journal of Economic Surveys，2008，22（01）：31－72.

[194] Chari, A. V., Liu, E. M., Wang, Shing - Yi., Wang, Y. Property Rights, Misallocation and Agricultural Efficiency in China [J]. NBER Working Paper, 2017, No. 24099.

[195] Coase R H. The Problem of Social Cost [M] // Classic Papers in Natural Resource Economics. Palgrave Macmillan UK, 1960: 1 - 13.

[196] Deininger K, Jin S. The potential of land rental markets in the process of economic development: evidence from China [J]. Journal of development economics, 2005, 78 (01): 241 - 270.

[197] De Brauw A, Mueller V, Lee H L. The Role of Rural - Urban Migration in the Structural Transformation of Sub - Saharan Africa [J]. World Development, 2014 (63): 33 - 42.

[198] Deininger K, Jin S. The potential of land rental markets in the process of economic development: Evidence from China [J]. Journal of Development Economics, 2005, 78 (01): 241 - 270.

[199] Deininger K., Jin S. Land Sales and Rental Markets in Transition: Evidence from Rural Vietnam [J]. Oxford Bulletin of Economics and Statistics, 2008, 70 (01): 67 - 101.

[200] Demsetz H. Toward a Theory of Property Rights [J]. American Economic Review, 1967, 57 (02): 347 - 359.

[201] Elhorst, J. P. Spatial Econometrics: From Cross - Sectional Data to Spatial Panels [M]. Berlin Heidelberg: Springer, 2014.

[202] Feng, S., N. Heerink, and R. Ruben. Land Rental Market, Off - farm Employment and Agricultural Production in Southeast China: A Plot - level Case Study [J]. China Economic Review, 2010, 21 (04): 598 - 606.

[203] Geary, R. C., The Contiguity Ratio and Statistical Mapping [J]. The Incorporated Statistician, 1954, 5 (03): 115 - 127, 129 - 146.

[204] Getis, A., Ord, J. The Analysis of Spatial Association by Use of Distance Statistics [J]. Geographical Analysis, 1992, 24 (03): 189 - 206.

[205] Guo, S. Y., Fraser, M. W., Propensity score analysis: statistical methods and applications [M]. Sage Publication, 2010.

[206] Heckman, J., Navarro - Lozano, S. Using matching, instrumental variables, and control functions to estimate economic choice models [J]. Review of eco-

nomics and statistics, 2004 (86): 30 - 57.

[207] Heckman, J. J., Vytlacil, E. J. Econometric evaluation of social programs, Part II: Using the marginal treatment effect to organize alternative econometric estimators to evaluate social programs, and to forecast their effects in new environmnets [A]. Heckman J. J., Leamer E. E. Handbook of Econometrics [C]. Elsevier, 2007 (06): 4875 - 5143.

[208] Holden S. T., Deininger K., Ghebru H. Tenure Insecurity, Gender, Low - cost land Certification and Land Rental Market Participation in Ethiopia [J]. The Journal of Development Studies, 2011, 47 (01): 31 - 47.

[209] Jacoby H, Minten B. Land Titles, Investment, and Agricultural Productivity in Madagascar: A Poverty and Social Impact Analysis [J]. World Bank Other Operational Studies, 2006.

[210] Jalan, J., Ravallion, M. Dose piped water reduce diarrhea for children in rural India? [J]. Journal of Econometrics, 2003, 112 (01): 153 - 173.

[211] Jeanty, P. W. Splagvar: Stata Module to Generate Spatially Lagged Variables, Construct the Moran Scatter Plot, and Calculate Global Moran's I Statistics [EB/OL]. https://ideas.repec.org/c/boc/bocode/s457112.html#cites, 2010.

[212] Jin S, Deininger K. Land rental markets in the process of rural structural transformation: Productivity and equity impacts from China [J]. Journal of Comparative Economics, 2009, 37 (04): 629 - 646.

[213] Jin S, Jayne T S. Land Rental Markets in Kenya: Implications for Efficiency, Equity, Household Income, and Poverty [J]. Land Economics, 2013, 89 (02): 246 - 271.

[214] Lin J Y. Rural Reforms and Agricultural Growth in China [J]. American Economic Review, 1992, 82 (01): 34 - 51.

[215] Manski, C. F. Economic Analysis of Social Interactions [J]. Journal of Economic Perspectives, 2000, 14 (03): 115 - 136.

[216] Michler J. D., Shively G. E. Land Tenure, tenure Security and Farm Efficiency: Panel Evidence from the Philippines [J]. Journal of Agricultural Economics, 2015, 66 (01): 155 - 169.

[217] Mussa, A., Nwaogu, U. G., Pozo S., Immigration and housing: A spatial econometric analysis [J]. Journal of Housing Economics, 2017 (35): 13 - 25.

[218] North D C. . Institutions and Credible Commitment [J]. Journal of Institutional and Theoretical Economics, 1990, 149 (01): 11 -23.

[219] Park, A. , Wang S. G. Community - Based Development and Poverty Alleviation: An Evaluation of China's Poor Village Investment Program [J]. Journal of Public Economics, 2010, 94 (9 -10): 790 -799.

[220] Place F. Land Tenure and Agricultural Productivity in Africa: A Comparative Analysis of the Economics Literature and Recent Policy Strategies and Reforms [J]. World Development, 2009, 37 (08): 1326 -1336.

[221] Rosenbaum, P. R. Observational Studies (2nd ed.) [M]. New York: Springer, 2002.

[222] Rosenbaum, P. R. , Rubin, D. B. The central role of propensity score in observational studies for causal effects [J]. Biometrika, 1983, 70 (01): 41 -55.

[223] Smirnov, O. A. Modeling Spatial Discrete Choice [J]. Regional Science and Urban Economics, 2010, 40 (05): 292 -298.

[224] Stanley, D. L. Efficiency and Equity Tradeoffs: Incentive - compatible Contracts Revisited [J]. Journal of Development Economics, 2002, 67 (02): 309 -331.

[225] Tobler, W. R. A Computer Movie Simulating Urban Growth in the Detroit Region [J]. Economic Geography, 1970 (46): 234 -240.

[226] Ullah, A. and E. A. Giles, eitors, Handbook of Applied Economic Statistics. Basel Switzerland: Marcel Dekler, 1998: 237 -290.

[227] Ward, M. D. , Gleditsch, K. S. Spatial Regression Models [M]. Washington D. C. : SAGE Publications, Inc, 2008.

后　记

长期以来，农地流转过程中都存在对农民权益或多或少的损害，达到一定程度的损害后农民会抗争，抗争主要以纠纷的形式体现。随着农地流转和农地规模经营的加快，在农地流转过程中面临的一个重大问题对农民权益的损害，土地流转纠纷数也在日益增加。出现了大量农民土地流转权益受损的现象，引起农民群众不满，导致的纠纷和群体性事件逐渐增多。随着农地流转纠纷频发以及农民对权益的“觉醒”，2014 年 10 月 14 日，云南晋宁县企业与富有村村民发生土地利益冲突，导致“晋宁事件”；2011 年 9 月广东汕尾市因土地纠纷而发生村民与村委会等的冲突，致使 6 部警车被砸的“乌坎事件”；2013 年 10 月河南西华县土地纠纷而造成的“农药服毒事件”；2014 年 7 月江苏省泗洪县青阳镇农民因土地纠纷，使 7 名村民到中国青年报社门口“集体喝农药事件”；2014 年 3 月 21 发生的“3·21 山东省平度血案”等，农民为了争取自己的合法权利，为此付出了血与生命的代价。这些事件引起了汪洋等领导的高度重视，农地流转过程中损害农民权益导致的纠纷引起了众人的关注，尤其是媒体的关注，课题组采用数据挖掘技术，以互联网媒体报道为挖掘对象，结果显示，农地流转纠纷占农地流转报道中约 61%，此外纠纷与关注度呈三阶段特征。1996～2006 年报道的纠纷少、关注度低，2006～2010 年呈线性上升趋势，2010 年至今呈指数增长。足见，农地流转纠纷集聚了农村社会风险，是一个不容回避的重大社会经济问题。对该问题进行深入系统的研究，探讨其原因，寻求解决办法，对于推动农地有序流转，稳定流转，构建和谐社会具有重大的现实意义。

事实上，党和政府高度重视土地流转过程中农民权益受损问题，并于 2014 年 11 月 20 日印发《关于引导农村土地经营权有序流转　发展农业适度规模经营的意见》，旗帜鲜明地提出“土地经营权流转不得违背承包农户意愿、不得损害农民权益、不得改变土地用途、不得破坏农业综合生产能力和农业生态环境”。因而，保护农民权益是一个事关经济繁荣、农村社会稳定和政府公信力的重大现实问题。但如何保障“农民权益不被损害”这一底线，缺乏可操作性的理论指导和政策建议，而这正是本课题的意义所在。从产权理论视角出发，本课题对农地流转过程中的农民权益受损进行理论解释和实证分析，并针对性的提出解决路径和具体的政策建议，从而为政府应对土地流转纠纷、保障农民权益提供思路借鉴和方针指导。

正是基于这想法，在我2015年入选2014年度全国文化名家暨“四个一批人才”之后，在全国文化名家暨“四个一批人才”课题“产权制度、农地流转与农民收益权益保护的路径研究”资助下，本项目拟从农地流转中农户权益损害的现象出发，探讨导致农民损害的深层次原因，提出相应的保护农民权益的整体制度框架和矫正认知偏差以及实施从非合作博弈到合作博弈的环境转变。该项目的研究不仅具有一定的学术创新价值，而且对于完善我国土地制度，保障社会稳定，增加农民权益保护，具有重大的现实意义，也对从根本上解决“三农”问题，加快现代农业发展进程和和谐社会建设具有深远的现实指导意义。我们认为从产权视角解释农地流转过程中农民为什么受损的原因，可以架起一座损害与产权之间的桥梁。第一，从学术上寻找现象背后的规律。中国农户农地流转损害的现象比比皆是，但是现象背后的规律是需要运用科学方法总结提炼的。本书从现象着手，借鉴经典文献，寻找现象背后的规律，从理论上来解释重大的现实问题是本书的学术价值之一。第二，架起理论之间、理论与运用的桥梁。学术理论上损害、阈值、非合作博弈到合作博弈都有定义与描述，但是实际上的运用没有涉及，本书尝试从数据调研，案例分析对其运用探讨，拓展理论的运用空间。此外，产权理论和认知理论往往是单一分析，本书试图将认知与产权理论结合，运用到实际研究之中。第三，对于现实生活中的农民来讲，农地流转过程中产权的实现程度如何？在流转过程中权益是否受到损害？如果农地流转过程中农民权益受到损害，其损害程度如何等都需要我们进行研究。对此，我们在借鉴有关研究成果的基础上，构建了相应的理论模型及计量模型，并通过入户调查数据进行了计量研究。虽然这些研究可能存在一些不足，但都是国内首次，对于今后有关研究应该能够给予一定的启发。参加本课题研究和撰写的人员是我在浙江大学、贵州大学、云南大学指导的博士和硕士研究生，他们是王珊、杨晨丹妮、唐贤浩、张丽婧、郑丽楠，另外，我指导的贵州大学10余名硕士研究生也参与调查。可以说，呈现在大家面前的是一项集体研究的成果，其中存在的缺点和错误应由本人负责，与他们无关。

洪名勇

2020年11月于花溪兰馨桂馥